Original en couleur
NF Z 43-120-8

Couverture inférieure manquante

THÉOPHILE GAUTIER

LE CAPITAINE
FRACASSE

— ÉDITION DÉFINITIVE —

TOME PREMIER

PARIS

G. CHARPENTIER ET Cie, ÉDITEURS

11, RUE DE GRENELLE, 11

1889

LE
CAPITAINE FRACASSE

I

PARIS. — TYPOGRAPHIE GASTON NÉE
1, RUE CASSETTE, 1

THÉOPHILE GAUTIER

LE CAPITAINE
FRACASSE

ÉDITION DÉFINITIVE

TOME PREMIER

PARIS
G. CHARPENTIER ET Cⁱᵉ, ÉDITEURS
11, RUE DE GRENELLE, 11

1889
Tous droits réservés.

AVANT-PROPOS

Voici un roman dont l'annonce figurait, il y a une trentaine d'années déjà, — le temps marche si vite ! — sur la couverture des livres de Renduel, l'éditeur à la mode alors. La publicité naïve encore se servait de ces moyens primitifs pour attirer l'attention sur les œuvres futures, et inscrivait au revers des œuvres présentes des titres qu'on choisissait retentissants ou bizarres, suivant le goût de l'époque, sans que l'auteur eût toujours un plan bien arrêté et fût en mesure de tenir immédiatement cette vague promesse. On dresserait un curieux catalogue de ces romans qui n'ont pas été faits et dont le plus célèbre est *la Quiquengrogne* de Victor Hugo. Il faudra désormais rayer *le Capitaine Fracasse* de cette liste. Nous avons enfin payé cette lettre de change de jeunesse tirée sur l'avenir, et ce n'est pas sans une certaine mélancolie que nous achevons dans l'âge mûr ce livre dont l'idée est si ancienne, que, pour la retrouver, nous avons été obligé de faire dans notre mémoire ce travail auquel on se livre parmi de vieux papiers à la recherche d'un document perdu. Oh! que de poussière sur de frais souvenirs, que de lettres jaunies si parfumées autrefois, que de billets signés de mains qui n'écriront plus; *never, oh, never more!* comme dit Edgard Poë dans son navrant poëme du *Corbeau!*

Pourquoi aller reprendre au fond du passé ce vieux rêve presque oublié, et peindre laborieusement cette esquisse dont les premiers traits à peine avaient été jetés sur la toile au crayon blanc, et que l'aile du temps a effacés plus qu'à demi? Pourquoi donner suite à ce projet abandonné lorsqu'il était si simple d'écrire un ouvrage plus en harmonie avec les préoccupations modernes? Depuis longtemps l'on avait cessé de nous demander : « Quand paraîtra *le Capitaine Fracasse?* » Beaucoup de gens croyaient qu'il était paru et en faisaient même la critique; mais de loin en loin, à travers les mille soins de la vie, les voyages, l'incessante besogne du journalisme, l'achèvement d'autres œuvres, un remords nous prenait et nous songions avec une certaine honte à cette promesse non accomplie, dont nul autre que nous peut-être ne gardait souvenance. Les Orientaux s'imaginent que les figures sculptées ou peintes viennent au jugement dernier supplier les artistes de leur donner une âme. Nous avions peur de voir apparaître le capitaine Fracasse pour nous faire une réclamation du même genre. Le baptême du titre lui créait une sorte d'existence qui avait besoin d'être complétée. Nous ne pouvions lui contester son droit de devenir un roman en deux volumes; il fallait au moins bâtir un domicile à cette ombre errante que les annonces n'admettaient plus, et vers 1857 nous l'installâmes dans *le château de la Misère*. Quoique le logement fût délabré et peu confortable, voyant notre héros à peu près abrité des intempéries de l'air, nous partîmes pour la Russie, où les féeries de l'hiver et l'ivresse de la neige nous retinrent plusieurs mois. Au retour, cette vie parisienne dont le tourbillon entraîne les plus fortes volontés nous reprit de plus belle, et *Fracasse* fut menacé de ne jamais sortir de son château en ruines. Cependant il n'y devait pas rester et commença son odyssée à travers les numéros de la *Revue nationale*. Il a maintenant la forme qu'il exigeait. Nous espérons qu'il nous laissera tranquille.

Pendant ce long travail, nous nous sommes autant que possible séparé du milieu actuel, et nous avons vécu rétrospectivement, nous reportant vers 1830, aux beaux jours du romantisme; ce livre, malgré la date qu'il porte et son exécution récente, n'appartient réellement pas à ce temps-ci. Comme les architectes qui, dans l'achèvement d'un plan ancien, se conforment au style indiqué, nous avons écrit *le Capitaine Fracasse* dans le goût qui régnait au moment où il eût dû paraître. On n'y trouvera aucune thèse politique, morale ou religieuse. Nul grand problème ne s'y débat. On n'y plaide pour personne. L'auteur n'y exprime jamais son opinion. C'est une œuvre purement pittoresque, objective, comme diraient les Allemands. Bien que l'action se passe sous Louis XIII, *le Capitaine Fracasse* n'a d'historique que la couleur du style. Les personnages s'y présentent comme dans la nature par leur forme extérieure, avec leur fond obligé de paysage ou d'architecture. Leurs costumes sont décrits, leurs gestes dessinés; et quand ils parlent, ils emploient la langue de leur époque. Figurez-vous que vous feuilletez des eaux-fortes de Callot ou des gravures d'Abraham Bosse historiées de légendes. Mais arrêtons-nous. N'allons pas faire une préface quand il n'est besoin que de quelques mots d'explication.

Th. G.

Octobre 1863.

LE CAPITAINE FRACASSE

I

LE CHATEAU DE LA MISÈRE

Sur le revers d'une de ces collines décharnées qui bossuent les Landes, entre Dax et Mont-de-Marsan, s'élevait, sous le règne de Louis XIII, une de ces gentilhommières si communes en Gascogne, et que les villageois décorent du nom de château.

Deux tours rondes, coiffées de toits en éteignoir, flanquaient les angles d'un bâtiment, sur la façade duquel deux rainures profondément entaillées trahissaient l'existence primitive d'un pont-levis réduit à l'état de sinécure par le nivelage du fossé, et donnaient au manoir un aspect assez féodal, avec leurs échauguettes en poivrière et leurs girouettes à queue d'aronde. Une nappe de lierre enveloppant à demi l'une des tours tranchait heureusement par son vert sombre sur le ton gris de la pierre déjà vieille à cette époque.

Le voyageur qui eût aperçu de loin le castel dessinant ses faîtages pointus sur le ciel, au-dessus des genêts et des bruyères, l'eût jugé une demeure convenable pour un hobereau de province ; mais, en approchant, son avis se fût modifié. Le chemin qui menait de la route à l'habitation s'était réduit, par l'envahissement de la mousse et des végétations parasites, à un étroit sentier blanc semblable à un galon terni sur un manteau râpé. Deux ornières remplies d'eau de pluie et habitées par des grenouilles témoignaient qu'anciennement des voitures avaient passé par là ; mais la sécurité de ces batraciens montrait une longue possession et la certitude de n'être pas dérangés. — Sur la bande frayée à travers les mauvaises herbes, et détrempée par une averse récente, on ne voyait aucune empreinte de pas humain, et les brindilles de broussailles, chargées de gouttelettes brillantes, ne paraissaient pas avoir été écartées depuis longtemps.

De larges plaques de lèpre jaune marbraient les tuiles brunies et désordonnées des toits, dont les chevrons pourris avaient cédé par place ; la rouille empêchait de tourner les girouettes, qui indiquaient toutes un vent différent ; les lucarnes étaient bouchées par des volets de bois déjeté et fendu. Des pierrailles remplissaient les barbacanes des tours ; sur les douze fenêtres de la façade, il y en avait huit barrées par des planches ; les deux autres montraient des vitres bouillonnées, tremblant, à la moindre pression de la bise, dans leur réseau de plomb. Entre ces fenêtres, le crépi, tombé par écailles comme les squammes d'une peau malade, mettait à nu des briques disjointes, des moellons effrités aux pernicieuses influences de la lune; la porte, encadrée d'un linteau de pierre, dont les rugosités régulières indiquaient une ancienne ornementation émoussée par le temps et l'incurie, était surmontée d'un blason fruste que le plus habile héraut d'armes eût été impuissant à déchiffrer et dont les lambrequins se contournaient fantasquement, non sans de nombreuses solutions de continuité. Les vantaux de la porte offraient encore, vers le haut, quelques restes de peinture sang de bœuf et semblaient rougir de leur état de délabrement; des clous à tête de diamant contenaient leurs ais fendillés et formaient des symétries interrompues çà et là. Un seul battant s'ouvrait et suffisait à la circulation des hôtes évidemment peu nombreux du castel, et contre le jambage de la porte s'appuyait une roue démantelée et tombant en javelle, dernier débris d'un carrosse défunt sous le règne précédent. Des nids d'hirondelles oblitéraient le faîte des cheminées et les angles des fenêtres, et, sans un mince filet de fumée qui sortait d'un tuyau de briques et se tortillait en vrille comme dans ces dessins de maisons que les écoliers griffonnent sur la marge de leurs livres de classe, on aurait pu croire le logis inhabité: maigre devait être la cuisine qui se préparait à ce foyer, car un soudard avec sa pipe eût produit des flocons plus épais. C'était le seul signe de vie que donnât la maison, comme ces mourants dont l'existence ne se révèle que par la vapeur de leur souffle.

En poussant le vantail mobile de la porte, qui ne cédait pas sans protester et tournait avec une évidente mauvaise humeur sur ses gonds oxydés et criards, on se trouvait sous une espèce de voûte ogivale plus ancienne que le reste du logis, et divisée par quatre boudins de granit bleuâtre se rencontrant à leur point d'intersection à une pierre en saillie où se revoyaient, un peu moins dégradées, les armoiries sculptées à l'extérieur, trois cigognes d'or sur champ d'azur, ou quelque chose d'analogue, car l'ombre de la voûte ne permettait pas de les bien distinguer. Dans le mur étaient scellés des éteignoirs en tôle noircis par les torches, et des anneaux de fer où s'attachaient autrefois les chevaux des visiteurs, événement bien rare aujourd'hui, à en croire la poussière qui les souillait.

De ce porche, sous lequel s'ouvraient deux portes, l'une conduisant aux appartements du rez-de-chaussée, l'autre à une salle qui avait pu jadis servir de salle des gardes, on débouchait dans une cour triste, nue et froide, entourée de hautes murailles rayées de longs filaments noirs par les pluies d'hiver. Dans les angles de la cour, parmi les gravats tombés des corniches ébréchées, poussaient l'ortie, la folle avoine et la ciguë, et les pavés étaient encadrés d'herbe verte.

Au fond, une rampe côtoyée de garde-fous en pierre ornés de boules surmontées de pointes, menait à un jardin situé en contre-bas de la cour. Les marches rompues et disjointes faisaient bascule sous le pied ou n'étaient retenues que par les filaments des mousses et des plantes pariétaires; sur l'appui de la terrasse avaient crû des joubarbes, des ravenelles et des artichauts sauvages.

Quant au jardin lui-même, il retournait doucement à l'état de hallier ou de forêt vierge. A l'exception d'un carré où se pommelaient quelques choux aux feuilles veinées et vert-de-grisées, et qu'étoilaient des soleils d'or au cœur noir, dont la présence témoignait d'une sorte de culture, la nature reprenait ses droits sur cet espace abandonné et en effaçait les traces du travail de l'homme qu'elle semble aimer à faire disparaître.

Les arbres non taillés projetaient en tous sens des branches gourmandes. Les buis, destinés à marquer le dessin des bordures et des allées, étaient devenus des arbustes, ne subissant plus le ciseau depuis longues années. Des graines apportées par le vent avaient germé au hasard et se développaient avec cette robustesse vivace, particulière aux mauvaises herbes, à la place qu'avaient occupée les jolies fleurs et les plantes rares. Les ronces, aux ergots épineux, se croisaient d'un bord à l'autre des sentiers et vous accrochaient au passage pour vous empêcher d'aller plus loin et vous dérober ce mystère de tristesse et de désolation. La solitude n'aime pas être surprise en déshabillé et sème autour d'elle toutes sortes d'obstacles.

Pourtant, si l'on eût persisté, sans redouter les égratignures des broussailles et les soufflets des branches, à suivre jusqu'au bout l'antique allée devenue plus obstruée et plus touffue qu'une sente dans les bois, on serait arrivé à une espèce de niche de rocaille figurant un antre rustique. Aux plantes semées jadis entre l'interstice des roches, telles qu'iris, glaïeuls, lierre noir, il s'en était ajouté d'autres, persicaires, scolopendres, lambruches sauvages qui pendaient comme des barbes, et voilaient à demi une statue de marbre représentant une divinité mythologique, Flore ou Pomone, laquelle avait dû être fort galante en son temps et faire honneur à l'ouvrier, mais qui était camarde comme la Mort, ayant le nez cassé. La pauvre déesse portait en sa corbeille, au lieu de fleurs, des champignons moisis et d'aspect vénéneux; elle-même semblait avoir été empoisonnée, car des taches de mousse brune tigraient son corps jadis si blanc. A ses pieds croupissait, sous une couche verte de lentilles d'eau dans une conque de pierre, une flaque bruné, résidu des pluies; car le mufle de lion, qu'on pouvait encore discerner au besoin, ne vomissait plus d'eau, n'en recevant pas des conduits bouchés ou détruits.

Ce cabinet grotesque, comme on disait alors, témoignait, tout ruiné qu'il était, d'une certaine aisance disparue et du goût pour les arts des anciens possesseurs du castel. Convenablement décrassée et restaurée, la statue eût laissé voir le style florentin de la Renaissance à la manière des sculpteurs italiens venus en France à la suite de maître Roux ou du Primatice, époque probable des splendeurs de la famille maintenant déchue.

La grotte s'appuyait à une muraille verdie et salpêtrée, où s'entre-croisaient encore des restes de treillages rompus, et destinés sans doute à masquer les parois du mur, lors de sa construction, sous un rideau de plantes grimpantes et feuillues. Cette muraille, à peine visible à travers les frondaisons désordonnées des arbres démesurément grandis, fermait le jardin de ce côté. Au delà s'étendait la lande avec son horizon triste et bas, pommelé de bruyères.

En revenant vers le castel, on apercevait la façade opposée plus ravagée et plus dégradée que celle qui vient d'être décrite, les derniers maîtres ayant tâché de garder au moins l'apparence, et concentré leurs faibles ressources sur ce côté.

Dans l'écurie, où vingt chevaux eussent pu tenir à l'aise, un maigre bidet, dont la croupe saillait en protubérances osseuses, tirait d'un râtelier vide quelques brins de paille du bout de ses dents jaunes et déchaussées, et de temps en temps tournait vers la porte un œil enchâssé dans une orbite au fond de laquelle les rats de Montfaucon n'eussent pas trouvé le plus léger atome de graisse. Au seuil du chenil, un chien unique, flottant dans sa peau trop large où ses muscles détendus se dessinaient en lignes flasques, sommeillait le museau posé sur l'oreiller peu rembourré de ses pattes; il paraissait tellement habitué à la solitude du lieu, qu'il avait renoncé à toute surveillance, et ne s'inquiétait point, comme les chiens, même assoupis, ont coutume de le faire, au moindre bruit qui se fait entendre.

Lorsqu'on voulait pénétrer dans l'habitation, on rencontrait un énorme escalier à rampe de bois taillée en balustre. Cet escalier n'avait que deux paliers, le logis ne renfermant pas plus de deux étages. — Il était en pierre jusqu'au premier, en briques et en bois à partir de là. Sur les murs, des grisailles dévorées par l'humidité semblaient avoir voulu simuler le relief d'une architecture richement ornée, avec les ressources du clair-obscur et de la perspective. On y devinait encore une suite d'Hercules terminés en gaine supportant une corniche à modillons d'où partait, en s'arrondissant, un berceau de feuillages festonnés de pampres laissant apercevoir un ciel passé de couleur et géographié d'îles inconnues par l'infiltration des eaux de la pluie. Entre les Hercules, dans des niches peintes, se pavanaient des bustes d'empereurs romains et autres personnages illustres de l'histoire; mais tout cela si vague, si fané, si détruit, si disparu, que c'était plutôt le spectre d'une peinture qu'une peinture réelle, et qu'il en faudrait parler avec des ombres de mots, les vocables ordinaires étant trop substantiels pour cela. Les échos de cette cage vide semblaient tout étonnés de répéter le bruit d'un pas.

Une porte verte, dont la serge avait jauni et n'était plus retenue que par quelques clous dédorés, donnait passage dans une pièce qui avait pu servir de salle à manger aux temps fabuleux où l'on mangeait dans ce logis désert. Une grosse poutre divisait le plafond en deux compartiments rayés de soliveaux apparents dont l'interstice avait été revêtu autrefois d'une couche de couleur bleue effacée par la poussière et les toiles d'araignée que la tête de loup n'allait jamais troubler à cette hauteur. Au-dessus de la cheminée de forme antique, un massacre de cerf dix cors épanouissait son bois, et le long des murailles grimaçaient sur les toiles rembrunies des portraits enfumés représentant des capitaines cuirassés ayant leur casque à côté d'eux ou tenu par un page, et fixant sur vous des yeux profondément noirs seuls vivants dans leurs figures mortes; des seigneurs en simarre de velours, la tête posée sur des rotondes roides d'empois comme des chefs de saint Jean-Baptiste sur des plats d'argent; des douairières en costume à la vieille mode, effrayantes de lividité et prenant par la décomposition des couleurs, des apparences de stryges, de lamies et d'empouses. Ces peintures, faites par des barbouilleurs de province, prenaient de la barbarie même du travail un aspect hétéroclite et formidable. Quelques-unes étaient sans cadre; d'autres avaient des bordures d'un or terni et rougi. Toutes portaient à leur angle le blason de la famille et l'âge du personnage représenté; mais, que le chiffre fût bas ou élevé, il n'existait pas une différence bien appréciable entre ces têtes aux lumières jaunes, aux ombres carbonisées, enfumées de vernis et saupoudrées de poussière; deux ou trois de ces toiles chancies et couvertes d'une fleur de moisissure présentaient des tons de cadavre en décomposition, et prouvaient, de la part du dernier descendant de ces hommes de race et d'épée, une indifférence complète à l'endroit des effigies de ses nobles aïeux. Le soir, cette galerie muette et immobile devait se transformer, aux reflets incertains des lampes, en une file de fantômes terrifiants et ridicules à la fois. Rien n'est plus triste que ces portraits oubliés dans ces chambres désertes ; reproductions à demi effacées elles-mêmes de formes depuis longtemps dissoutes sous terre.

Tels qu'ils étaient, ces fantômes peints étaient des hôtes bien appropriés à la solitude désolée du logis. Des habitants réels eussent paru trop vivants pour cette maison morte.

Au milieu de la salle figurait une table en poirier noirci, aux pieds tournés en spirales comme des colonnes salomoniques, que les tarets avaient piquée de milliers de trous, sans être troublés dans leur travail silencieux. Une fine couche grise, sur laquelle le doigt eût pu tracer des caractères, en couvrait la surface, et montrait qu'on n'y mettait pas souvent le couvert.

Deux dressoirs ou crédences de même matière, ornés de quelques sculptures et probablement achetés en même temps que la table à des époques plus heureuses, se faisaient pendants d'un côté de la salle à l'autre ; des faïences égueulées, des verreries disparates et deux ou trois rustiques figulines de Bernard Palissy représentant des anguilles, des poissons, des crabes et des coquillages émaillés sur un fond de verdure, garnissaient misérablement le vide des planches.

Cinq ou six chaises recouvertes de velours qui avait pu jadis être incarnadin, mais que les années et l'usage rendaient d'un roux pisseux, laissaient échapper leur bourre par les déchirures de l'étoffe et boitaient sur des pieds impairs comme des vers scazons ou des soudards écloppés s'en retournant chez eux après la bataille. A moins d'être un esprit, il n'eût point été prudent de s'y asseoir, et, sans doute, ces siéges ne servaient que lorsque le conciliabule des ancêtres sortis de leurs cadres venaient prendre place à la table inoccupée, et devant un souper imaginaire causaient entre eux de la décadence de la famille pendant les longues nuits d'hiver si favorables aux agapes de spectres.

De cette salle on pénétrait dans une autre un peu moins grande. Une de ces tapisseries de Flandre appelées « verdures » garnissait les murailles. Que ce mot tapisserie n'éveille en votre imagination aucune idée de luxe inopportun. Celle-ci était usée, élimée, passée de ton; les lés décousus faisaient cent hiatus et ne tenaient plus que par quelques fils et la force de l'habitude. Les arbres décolorés étaient jaunes d'un côté et bleus de l'autre. Le héron, debout sur une patte au milieu des roseaux, avait considérablement souffert des mites. La ferme flamande, avec son puits festonné de houblon, ne se discernait presque plus, et, de la figure blafarde du chasseur à la poursuite des halbrans, la bouche rouge et l'œil noir, apparemment d'un meilleur teint que les autres nuances, avaient seuls conservé le coloris primitif, comme un cadavre à la pâleur de cire dont on a vermillonné la bouche et ravivé les sourcils. L'air jouait entre le mur et le tissu détendu et lui imprimait des ondulations suspectes. Hamlet, prince de Danemark, s'il eût causé dans cette chambre, eût tiré son épée et piqué Polonius derrière la tapisserie en criant : Un rat! mille petits bruits, imperceptibles chuchotements de la solitude, qui rendent le silence plus sensible, inquiétaient l'oreille et l'esprit du visiteur assez hardi pour pénétrer jusque-là. Les souris grignotaient faméliquement quelques bouts de laine à l'envers de la basse lisse. Les vers râpaient le bois des poutres avec un bruit de lime sourde, et l'horloge de la mort frappait l'heure sur les panneaux des boiseries.

Quelquefois un ais de meuble craquait inopinément, comme si la solitude ennuyée étirait ses jointures, et vous causait, malgré vous, un tressaillement nerveux. Un lit à colonnes en quenouille, fermé par des rideaux de brocatelle coupés à tous leurs plis et dont les ramages verts et blancs se confondaient dans une même teinte jaunâtre, occupait un coin de la pièce, et l'on n'eût osé en relever les pentes de peur d'y trouver dans l'ombre quelque larve accroupie ou quelque forme roide dessinant, sous la blancheur du drap, un nez pointu, des pommettes osseuses, des mains jointes et des pieds placés comme ceux des statues allongées sur des tombeaux; tant les choses faites pour l'homme et d'où l'homme est absent prennent vite un air surnaturel ! On eût pu supposer aussi qu'une jeune princesse enchantée y reposait d'un sommeil séculaire comme la Belle au bois dormant, mais les plis avaient une rigidité trop sinistre et trop mystérieuse pour cela et s'opposaient à toute idée galante.

Une table en bois noir avec les incrustations de cuivre qui se détachaient, un miroir trouble et louche, dont le tain avait coulé, las de ne pas refléter de figure humaine, un fauteuil de tapisserie au petit point, ouvrage de patience et de loisir mené à fin par quelque aïeule, mais qui ne laissait plus discerner que quelques fils d'argent parmi les soies et les laines déteintes, complétaient l'ameublement de cette chambre, à la rigueur habitable pour un homme qui n'eût craint ni les esprits ni les revenants.

Ces deux pièces répondaient aux deux fenêtres non condamnées de la façade. Un jour blême et verdâtre y descendait à travers les vitres dépolies dont le dernier nettoyage remontait bien à cent ans et qui semblaient étamées en dehors. De grands rideaux, fripés dans leurs cassures et qui se seraient déchirés si on eût voulu les faire glisser sur leurs tringles dévorées de rouille, diminuaient encore cette lumière de crépuscule et ajoutaient à la mélancolie du lieu.

En ouvrant la porte qui se trouvait au fond de cette dernière chambre, on tombait en pleines ténèbres, on abordait le vide, l'obscur et l'inconnu. Peu à peu, cependant, l'œil s'habituait à cette ombre traversée de quelques jets livides filtrant à travers les jointures des planches qui bouchaient les fenêtres, et découvrait confusément une enfilade de chambres délabrées, au parquet disjoint, semé de vitres brisées, aux murailles nues ou à demi couvertes de quelques lambeaux de tapisserie effrangée, aux plafonds laissant paraître les lattes et passer l'eau du ciel, admirablement disposés pour les sanhédrins de rats et les états généraux de chauves-souris. En quelques endroits, il n'eût pas été sûr de s'avancer, car le plancher ondulait et pliait sous le pas, mais jamais personne ne s'aventurait dans cette Thébaïde d'ombre, de poussière et de toiles d'araignée. Dès le seuil, une odeur de relent, un parfum de moisissure et d'abandon, le froid humide et noir particulier aux lieux sombres, vous montait aux narines comme lorsqu'on lève la pierre d'un caveau et qu'on se penche sur son obscurité glaciale. En effet, c'était le cadavre du passé qui tombait lentement en poudre dans ces salles où le présent ne mettait pas le pied, c'étaient les années endormies qui se berçaient comme dans des hamacs aux toiles grises des encoignures.

Au-dessus, dans les greniers, gîtaient, pendant le jour, les hiboux, les chouettes et les choucas avec leurs oreilles de plume, leurs têtes de chat et leurs rondes prunelles phosphorescentes. Le toit effondré en vingt endroits laissait entrer et sortir librement ces aimables oiseaux, aussi à l'aise là que dans les ruines de Montlhéry ou du château Gaillard. Chaque soir, l'essaim poudreux s'envolait en piaulant et en poussant des clameurs qui eussent ému les superstitieux, pour aller chercher au loin une nourriture qu'il n'eût pas trouvée dans cette tour de la faim.

Les pièces du rez-de-chaussée ne contenaient rien qu'une demi-douzaine de bottes de paille, des râpes de maïs et quelques menus instruments de jardinage. Dans l'une d'elles se voyait une paillasse gonflée de feuilles sèches de blé de Turquie, avec une couverture de laine bise qui paraissait être le lit de l'unique valet du manoir.

Comme le lecteur doit être las de cette promenade à travers la solitude, la misère et l'abandon, menons-le à la seule pièce un peu vivante du château désert, à la cuisine, dont la cheminée envoyait au ciel ce léger nuage blanchâtre mentionné dans la description extérieure du castel.

Un maigre feu léchait de ses langues jaunes la plaque de la cheminée, et de temps en temps atteignait le fond d'un coquemar de fonte pendu à la crémaillère, et sa faible réverbération allait piquer dans l'ombre une paillette rougeâtre au bord des deux ou trois casseroles attachées au mur. Le jour qui tombait par le large tuyau montant jusqu'au toit, sans faire de coude, s'assoupissait sur les cendres en teintes bleuâtres et faisait paraître le feu plus pâle, en sorte que dans cet âtre froid la flamme même semblait gelée. Sans la précaution du couvercle il eût plu dans la marmite, et l'orage eût allongé le bouillon.

L'eau lentement échauffée avait fini par se mettre à gronder, et le coquemar râlait dans le silence comme une personne asthmatique : quelques feuilles de choux, débordant avec l'écume, indiquaient que la portion cultivée du jardin avait été prise à contribution pour ce brouet plus que spartiate.

Un vieux chat noir, maigre, pelé comme un manchon hors d'usage et dont le poil tombé laissait voir par places la peau bleuâtre, était assis sur son derrière aussi près du feu que cela était possible sans se griller les moustaches, et fixait sur la marmite ses prunelles vertes traversées d'une pupille en forme d'I avec un air de surveillance intéressée. Ses oreilles avaient été coupées au ras de la tête et sa queue au ras de l'échine, ce qui lui donnait la mine de ces chimères japonaises qu'on place dans les cabinets parmi les autres curiosités, ou bien encore de ces animaux fantastiques à qui les sorcières, allant au sabbat, confient le soin d'écumer le chaudron où bouillent leurs philtres.

Ce chat tout seul, dans cette cuisine, semblait faire la soupe pour lui-même, et c'était sans doute lui qui avait disposé sur la table de chêne une assiette à bouquets verts et rouges, un gobelet d'étain, fourbi sans doute avec ses griffes tant il était rayé, et un pot de grès sur les flancs duquel se dessinaient grossièrement, en traits bleus, les armoiries du porche, de la clef de voûte et des portraits.

Qui devait s'asseoir à ce modeste couvert apporté dans ce manoir sans habitants? peut-être l'esprit familier de la maison, le *genius loci*, le Kobold fidèle au logis adopté, et le chat noir à l'œil si profondément mystérieux attendait sa venue pour le servir la serviette sur la patte.

La marmite bouillait toujours, et le chat restait immobile à son poste, comme une sentinelle qu'on a oublié de relever. Enfin un pas se fit entendre, pas lourd et pesant, celui d'une personne âgée; une petite toux préalable résonna, le loquet de la porte grinça, et un bonhomme, moitié paysan, moitié domestique, fit son entrée dans la cuisine.

A l'apparition du nouveau venu, le chat noir, qui semblait lié de longue date avec lui, quitta les cendres de l'âtre et se vint frotter amicalement contre ses jambes, arquant le dos, ouvrant et refermant ses griffes, en faisant sortir de sa gorge ce murmure enroué qui est le plus haut signe de satisfaction chez la race féline.

« Bien, bien, Béelzébuth, dit le vieillard en se courbant pour passer à deux ou trois reprises sa main calleuse sur le dos pelé du chat, afin de n'être pas en reste de politesse avec un animal; je sais que tu m'aimes, et nous sommes assez seuls ici, mon pauvre maître et moi, pour n'être pas insensibles aux caresses d'une bête dénuée d'âme, mais qui pourtant semble vous comprendre. »

Ces mutuelles politesses achevées, le chat se mit à marcher devant l'homme en le guidant du côté de la cheminée, comme pour lui remettre la direction de la marmite qu'il regardait d'un air de convoitise famélique le plus attendrissant du monde, car Béelzébuth commençait à vieillir, il avait l'oreille moins fine, l'œil moins perçant, la patte moins leste qu'autrefois, et les ressources que lui offrait jadis la chasse aux oiseaux et aux souris diminuaient sensiblement; aussi ne quittait-il pas de la prunelle ce ragoût dont il espérait avoir sa part et qui lui faisait se pourlécher les babines par anticipation.

Pierre, c'était le nom du vieux serviteur, prit une poignée de bourrées, la jeta sur le feu à demi mort; les brindilles craquèrent et se tordirent, et bientôt la flamme, poussant un flot de fumée, se dégagea vive et claire au milieu d'une joyeuse mousqueterie d'étincelles. On eût dit que les salamandres prenaient leurs ébats et dansaient des sarabandes dans les flammes. Un pauvre grillon pulmonique, tout réjoui de cette chaleur et de cette clarté, essaya même de battre la mesure avec sa timbale, mais il n'y put parvenir et ne produisit qu'un son enroué.

Pierre s'assit sous le manteau de la cheminée, festonnée d'un vieux lambrequin de serge verte découpé à dents de loup et tout jauni par la fumée, sur un escabeau de bois, ayant Béelzébuth à côté de lui.

Le reflet du feu éclairait sa figure, que les années, le soleil, le grand air et les intempéries des saisons avaient boucanée pour ainsi dire et rendue plus foncée que celle d'un Indien caraïbe; quelques mèches de cheveux blancs, s'échappant de son béret bleu et plaquées sur les tempes, faisaient encore ressortir les tons de brique de son teint basané; des sourcils noirs contrastaient avec sa chevelure de neige. Comme les gens de la race basque, il avait la figure allongée et le nez en bec d'oiseau de proie. De grandes rides perpendiculaires et semblables à des coups de sabre sillonnaient ses joues de haut en bas.

Une sorte de livrée aux galons déteints, et d'une couleur qu'un peintre de profession aurait eu de la peine à définir, recouvrait à demi sa veste de chamois miroitée et noircie par endroits au frottement de la cuirasse, ce qui produisait sur le fond jaune de la peau des teintes comme celles qui verdissent au ventre d'une perdrix faisandée; car Pierre avait été soldat, et quelques restes de son harnais militaire étaient utilisés dans sa toilette civile. Ses grègues demi-larges laissaient voir la trame et la chaîne d'une étoffe aussi claire qu'un canevas à broder, et il eût été impossible de savoir si elles avaient été en drap, en ratine ou en serge. Toute villosité avait disparu dès longtemps de ces culottes chauves; jamais menton d'eunuque ne fut plus glabre. Des reprises assez visibles, et faites par une main plus habituée à tenir l'épée que l'aiguille, fortifiaient les endroits faibles, et témoignaient du soin qu'apportait le possesseur de ce vêtement à en pousser la longévité jusqu'aux dernières limites. Pareilles à Nestor, ces grègues séculaires avaient vécu trois âges d'homme. De fortes probabilités portent à croire qu'elles avaient été rouges, mais ce point important n'est pas absolument prouvé.

Des semelles de corde rattachées par des lacets bleus à un bas de laine dont le pied était coupé servaient de chaussure à Pierre et rappelaient les alpargatas espagnoles. Ces grossiers cothurnes avaient sans doute été choisis comme plus économiques que le soulier à bouffette ou la botte à pont-levis; car une stricte, froide et propre pauvreté se trahissait dans les moindres détails de l'ajustement du bonhomme et jusque dans sa pose d'une résignation morne. Le dos appuyé au pan intérieur de la cheminée, il avait croisé au-dessus de son genou ses grosses mains rougies de tons violacés comme des feuilles de vigne à la fin de l'automne, et faisait un pendant immobile au chat. Béelzébuth, accroupi dans la cendre, en face de lui, d'un air famélique et piteux, suivait avec une attention profonde le bouillonnement asthmatique de la marmite.

« Le jeune maître tarde bien à venir aujourd'hui, murmura Pierre, en voyant à travers les vitres enfumées et jaunes de l'unique fenêtre qui éclairât la cuisine diminuer et s'éteindre la dernière barre lumineuse du couchant au bord d'un ciel rayé de nuages lourds et gros de pluie. Quel plaisir peut-il trouver à se promener seul ainsi dans les landes? Il est vrai que ce château est si triste, qu'on ne saurait s'ennuyer davantage ailleurs. »

Un aboi joyeusement enroué se fit entendre; le cheval frappa du pied dans son écurie et fit grincer sur le bord de sa mangeoire la chaîne qui l'attachait; le chat noir interrompit le bout de toilette qu'il faisait en passant sa patte humectée préalablement de salive sur ses bajoues et au-dessus de ses oreilles écourtées, et fit quelques pas vers la porte en animal affectueux et poli qui connaît ses devoirs et s'y conforme.

Le battant s'ouvrit; Pierre se leva, ôta respectueusement son béret, et le nouveau venu fit son apparition dans la salle, précédé du vieux chien dont nous avons déjà parlé, et qui essayait une gambade et retombait lourdement, appesanti par l'âge. Béelzébuth ne témoignait pas à Miraut l'antipathie que ses pareils professent d'ordinaire pour la gent canine. Il le regardait au contraire fort amicalement, en roulant ses prunelles vertes et en faisant le gros dos. On voyait qu'ils se connaissaient de longue main et se tenaient souvent compagnie dans la solitude du château.

Le baron de Sigognac, car c'était bien le seigneur de ce castel démantelé qui venait d'entrer dans la cuisine, était un jeune homme de vingt-cinq ou vingt-six ans, quoique au premier abord on lui en eût attribué peut-être davantage, tant il paraissait grave et sérieux. Le sentiment de l'impuissance, qui suit la pauvreté, avait fait fuir la gaieté de ses traits et tomber cette fleur printanière qui veloute les jeunes visages. Des auréoles de bistre cerclaient déjà ses yeux meurtris, et ses joues creuses accusaient assez fortement la saillie des pommettes; ses moustaches, au lieu de se retrousser gaillardement en crocs, portaient la pointe basse et semblaient pleurer auprès de sa bouche triste; ses cheveux, négligemment peignés, pendaient par mèches noires au long de sa face pâle avec une absence de coquetterie rare dans un jeune homme qui eût pu passer pour beau, et montraient une renonciation absolue à toute idée de plaire. L'habitude d'un chagrin secret avait fait prendre des plis douloureux à une physionomie qu'un peu de bonheur eût rendue charmante, et la résolution naturelle à cet âge y paraissait plier devant une mauvaise fortune inutilement combattue.

Quoique agile et d'une constitution plutôt robuste que faible, le jeune baron se mouvait avec une lenteur apathique, comme quelqu'un qui a donné sa démission de la vie. Son geste était endormi et mort, sa contenance inerte, et l'on voyait qu'il lui était parfaitement égal d'être ici ou là, parti ou revenu.

Sa tête était coiffée d'un vieux feutre grisâtre, tout bossué et tout rompu, beaucoup trop large, qui lui descendait jusqu'aux sourcils et le forçait, pour y voir, à relever le nez. Une plume, que ses barbes rares faisaient ressembler à une arête de poisson, s'adaptait au chapeau, avec l'intention visible d'y figurer un panache, et retombait flasquement par derrière comme honteuse d'elle-même. Un col d'une guipure antique, dont tous les jours n'étaient pas dus à l'habileté de l'ouvrier et auquel la vétusté ajoutait plus d'une découpure, se rabattait sur son justaucorps dont les plis flottants annonçaient qu'il avait été taillé pour un homme plus grand et plus gros que le fluet baron. Les manches de son pourpoint cachaient les mains comme les manches d'un froc, et il entrait jusqu'au ventre dans ses bottes à chaudron, ergotées d'un éperon de fer. Cette défroque hétéroclite était celle de feu son père, mort depuis quelques années, et dont il achevait d'user les habits, déjà mûrs pour le fripier à l'époque du décès de leur premier possesseur. Ainsi accoutré de ces vêtements, peut-être fort à la mode au commencement de l'autre règne, le jeune baron avait l'air à la fois ridicule et touchant; on l'eût pris pour son propre aïeul. Quoiqu'il professât pour la mémoire de son père une vénération toute filiale et que souvent les larmes lui vinssent aux yeux en endossant ces chères reliques, qui semblaient conserver dans leurs plis les gestes et les attitudes du vieux gentilhomme défunt, ce n'était pas précisément par goût que le jeune Sigognac s'affublait de la garde-robe paternelle. Il ne possédait pas d'autres vêtements et avait été tout heureux de déterrer au fond d'une malle cette portion de son héritage. Ses habits d'adolescent étaient devenus trop petits et trop étroits. Au moins il tenait à l'aise dans ceux de son père. Les paysans, habitués à les vénérer sur le dos du vieux baron, ne les trouvaient pas ridicules sur celui du fils, et ils les saluaient avec la même déférence ; ils n'apercevaient pas plus les déchirures du pourpoint que les lézardes du château. Sigognac, tout pauvre qu'il fût, était toujours à leurs yeux le seigneur, et la décadence de cette famille ne les frappait pas comme elle eût fait les étrangers ; et c'était cependant un spectacle assez grotesquement mélancolique que de voir passer le jeune baron dans ses vieux habits, sur son vieux cheval, accompagné de son vieux chien, comme ce chevalier de la Mort de la gravure d'Albert Durer.

Le Baron s'assit en silence devant la petite table, après avoir répondu d'un geste de main bienveillant au salut respectueux de Pierre.

Celui-ci détacha la marmite de la crémaillère, en versa le contenu sur son pain taillé d'avance dans une écuelle de terre commune qu'il posa devant le Baron ; c'était ce potage vulgaire qu'on mange encore en Gascogne, sous le nom de garbure ; puis il tira de l'armoire un bloc de miasson tremblant sur une serviette saupoudrée de farine de maïs et l'apporta sur la table avec la planchette qui la soutenait. Ce mets local avec la garbure graissée par un morceau de lard dérobé, sans doute, à l'appât d'une souricière, vu son exiguïté, formait le frugal repas du Baron, qui mangeait d'un air distrait entre Miraut et Béelzébuth, tous deux en extase et le museau en l'air de chaque côté de sa chaise, attendant qu'il tombât sur eux quelques miettes du festin. De temps à autre le Baron jetait à Miraut, qui ne laissait pas arriver le morceau à terre, une bouchée de pain à laquelle il avait fait toucher la tranche de lard pour lui donner au moins le parfum de la viande. La couenne échut au chat noir, dont la satisfaction se traduisit par des grondements sourds et une patte étendue en avant, toutes griffes dehors, comme prête à défendre sa proie.

Ce maigre régal terminé, le Baron parut tomber dans des réflexions douloureuses, ou tout au moins dans une distraction dont le sujet n'avait rien d'agréable. Miraut avait posé sa tête sur le genou de son maître et fixait sur lui des yeux voilés par l'âge d'une fleur bleuâtre, mais que semblait vouloir percer une étincelle d'intelligence presque humaine. On eût dit qu'il comprenait les pensées du Baron et cherchait à lui témoigner sa sympathie. Béelzébuth faisait ronfler son rouet aussi bruyamment que Berthe la filandière, et poussait de petits cris plaintifs pour attirer vers lui l'attention envolée du Baron. Pierre se tenait debout à quelque distance, immobile comme ces longues et roides statues de granit qu'on voit aux porches des cathédrales, respectant la rêverie de son maître et attendant qu'il lui donnât quelque ordre.

Pendant ce temps la nuit s'était faite, et de grandes ombres s'entassaient dans les recoins de la cuisine, comme des chauves-souris qui s'accrochent aux angles des murailles par les doigts de leurs ailes membraneuses. Un reste de feu, qu'avivait la rafale engouffrée dans la cheminée, colorait de reflets bizarres le groupe réuni autour de la table avec une sorte d'intimité triste qui faisait ressortir encore la mélancolique solitude du château. D'une famille jadis puissante et riche il ne restait qu'un rejeton isolé, errant comme une ombre dans ce manoir peuplé par ses aïeux ; d'une livrée nombreuse il n'existait plus qu'un seul domestique, serviteur par dévouement, qui ne pouvait être remplacé : d'une meute de trente chiens courants il ne survivait qu'un chien unique, presque aveugle et tout gris de vieillesse, et un chat noir servait d'âme au logis désert.

Le Baron fit signe à Pierre qu'il voulait se retirer. Pierre, se baissant au foyer, alluma un éclat de bois de pin enduit de résine, sorte de chandelle économique qu'emploient les pauvres paysans, et se mit à précéder le jeune seigneur ; Miraut et Béelzébuth se joignirent au cortége : la lueur fumeuse de la torche faisait vaciller sur les murailles de l'escalier les fresques pâlies et donnait une apparence de vie aux portraits enfumés de la salle à manger dont les yeux noirs et fixes semblaient lancer un regard de pitié douloureuse sur leur descendant.

Arrivé à la chambre à coucher fantastique que nous avons décrite, le vieux serviteur alluma une petite lampe de cuivre à un bec dont la mèche se repliait dans l'huile comme un ténia dans l'esprit-de-vin à la montre d'un apothicaire, et se retira suivi de Miraut. Béelzébuth, qui jouissait de ses grandes entrées, s'installa sur un des fauteuils. Le Baron s'affaissa sur l'autre, accablé par la solitude, le désœuvrement et l'ennui.

Si la chambre avait l'air d'une chambre à revenants pendant le jour, c'était encore bien pis le soir à la clarté douteuse de la lampe. La tapisserie prenait des tons livides, et le chasseur, sur un fond de verdure sombre, devenait, ainsi éclairé, un être presque réel. Il ressemblait, avec son arquebuse en joue, à un assassin guettant sa victime, et ses lèvres rouges ressortaient plus étrangement encore sur son visage pâle. On eût dit une bouche de vampire empourprée de sang.

La lampe saisie par l'atmosphère humide grésillait et jetait des lueurs intermittentes, le vent poussait des soupirs d'orgue à travers les couloirs, et des bruits effrayants et singuliers se faisaient entendre dans les chambres désertes.

Le temps était devenu mauvais, et de larges gouttes de pluie, poussées par la rafale, tintaient sur les vitres secouées dans leurs mailles de plomb. Quelquefois le vitrage semblait près de ployer et de s'ouvrir, comme si l'on eût fait une pesée à l'extérieur. C'était le genou de la tempête qui s'appuyait sur le frêle obstacle. Parfois, pour ajouter une note de plus à l'harmonie, un des hiboux, nichés sous la toiture, exhalait un piaulement semblable au cri d'un enfant égorgé, ou, contrarié par la lumière, venait heurter à la fenêtre avec un grand bruit d'ailes.

Le châtelain de ce triste manoir, habitué à ces lugubres symphonies, n'y faisait aucune attention. Béelzébuth seul, avec l'inquiétude naturelle aux animaux de son espèce, agitait à chaque bruit les racines de ses oreilles coupées et regardait fixement dans les angles obscurs, comme s'il y eût aperçu, de ses prunelles nyctalopes, quelque chose d'invisible à l'œil humain. Ce chat visionnaire, au nom et à la mine diaboliques, eût alarmé un moins brave que le Baron ; car il avait l'air de savoir bien des choses apprises dans ses courses nocturnes, à travers les galetas et les chambres inhabitées du castel ; plus d'une fois il avait dû faire, au bout d'un corridor, des rencontres qui eussent blanchi les cheveux d'un homme.

Sigognac prit sur la table un petit volume dont la reliure ternie portait estampé l'écusson de sa famille, et se mit à en tourner les feuilles d'un doigt nonchalant. Si ses yeux parcouraient exactement les lignes, sa pensée était ailleurs ou ne prenait qu'un intérêt médiocre aux odelettes et aux sonnets amoureux de Ronsard, malgré leurs belles rimes et leurs doctes inventions renouvelées des Grecs. Bientôt il jeta le livre et se mit à déboutonner son pourpoint lentement comme un homme qui n'a pas envie de dormir et se couche, de guerre lasse, parce qu'il ne sait que faire et veut essayer de noyer l'ennui dans le sommeil. Les grains de poussière tombent si tristement dans le sablier par une nuit noire et pluvieuse au fond d'un château ruiné qu'entoure un océan de bruyères, sans un seul être vivant à dix lieues à la ronde !

Le jeune Baron, unique survivant de la famille Sigognac, avait, en effet, bien des motifs de mélancolie. Ses aïeux s'étaient ruinés de différentes manières, soit par le jeu, soit par la guerre ou par le vain désir de briller, en sorte que chaque génération avait légué à l'autre un patrimoine de plus en plus diminué.

Les fiefs, les métairies, les fermes et les terres qui relevaient du château s'étaient envolés pièce à pièce; et le dernier Sigognac, après des efforts inouïs pour relever la fortune de la famille, efforts sans résultats parce qu'il est trop tard pour boucher les voies d'eau d'un navire lorsqu'il sombre, n'avait laissé à son fils que ce castel lézardé et les quelques arpents de terre stérile qui l'entouraient; le reste avait dû être abandonné aux créanciers et aux juifs.

La pauvreté avait donc bercé le jeune enfant de ses mains maigres, et ses lèvres s'étaient suspendues à une mamelle tarie. Privé tout jeune de sa mère morte de tristesse dans ce château délabré, en songeant à la misère qui devait peser plus tard sur son fils et lui fermer toute carrière, il ne connaissait pas les douces caresses et les tendres soins dont la jeunesse est entourée, même dans les familles les moins heureuses. La sollicitude de son père, qu'il regrettait pourtant, ne s'était guère traduite que par quelques coups de pied au derrière, ou l'ordre de lui donner le fouet. En ce moment, il s'ennuyait si fort qu'il eût été heureux de recevoir une de ces admonestations paternelles dont le souvenir lui faisait venir les larmes aux yeux; car un coup de pied de père à fils, c'est encore une relation humaine et, depuis quatre ans que le Baron dormait allongé sous sa dalle dans le caveau de famille des Sigognac, il vivait au milieu d'une solitude profonde. Sa jeune fierté répugnait à paraître parmi la noblesse de la province aux fêtes et aux chasses sans l'équipage convenable à sa qualité.

Qu'eût-on dit, en effet, de voir le baron de Sigognac accoutré comme un gueux de l'Hostière ou comme un cueilleur de pommes du Perche? Cette considération l'avait empêché d'aller offrir ses services comme domestique à quelque prince. Aussi beaucoup de gens croyaient-ils que les Sigognac étaient éteints, et l'oubli, qui pousse sur les morts encore plus vite que l'herbe, effaçait cette famille autrefois importante et riche, et bien peu de personnes savaient qu'il existât encore un rejeton de cette race amoindrie.

Depuis quelques instants, Béelzébuth paraissait inquiet, il levait la tête comme s'il subodorait quelque chose d'inquiétant; il se dressait contre la fenêtre et appuyait ses pattes aux carreaux, cherchant à percer le noir sombre de la nuit rayé de hachures pressées de pluie; son nez se fronçait et s'agitait. Un hurlement prolongé de Miraut s'élevant au milieu du silence vint bientôt confirmer la pantomime du chat; il se passait décidément quelque chose d'insolite aux environs du castel, d'ordinaire si tranquille. Miraut continuait d'aboyer avec toute l'énergie que lui permettait son enrouement chronique. Le Baron, pour être prêt à tout événement, reboutonna le pourpoint qu'il allait quitter et se dressa sur ses pieds.

« Qu'a donc Miraut, lui qui ronfle comme le chien des Sept-Dormants, sur la paille de sa niche, dès que le soleil est couché, pour faire un pareil vacarme? Est-ce qu'un loup rôderait autour des murailles? »

dit le jeune homme en ceignant une épée à lourde coquille de fer qu'il détacha du mur et dont il boucla le ceinturon à son dernier trou, car la bande de cuir coupée pour la taille du vieux baron eût fait deux fois le tour de celle du fils.

Trois coups frappés assez violemment à la porte du castel retentirent à intervalles mesurés et firent gémir les échos des chambres vides.

Qui pouvait à cette heure venir troubler la solitude du manoir et le silence de la nuit? Quel voyageur mal-avisé heurtait à cette porte qui ne s'était pas ouverte depuis si longtemps pour un hôte, non par manque de courtoisie de la part du maître, mais par l'absence de visiteurs? Qui demandait à être reçu dans cette auberge de la famine, dans cette cour plénière du Carême, dans cet hôtel de misère et de lésine ?

II

LE CHARIOT DE THESPIS

Sigognac descendit l'escalier, protégeant sa lampe avec sa main contre les courants d'air qui menaçaient de l'éteindre. Le reflet de la flamme pénétrait ses phalanges amincies et les teignait d'un rouge diaphane, en sorte que, quoique ce fût la nuit et qu'il marchât suivi d'un chat noir au lieu de précéder le soleil, il méritait l'épithète appliquée par le bon Homère aux doigts de l'Aurore.

Il abaissa la barre de la porte, entr'ouvrit le battant mobile, et se trouva en face d'un personnage au nez duquel il porta sa lampe. Éclairée par ce rayon, une assez grotesque figure se dessina sur le fond d'ombre : un crâne couleur de beurre rance luisait sous la lumière et la pluie. Des cheveux gris plaqués aux tempes, un nez cardinalisé de purée septembrale, tout fleuri de bubelettes, s'épanouissant en bulbe entre deux petits yeux vairons recouverts de sourcils très-épais et bizarrement noirs, des joues flasques, martelées de tons vineux et traversées de fibrilles rouges, une bouche lippue d'ivrogne et de satyre, un menton à verrue où s'implantaient quelques poils revêches et durs comme des crins de vergette, composaient un ensemble de physionomie digne d'être sculptée en mascaron sous la corniche du Pont-Neuf. Une certaine bonhomie spirituelle tempérait ce que ces traits pouvaient présenter de peu engageant au premier coup d'œil[1]. Les angles plissés des yeux et les commissures des lèvres remontées vers les oreilles indiquaient d'ailleurs l'intention d'un sourire gracieux. Cette tête de fantoche, servie sur une fraise de blancheur équivoque, surmontait un corps pendu dans une souquenille noire qui saluait en arc de cercle avec une affectation de politesse exagérée.

Les saluts accomplis, le burlesque personnage, prévenant sur les lèvres du Baron la question qui allait en jaillir, prit la parole d'un ton légèrement emphatique et déclamatoire :

« Daignez m'excuser, noble châtelain, si je viens frapper moi-même à la poterne de votre forteresse sans me faire précéder d'un page ou d'un nain sonnant du cor, et cela à une heure avancée. Nécessité n'a pas de loi et force les gens du monde les plus polis à des barbarismes de conduite.

— Que voulez-vous? interrompit assez sèchement le Baron ennuyé par le verbiage du vieux drôle.

— L'hospitalité pour moi et mes camarades, des princes et des princesses, des Léandres et des Isabelles, des docteurs et des capitaines qui se promènent de bourgs en villes sur le chariot de Thespis, lequel chariot, traîné par des bœufs à la manière antique, est maintenant embourbé à quelques pas de votre château.

« — Si je comprends bien ce que vous dites, vous êtes des comédiens de province en tournée et vous avez dévié du droit chemin?

— On ne saurait mieux élucider mes paroles, répondit l'acteur, et vous parlez de cire. Puis-je espérer que Votre Seigneurie m'accorde ma requête?

— Quoique ma demeure soit assez délabrée et que je n'aie pas grand'chose à vous offrir, vous y serez toujours un peu moins mal qu'en plein air par une pluie battante. »

Le Pédant, car tel paraissait être son emploi dans la troupe, s'inclina en signe d'assentiment.

Pendant ce colloque, Pierre, éveillé par les abois de Miraut, s'était levé et avait rejoint son maître sous le porche. Mis au fait de ce qui se passait, il alluma une lanterne, et tous trois se dirigèrent vers la charrette embourbée.

Le Léandre et le Matamore poussaient à la roue, et le Roi piquait les bœufs de son poignard tragique. Les femmes, enveloppées de leurs manteaux, se désespéraient, geignaient et poussaient de petits cris. Ce renfort inattendu, et surtout l'expérience de Pierre, eurent bientôt fait franchir le mauvais pas au lourd chariot, qui, dirigé sur un terrain plus ferme, atteignit le château, passa sous la voûte ogivale et fut rangé dans la cour.

Les bœufs dételés allèrent prendre place à l'écurie à côté du bidet blanc; les comédiennes sautèrent à bas de la charrette, faisant bouffer leurs jupes fripées, et montèrent, guidées par Sigognac, dans la salle à manger, la pièce la plus habitable de la maison. Pierre trouva au fond du bûcher un fagot et quelques brassées de broussailles qu'il jeta dans la cheminée et qui se mirent à flamber joyeusement. Quoiqu'on ne fût encore qu'au début de l'automne, un peu de feu était nécessaire pour sécher les vêtements humides de ces dames; d'ailleurs la nuit était fraîche et l'air sifflait par les boiseries disjointes de cette pièce inhabitée.

Les comédiens, bien qu'habitués par leur vie errante aux gîtes les plus divers, regardaient avec étonnement cet étrange logis que les hommes semblaient avoir abandonné depuis longtemps aux esprits et qui faisait naître involontairement des idées d'histoires tragiques; pourtant ils n'en témoignaient, en personnes bien élevées, ni terreur ni surprise.

« Je ne puis vous donner que le couvert, dit le jeune Baron, mon garde-manger ne renferme pas de quoi faire souper une souris. Je vis seul en ce manoir, ne recevant jamais personne, et vous voyez, sans que je vous le dise, que la fortune n'habite pas céans.

— Qu'à cela ne tienne, répliqua le Pédant; si, au théâtre, l'on nous sert des poulets de carton et des bouteilles de bois tourné, nous nous précautionnons, pour la vie ordinaire, de mets plus substantiels. Ces viandes creuses et ces boissons imaginaires iraient mal à nos estomacs, et, en qualité de munitionnaire de la troupe, je tiens toujours en réserve quelque jambon de Bayonne, quelque pâté de venaison, quelque longe de veau de Rivière, avec une douzaine de flacons de vin de Cahors et de Bordeaux.

— Bien parlé, Pédant, exclama le Léandre ; va chercher les provisions, et, si ce seigneur le permet et daigne souper avec nous, dressons ici même la table du festin. Il y a dans ces buffets assez de vaisselle, et ces dames mettront le couvert. »

Au signe d'acquiescement que fit le Baron tout étourdi de l'aventure, l'Isabelle et la donna Sérafina, assises toutes deux près de la cheminée, se levèrent et rangèrent les plats sur la table préalablement essuyée par Pierre et recouverte d'une vieille nappe usée, mais blanche.

Le Pédant reparut bientôt portant un panier de chaque main, et plaça triomphalement au milieu de la table une forteresse de pâté aux murailles blondes et dorées, qui renfermait dans ses flancs une garnison de becfigues et de perdreaux. Il entoura ce fort gastronomique de six bouteilles, pour ouvrages avancés, qu'il fallait emporter avant de prendre la place. Une langue de bœuf fumée et une tranche de jambon complétèrent la symétrie.

Béelzébuth, qui s'était perché sur le haut d'un buffet et suivait curieusement de l'œil ces préparatifs extraordinaires, tâchait de s'approprier, au moins par l'odorat, toutes ces choses exquises étalées en abondance. Son nez couleur de truffe aspirait profondément les émanations parfumées ; ses prunelles vertes jubilaient et scintillaient, une petite bave de convoitise argentait son menton. Il aurait bien voulu s'approcher de la table et prendre sa part de cette frairie à la Gargantua si en dehors des sobriétés érémitiques de la maison ; mais la vue de tous ces nouveaux visages l'épouvantait et sa poltronnerie combattait sa gourmandise.

Ne trouvant pas la lueur de la lampe suffisamment rayonnante, le Matamore était allé chercher dans la charrette deux flambeaux de théâtre, en bois entouré de papier doré et munis chacun de plusieurs bougies, renfort qui produisit une illumination assez magnifique. Ces flambeaux, dont la forme rappelait celle du chandelier à sept branches de l'Écriture, se plaçaient ordinairement sur l'autel de l'hyménée, au dénoûment des pièces à machines, ou sur la table du festin, dans la *Marianne* de Mairet et l'*Hérodiade* de Tristan.

A leur clarté et à celle des bourrées flambantes, la chambre morte avait repris une espèce de vie. De faibles rougeurs coloraient les joues pâles des portraits, et si les douairières vertueuses, engoncées dans leurs collerettes et roides sous leur vertugadin, prenaient un air pincé à l'aspect des jeunes comédiennes folâtrant dans ce grave manoir, en revanche, les guerriers et les chevaliers de Malte semblaient leur sourire du fond de leur cadre et se trouver heureux d'assister à pareille fête, à l'exception de deux ou trois vieilles moustaches grises boudant obstinément sous leur vernis jaune, et gardant, malgré tout, les mines rébarbatives dont le peintre les avait dotées.

Un air plus tiède et plus vivace circulait dans cette vaste salle, où l'on ne respirait habituellement que l'humidité moisie du sépulcre. Le délabrement des meubles et des tentures était moins visible, et le spectre pâle de la misère semblait avoir abandonné le château pour quelques instants.

Sigognac, à qui cette surprise avait d'abord été désagréable, se laissait aller à une sensation de bien-être inconnue. L'Isabelle, donna Sérafina, et même la soubrette, lui troublaient doucement l'imagination et lui faisaient l'effet plutôt de divinités descendues sur la terre que de simples mortelles. C'étaient, en effet, de fort jolies femmes et qui eussent préoccupé de moins novices que notre jeune baron. Tout cela lui produisait l'effet d'un rêve, et il craignait à tout moment de se réveiller.

Le Baron donna la main à donna Sérafina, qu'il fit asseoir à sa droite. Isabelle prit place à gauche, la soubrette se mit en face, la duègne s'établit à côté du Pédant, Léandre et le Matamore s'assirent où ils voulurent. Le jeune maître du château put alors étudier tout à son aise les physionomies de ses hôtes vivement éclairées et ressortant avec un plein relief. Son examen porta d'abord sur les femmes, dont il ne serait pas hors de propos de tirer ici un léger crayon, tandis que le Pédant pratique une brèche aux remparts du pâté.

La Sérafina était une jeune femme de vingt-quatre à vingt-cinq ans, à qui l'habitude de jouer les grandes coquettes avait donné l'air du monde et autant de manège qu'à une dame de cour. Sa figure, d'un ovale un peu allongé, son nez légèrement aquilin, ses yeux gris à fleur de tête, sa bouche rouge, dont la lèvre inférieure était coupée par une petite raie, comme celle d'Anne d'Autriche, et ressemblait à une cerise, lui composaient une physionomie avenante et noble à laquelle contribuaient encore deux cascades de cheveux châtains descendant par ondes au long de ses joues, où l'animation et la chaleur avaient fait paraître de jolies couleurs roses. Deux longues mèches, appelées moustaches et nouées chacune par trois rosettes de ruban noir, se détachaient capricieusement des crêpelures et en faisaient valoir la grâce vaporeuse comme des touches de vigueur que donne un peintre au tableau qu'il termine. Son chapeau de feutre à bord rond, orné de plumes dont la dernière se contournait en panache sur les épaules de la dame, et les autres se recroquevillaient en bouillons, coiffait cavalièrement la Sérafina ; un col d'homme rabattu, garni d'un point d'Alençon et noué d'une bouffette noire, de même que les moustaches, s'étalait sur une robe de velours vert à manches crevées, relevées d'aiguillettes et de brandebourgs, et dont l'ouverture laissait bouillonner le linge ; une écharpe de soie blanche, posée en bandoulière, achevait de donner à cette mise un air galant et décidé.

Ainsi attifée, Sérafina avait une mine de Penthésilée et de Marphise très-propre aux aventures et aux comédies de cape et d'épée. Sans doute tout cela n'était pas de la première fraîcheur, l'usage avait miroité par places le velours de la jupe, la toile de Frise était un peu fripée, les dentelles eussent paru rousses au grand jour ; les broderies de l'écharpe, à les regarder de près, rougissaient et trahissaient le clinquant; plusieurs aiguillettes avaient perdu leurs ferrets, et la passementerie éraillée des brandebourgs se défilait par endroits; les plumes énervées battaient flasquement sur les bords du feutre, les cheveux étaient un peu défrisés, et quelques fétus de paille, ramassés dans la charrette, se mêlaient assez pauvrement à leur opulence.

Ces petites misères de détail n'empêchaient pas donna Sérafina d'avoir un port de reine sans royaume. Si son habit était fané, sa figure était fraîche, et, d'ailleurs, cette mise paraissait la plus éblouissante du monde au jeune baron de Sigognac, peu habitué à de pareilles magnificences, et qui n'avait jamais vu que des paysannes vêtues d'une jupe de bure et d'une cape de callemande. Il était, du reste, trop occupé des yeux de la belle pour faire attention aux éraillures de son costume.

L'Isabelle était plus jeune que la donna Sérafina, ainsi que l'exigeait son emploi d'ingénue; elle ne poussait pas non plus aussi loin la braverie du costume et se bornait à une élégante et bourgeoise simplicité, comme il convient à la fille de Cassandre. Elle avait le visage mignon, presque enfantin encore, de beaux cheveux d'un châtain soyeux, l'œil voilé par de longs cils, la bouche en cœur et petite, et un air de modestie virginale, plus naturel que feint. Un corsage de taffetas gris, agrémenté de velours noir et de jais, s'allongeait en pointe sur une jupe de même couleur; une fraise, légèrement empesée, se dressait derrière sa jolie nuque où se tordaient de petites boucles de cheveux follets, et un fil de perles fausses entourait son col; quoiqu'au premier abord elle attirât moins l'œil que la Sérafina, elle le retenait plus longtemps. Si elle n'éblouissait pas, elle charmait, ce qui a bien son avantage.

La soubrette méritait en plein l'épithète de *morena* que les Espagnols donnent aux brunes. Sa peau se colorait de tons dorés et fauves comme celle d'une gitana. Ses cheveux drus et crespelés étaient d'un noir d'enfer, et ses prunelles d'un brun jaune petillaient d'une malice diabolique. Sa bouche, grande et d'un rouge vif, laissait luire par éclairs blancs une denture qui eût fait honneur à un jeune loup. Du reste, elle était maigre et comme consumée d'ardeur et d'esprit, mais de cette maigreur jeune et bien portante qui ne fait point mal à voir. A coup sûr, elle devait être aussi experte à recevoir et à remettre un poulet à la ville qu'au théâtre; mais elle devait bien compter sur ses charmes, la dame qui se servait d'une pareille Dariolette! En passant par ses mains, plus d'une déclaration d'amour n'était pas arrivée à son adresse, et le galant oublieux s'était attardé dans l'antichambre. C'était une de ces femmes que leurs compagnes trouvent laides, mais qui sont irrésistibles pour les hommes et semblent pétries avec du sel, du piment et des cantharides, ce qui ne les empêche pas d'être froides comme des usuriers lorsqu'il s'agit de leurs intérêts. Un costume fantasque, bleu et jaune avec un bavolet de fausse dentelle, composait sa toilette.

Dame Léonarde, la mère noble de la troupe, était vêtue tout de noir comme une duègne espagnole. Des coiffes d'étamine encadraient sa figure grasse à plusieurs mentons, pâlie et comme usée par quarante ans de fard. Des tons d'ivoire jauni et de vieille cire blémissaient son embonpoint malsain, venu plutôt de l'âge que de la santé. Ses yeux, sur lesquels descendait une paupière molle, avaient une expression d'astuce, et faisaient comme deux taches noires dans sa figure blafarde. Quelques poils commençaient à obombrer les commissures de ses lèvres, quoiqu'elle les arrachât soigneusement avec des pinces. Le caractère féminin avait presque disparu de cette figure, dans les rides de laquelle on eût retrouvé bien des histoires, si l'on eût pris la peine de les y chercher. Comédienne depuis son enfance, dame Léonarde en savait long sur une carrière dont elle avait successivement rempli tous les emplois jusqu'à celui de duègne, accepté si difficilement par la coquetterie, toujours mal convaincue des ravages du temps. Léonarde avait du talent, et, toute vieille qu'elle était, savait se faire applaudir, même à côté des jeunes et jolies, toutes surprises de voir les bravos s'adresser à cette sorcière.

Voilà pour le personnel féminin. Les principaux emplois de la comédie s'y trouvaient représentés, et, s'il manquait un personnage, on raccolait en route quelque comédien errant ou quelque amateur de théâtre, heureux de se charger d'un petit rôle, et d'approcher ainsi des Angéliques et des Isabelles. Le personnel mâle se composait du Pédant déjà décrit, et sur lequel il n'est pas nécessaire de revenir, du Léandre, du Scapin, du Tyran tragique et du Tranchemontagne.

Le Léandre, obligé par état de rendre douces comme brebis les tigresses les plus hyrcaniennes, de duper les Truffaldins, d'écarter les Ergastes et de passer à travers les pièces toujours superbe et triomphant, était un garçon de trente ans que les soins excessifs qu'il prenait de sa personne faisaient paraître beaucoup plus jeune. Ce n'est pas une petite affaire que de représenter, pour les spectatrices, l'amant, cet être mystérieux et parfait, que chacun façonne à sa guise d'après l'Amadis ou l'Astrée. Aussi messer Léandre se graissait-il le museau de blanc de baleine, et s'enfarinait-il chaque soir de poudre de talc; ses sourcils, dont il arrachait avec des pinces les poils rebelles, semblaient une ligne tracée à l'encre de Chine, et finissaient en queue de rat. Des dents, brossées à outrance et frottées d'opiat, brillaient comme des perles d'Orient dans ses gencives rouges, qu'il découvrait à tout propos, méconnaissant le proverbe grec qui dit que rien n'est plus sot qu'un sot rire. Ses camarades prétendaient que, même à la ville, il mettait une pointe de rouge pour s'aviver l'œil. Des cheveux noirs, soigneusement calamistrés, se tordaient au long des joues en spirales brillantes un peu alanguies par la pluie, ce dont il prenait occasion pour leur redonner du tour avec le doigt, et montrer ainsi une main fort blanche, où scintillait un solitaire beaucoup trop gros pour être vrai. Son col rabattu laissait voir un cou rond et blanc rasé de si près que la barbe n'y paraissait pas. Un flot de linge assez propre bouillonnait entre sa veste et ses chausses tuyautées d'un monde de rubans, dont la conservation paraissait l'occuper beaucoup. En regardant la muraille, il avait l'air de mourir d'amour, et ne demandait point à boire sans pâmer. Il ponctuait ses phrases de soupirs et faisait, en parlant des choses les plus indifférentes, des clins d'yeux, des airs penchés et des mines à crever de rire; mais les femmes trouvaient cela charmant.

Le Scapin avait une tête de renard, futée, pointue, narquoise : ses sourcils remontaient sur son front en accent circonflexe, découvrant un œil émerillonné toujours en mouvement, et dont la prunelle jaune tremblotait comme une pièce d'or sur du vif-argent; des pattes d'oie de rides malignes se plissaient à chaque coin de ses paupières pleines de mensonges, de ruses et de fourberies; ses lèvres, minces et flexibles, remuaient perpétuellement, et montraient, à travers un sourire équivoque, des canines aiguës d'aspect assez féroce; et, quand il ôtait sa barrette rayée de blanc et de rouge, ses cheveux coupés en brosse accusaient les contours d'une tête bizarrement bossuée. Ces cheveux étaient fauves et feutrés comme du poil de loup, et complétaient le caractère de bête malfaisante répandu sur sa physionomie. On était tenté de regarder aux mains de ce drôle pour voir s'il ne s'y trouvait pas des cals causés par le maniement de la rame, car il avait bien l'air d'avoir passé quelques saisons à écrire ses mémoires sur l'Océan avec une plume de quinze pieds.

Sa voix fausse, tantôt haute, tantôt basse, procédait par brusques changements de tons et glapissements bizarres, qui surprenaient et faisaient rire sans qu'on en eût envie ; ses mouvements inattendus et comme déterminés par la détente subite d'un ressort caché, présentaient quelque chose d'illogique et d'inquiétant, et paraissaient servir plutôt à retenir l'interlocuteur qu'à exprimer une pensée ou un sentiment. C'était la pantomime du renard évoluant avec rapidité, et faisant cent tours de passe-passe sous l'arbre du haut duquel le dindon fasciné le regarde avant de se laisser choir.

Il portait une souquenille grise par-dessus son costume, dont on entrevoyait les zébrures, soit qu'il n'eût pas eu le temps de se déshabiller après sa dernière représentation, soit que sa garde-robe exiguë ne lui permît pas d'avoir habit de ville et habit de théâtre au grand complet.

Quant au Tyran, c'était un fort bon homme que la nature avait doué, sans doute par plaisanterie, de tous les signes extérieurs de la férocité. Jamais âme plus débonnaire ne revêtit une enveloppe plus rébarbative. De gros sourcils charbonnés, larges de deux doigts, noirs comme s'ils eussent été en peau de taupe, se rejoignant à la racine du nez, des cheveux crépus, une barbe épaisse montant jusqu'aux yeux, et qu'il ne taillait point pour n'avoir pas à s'en adapter une postiche lorsqu'il jouait les Hérodes et les Polyphontes, un teint basané comme un cuir de Cordoue, lui faisaient une physionomie truculente et formidable comme les peintres aiment à en donner aux bourreaux et à leurs aides dans les écorchements de saint Barthélemy ou les décollations de saint Jean-Baptiste. Une voix de taureau à faire trembler les vitres et remuer les verres sur la table, ne contribuait pas peu à entretenir la terreur qu'inspirait cet aspect de Croquemitaine rehaussé par un pourpoint de velours noir d'une mode surannée; aussi obtenait-il un succès d'épouvante en hurlant les vers de Garnier et de Scudéry. Il était, du reste, entripaillé comme il faut, et capable de bien remplir un trône.

Le Tranche-montagne, lui, était maigre, hâve, noir et sec comme un pendu d'été. Sa peau semblait un parchemin collé sur des os; un grand nez recourbé en bec d'oiseau de proie, et dont l'arête mince luisait comme de la corne, élevait sa cloison entre les deux côtés de sa figure aiguisée en navette, et encore allongée par une barbiche pointue. Ces deux profils collés l'un contre l'autre avaient beaucoup de peine à former une face, et les yeux pour s'y loger se retroussaient à la chinoise vers les tempes. Les sourcils à demi rasés se contournaient en virgule noire au-dessus d'une prunelle inquiète, et les moustaches, d'une longueur démesurée, poissées et maintenues à chaque bout par un cosmétique, remontaient en arc de cercle et poignardaient le ciel; les oreilles écartées de la tête figuraient assez bien les deux anses d'un pot, et donnaient de la prise aux croquignoles et aux nasardes. Tous ces traits extravagants, tenant plutôt de la caricature que du naturel, semblaient avoir été sculptés par une fantaisie folâtre dans un manche de rebec ou copiés d'après ces coquecigrues et chimères pantagruéliques qui tournent le soir aux lanternes des pâtissiers; ses grimaces de matamore étaient devenues, à la longue, sa physionomie habituelle, et, sorti de la coulisse, il marchait fendu comme un compas, la tête rejetée en arrière, le poing sur la hanche et la main à la coquille de l'épée. Un justaucorps jaune, bombé en cuirasse, agrémenté de vert et tailladé de crevées à l'espagnole disposées dans le sens des côtes, une golille empesée soutenue de fils de fer et de carton, large comme la table ronde et où les douze pairs eussent pu prendre leur repas, des hauts-de-chausses bouillonnés et rattachés d'aiguillettes, des bottes de cuir blanc de Russie, où ses jambes de coq ballottaient comme des flûtes dans leur étui quand le ménétrier les remporte, une rapière démesurée qu'il ne quittait jamais, et dont la poignée de fer, fenestrée à jour, pesait bien cinquante livres, formaient l'accoutrement du drôle, accoutrement sur lequel il drapait, pour plus de braverie, une couverture dont son épée relevait le bord. Disons, pour ne rien omettre, que deux pennes de coq, bifurquées comme un cimier de cocuage, adornaient grotesquement son feutre gris allongé en hausse à filtrer.

L'artifice de l'écrivain a cette infériorité sur celui du peintre, qu'il ne peut montrer les objets que successivement. Un coup d'œil suffirait à saisir dans un tableau où l'artiste les aurait groupées autour de la table les diverses figures dont le dessin vient d'être donné; on les y verrait avec les ombres, les lumières, les attitudes contrastées, le coloris propre à chacun et une infinité de détails d'ajustement qui manquent à cette description, cependant déjà trop longue, bien qu'on ait tâché de la faire la plus brève possible ; mais il fallait vous faire lier connaissance avec cette troupe comique tombée si inopinément dans la solitude du manoir de Sigognac.

Le commencement du repas fut silencieux ; les grands appétits sont muets comme les grandes passions ! mais, les premières furies apaisées, les langues se dénouèrent. Le jeune baron, qui peut-être ne s'était pas rassasié depuis le jour où il avait été sevré, bien qu'il eût la meilleure envie du monde de paraître amoureux et romanesque devant la Sérafine et l'Isabelle, mangeait ou plutôt engloutissait avec une ardeur qui n'eût pas laissé soupçonner qu'il eût soupé déjà. Le Pédant, que cette fringale juvénile amusait, empilait sur l'assiette du sieur de Sigognac des ailes de perdrix et des tranches de jambon, aussitôt disparues que des flocons de neige sur une pelle rouge. Béelzébuth, emporté par la gourmandise, s'était déterminé, malgré ses terreurs, à quitter le poste inattaquable qu'il occupait sur la corniche du dressoir, et s'était fait ce raisonnement triomphal, qu'il serait difficile de lui tirer les oreilles, puisqu'il n'en possédait pas, et qu'on ne pourrait se livrer sur lui à cette plaisanterie vulgaire de lui affûter une casserole au derrière, puisque la queue absente interdisait ce genre de facétie plus digne de polissons que de gens de bonne compagnie, comme le paraissaient les hôtes réunis autour de cette table chargée de mets d'une succulence et d'un parfum inusités. Il s'était approché, profitant de l'ombre, ventre à terre, et tellement aplati, que les jointures de ses pattes formaient des coudes au-dessus de son corps, comme une panthère noire guettant une gazelle, sans que personne eût pris garde à lui. Parvenu jusqu'à la chaise du baron de Sigognac, il s'était redressé, et, pour attirer l'attention du maître, il lui jouait sur le genou un air de guitare avec ses dix griffes. Sigognac, indulgent pour l'humble ami qui avait souffert de si longues famines à son service, le faisait participer à sa bonne fortune en lui passant sous la table des os et des reliefs accueillis avec une reconnaissance frénétique. Miraut, qui avait trouvé moyen de s'introduire dans la salle du festin sur les pas de Pierre, eut aussi plus d'un bon lopin pour sa part.

La vie semblait revenue à cette habitation morte; il y avait de la lumière, de la chaleur et du bruit. Les comédiennes, ayant bu deux doigts de vin, pépiaient comme des perruches sur leurs bâtons et se complimentaient sur leurs succès réciproques. Le Pédant et le Tyran disputaient sur la préexcellence du poëme comique et du poëme tragique; l'un soutenant qu'il était plus difficile de faire rire les honnêtes gens que de les effrayer par des contes de nourrice qui n'avaient de mérite que l'antiquité; l'autre prétendant que la scurrilité et la bouffonnerie dont usaient les faiseurs de comédies ravalaient fort leur auteur. Le Léandre avait tiré un petit miroir de sa poche, et se regardait avec autant de complaisance que feu Narcissus le nez dans sa source. Contrairement à l'usage du Léandre, il n'était pas amoureux de l'Isabelle; ses visées allaient plus haut. Il espérait, par ses grâces et ses manières de gentilhomme, donner dans l'œil à quelque inflammable douairière, dont le carrosse à quatre chevaux viendrait le prendre à la sortie du théâtre et le conduire à quelque château où l'attendrait la sensible beauté, dans le négligé le plus galant, en face d'un régal des plus délicats. Cette vision s'était-elle réalisée quelquefois? Léandre l'affirmait... Scapin le niait, et c'était entre eux le sujet de contestations interminables. Le damné valet, malicieux comme un singe, prétendait que le pauvre homme avait beau jouer de la prunelle, lancer des regards assassins dans les loges, rire de façon à montrer ses trente-deux dents, tendre le jarret, cambrer sa taille, passer un petit peigne dans les crins de sa perruque et changer de linge à chaque représentation, dût-il se passer de déjeuner pour payer la lavandière, mais qu'il n'était pas parvenu encore à donner la plus légère envie de sa peau à la moindre baronne, même âgée de quarante-cinq ans, couperosée et constellée de signes moustachus.

Scapin, voyant Léandre occupé à cette contemplation, avait adroitement remis cette querelle sur le tapis, et le bellâtre furieux offrit d'aller chercher parmi ses bagages un coffre rempli de poulets flairant le musc et le benjoin, à lui adressés par une foule de personnes de qualité, comtesses, marquises et baronnes, toutes folles d'amour, en quoi le fat ne se vantait pas tout à fait, ce travers de donner dans les histrions et les baladins régnant assez par les morales relâchées du temps. Sérafine disait que si elle était une de ces dames, elle ferait donner les étrivières au Léandre, pour son impertinence et son indiscrétion; et Isabelle jurait par badinerie que s'il n'était pas plus modeste, elle ne l'épouserait pas à la fin de la pièce. Sigognac, quoique la male honte le tînt à la gorge, et qu'il n'en laissât sortir que des phrases embrouillées, admirait fort l'Isabelle, et ses yeux parlaient pour sa bouche. La jeune fille s'était aperçue de l'effet qu'elle produisait sur le jeune baron, et lui répondait par quelques regards langoureux, au grand déplaisir du Tranchemontagne, secrètement amoureux de cette beauté, quoique sans espoir, vu son emploi grotesque. Un autre plus adroit et plus audacieux que Sigognac eût poussé sa pointe; mais notre pauvre Baron n'avait point appris les belles manières de la cour dans son castel délabré, et quoiqu'il ne manquât ni de lettres ni d'esprit, il paraissait en ce moment assez stupide.

Les dix flacons avaient été religieusement vidés, et le Pédant renversa le dernier, en faisant rubis sur l'ongle; ce geste fut compris par le Matamore, qui descendit à la charrette chercher d'autres bouteilles. Le Baron, quoiqu'il fût déjà un peu gris, ne put s'empêcher de porter à la santé des princesses un rouge-bord qui l'acheva.

Le Pédant et le Tyran buvaient en ivrognes émérites qui, s'ils ne sont jamais tout à fait de sang-froid, ne sont non plus jamais tout à fait ivres; le Tranchemontagne était sobre à la façon espagnole, et eût vécu comme ces hidalgos qui dînent de trois olives pochetées et soupent d'un air de mandoline. Cette frugalité avait une raison : il craignait, en mangeant et en buvant trop, de perdre la maigreur phénoménale qui était son meilleur moyen comique. S'il engraissait, son talent diminuait, et il ne subsistait qu'à la condition de mourir de faim, aussi était-il dans des transes perpétuelles, et regardait-il souvent à la boucle de son ceinturon pour s'assurer si, d'aventure, il n'avait pas grossi depuis la veille. Volontaire Tantale, abstème comédien, martyr de la maigreur, anatomie disséquée par elle-même, il ne touchait aux mets que du bout des dents, et s'il eût appliqué des jeûnes à un but pieux, il eût été en paradis comme Antoine et Macaire. La duègne s'ingurgitait solides et liquides d'une manière formidable; ses flasques bajoues et ses fanons tremblaient au branle d'une mâchoire encore bien garnie. Quant à la Sérafina et à l'Isabelle, n'ayant pas d'éventail sous la main, elles bâillaient à qui mieux mieux, derrière le rempart diaphane de leurs jolis doigts. Sigognac, quoiqu'un peu étourdi par les fumées du vin, s'en aperçut et leur dit :

« Mesdemoiselles, je vois, bien que la civilité vous fasse lutter contre le sommeil, que vous mourez d'envie de dormir. Je voudrais bien pouvoir vous donner à chacune une chambre tendue avec ruelle et cabinet, mais mon pauvre castel tombe en ruine comme ma race dont je suis le dernier... Je vous cède ma chambre, la seule à peu près où il ne pleuve pas; vous vous y arrangerez toutes deux avec madame; le lit est large, et une nuit est bientôt passée. Ces messieurs resteront ici, et s'accommoderont des fauteuils et des bancs... Surtout, n'allez pas avoir peur des ondulations de la tapisserie, ni des gémissements du vent dans la cheminée, ni des sarabandes des souris; je puis vous certifier que, quoique le lieu soit assez lugubre, il n'y revient point de fantômes.

— Je joue les Bradamante et ne suis pas poltronne. Je rassurerai la timide Isabelle, dit la Sérafina en riant; quant à notre duègne, elle est un peu sorcière, et si le diable vient, il trouvera à qui parler. »

Sigognac prit une lumière, et conduisit les dames dans la chambre à coucher, qui leur parut, en effet, très-fantastique d'aspect, car la lampe tremblotante, agitée par le vent, faisait vaciller des ombres bizarres sur les poutres du plafond, et des formes monstrueuses semblaient s'accroupir dans les angles non éclairés.

« Cela ferait une excellente décoration pour un cinquième acte de tragédie, » dit la Sérafina, en promenant ses regards autour d'elle, tandis qu'Isabelle ne pouvait comprimer un frisson, moitié de froid, moitié de terreur, en se sentant enveloppée par cette atmosphère de ténèbres et d'humidité. Les trois femelles se glissèrent sans se déshabiller sous la couverture. Isabelle se mit entre la Sérafina et la duègne pour que si quelque patte pelue de fantôme ou d'incube sortait de dessous le lit, elle rencontrât d'abord une de ses camarades. Les deux braves s'endormirent bientôt, mais la craintive jeune fille resta longtemps les yeux ouverts et fixés sur la porte condamnée, comme si elle eût pressenti au delà des mondes de fantômes et de terreurs nocturnes. La porte ne s'ouvrit cependant pas, et aucun spectre n'en déboucha vêtu d'un suaire et secouant ses chaînes, quoique des bruits singuliers se fissent entendre parfois dans les appartements vides; mais le sommeil finit par jeter sa poudre d'or sous les paupières de la peureuse Isabelle, et son souffle égal se joignit bientôt à celui plus accentué de ses compagnes.

Le Pédant dormait à poings fermés, le nez sur la table, en face du Tyran qui ronflait comme un tuyau d'orgue et grommelait, en rêvant, quelques hémistiches d'alexandrins. Le Matamore, la tête appuyée sur le rebord d'un fauteuil et les pieds allongés sur les chenets, s'était roulé dans sa cape grise, et ressemblait à un hareng dans du papier. Pour ne pas déranger sa frisure, Léandre tenait la tête droite et dormait tout d'une pièce. Sigognac s'était campé dans un fauteuil resté vacant, mais les événements de la soirée l'avaient trop agité pour qu'il pût s'assoupir.

Deux jeunes femmes ne font pas ainsi irruption dans la vie d'un jeune homme sans la troubler, surtout lorsque ce jeune homme a vécu jusque-là triste, chaste, isolé, sevré de tous les plaisirs de son âge par cette dure marâtre qu'on appelle la misère.

On dira qu'il n'est pas vraisemblable qu'un garçon de vingt ans ait vécu sans amourette; mais Sigognac était fier, et, ne pouvant se présenter avec l'équipage assorti à son rang et à son nom, il restait chez lui. Ses parents, dont il eût pu réclamer les services sans honte, étaient morts. Il s'enfonçait tous les jours plus profondément dans la retraite et l'oubli. Il avait bien quelquefois, pendant ses promenades solitaires, rencontré Yolande de Foix, montée sur sa blanche haquenée, qui courait le cerf en compagnie de son père et de jeunes seigneurs. Cette étincelante vision passait bien souvent dans ses rêves; mais quel rapport pouvait jamais exister entre la belle et riche châtelaine et lui, pauvre hobereau ruiné et mal en point? Loin de chercher à être remarqué d'elle, il s'était, lors de ses rencontres, effacé le plus qu'il avait pu, ne voulant pas donner à rire par son feutre bossué et piteux, son plumet mangé des rats, ses habits passés et trop larges, son vieux bidet pacifique, plus propre à servir de monture à un curé de campagne qu'à un gentilhomme; car rien n'est plus triste, pour un cœur bien situé, que de paraître ridicule à ce qu'il aime, et il s'était fait, pour étouffer cette passion naissante, tous les froids raisonnements qu'inspire la pauvreté. Y avait-il réussi?..... C'est ce que nous ne pouvons dire. Il le croyait, du moins, et avait repoussé cette idée comme une chimère; il se trouvait assez malheureux, sans ajouter à ses douleurs les tourments d'un amour impossible.

La nuit se passa sans autre incident qu'une frayeur de l'Isabelle causée par Béelzébuth, qui s'était pelotonné sur sa poitrine, en manière de Smarra, et ne voulait point se retirer, trouvant le coussin fort doux.

Quant à Sigognac, il ne put fermer l'œil, soit qu'il n'eût point l'habitude de dormir hors de son lit, soit que le voisinage de jolies femmes lui fantasiât la cervelle. Nous croirions plutôt qu'un vague projet commençait à se dessiner dans son esprit et le tenait éveillé et perplexe. La venue de ces comédiens lui semblait un coup du sort et comme une ambassade de la Fortune pour l'inviter à sortir de cette masure féodale où ses jeunes années moisissaient dans l'ombre et s'étiolaient sans profit.

Le jour commençait à se lever, et déjà des lueurs bleuâtres filtrant par les vitres à mailles de plomb, faisaient paraître la lumière des lampes près de s'éteindre d'un jaune livide et malade. Les visages des dormeurs s'éclairaient bizarrement à ce double reflet et se découpaient en deux tranches, de couleurs différentes, comme les surcots du moyen âge. Le Léandre prenait des tons de cierge jauni et ressemblait à ces Saint-Jean de cire emperruqués de soie et dont le fard est tombé malgré la montre de verre. Le Tranche-montagne, les yeux fermés exactement, les pommettes saillantes, les muscles des mâchoires tendus, le nez effilé comme s'il eût été pincé par les maigres doigts de la mort, avait l'air de son propre cadavre. Des rougeurs violentes et des plaques apoplectiques marbraient la trogne du Pédant; les rubis de son nez s'étaient changés en améthystes, et sur ses lèvres épaisses s'épanouissait la fleur bleue du vin. Quelques gouttes de sueur, roulant à travers les ravines et les contrescarpes de son front, s'étaient arrêtées aux broussailles de ses sourcils grisonnants; les joues molles pendaient flasquement. L'hébétation d'un sommeil lourd rendait hideuse cette face qui, éveillée et vivifiée par l'esprit, paraissait joviale; incliné ainsi sur le bord de la table, le Pédant faisait l'effet d'un vieil égipan crevé de débauche au revers d'un fossé à la suite d'une bacchanale. Le Tyran se maintenait assez bien avec sa figure blafarde et sa barbe de crin noir; sa tête d'Hercule bonasse et de bourreau paterne ne pouvait guère changer. La soubrette supportait aussi passablement la visite indiscrète du jour; elle n'était point trop défaite. Ses yeux cerclés d'une meurtrissure un peu plus brune, ses joues martelées de quelques marbrures violâtres trahissaient seuls la fatigue d'une nuit mal dormie. Un lubrique rayon de soleil, se glissant à travers les bouteilles vides, les verres à demi pleins et les victuailles effondrées, allait caresser le menton et la bouche de la jeune fille comme un faune qui agace une nymphe endormie. Les chastes douairières de la tapisserie au teint bilieux tâchaient de rougir sous leur vernis à la vue de leur solitude violée par ce campement de bohêmes, et la salle du festin présentait un aspect à la fois sinistre et grotesque.

La soubrette s'éveilla la première sous ce baiser matinal; elle se dressa sur ses petits pieds, secoua ses jupes comme un oiseau ses plumes, passa la paume de ses mains sur ses cheveux pour leur redonner quelque lustre, et, voyant que le baron de Sigognac était assis sur son fauteuil, l'œil clair comme un basilic, elle se dirigea de son côté, et le salua d'une jolie révérence de comédie.

« Je regrette, dit Sigognac en rendant le salut à la soubrette, que l'état de délabrement de cette demeure, plus faite pour loger des fantômes que des êtres vivants, ne m'ait pas permis de vous recevoir d'une façon plus convenable ; j'aurais voulu vous faire reposer entre des draps de toile de Hollande sous une courtine de damas des Indes, au lieu de vous laisser morfondre sur ce siége vermoulu.

— Ne regrettez rien, monsieur, répondit la soubrette ; sans vous nous aurions passé la nuit dans un chariot embourbé, à grelotter sous une pluie battante, et le matin nous aurait trouvés fort mal en point. D'ailleurs, ce gîte que vous dédaignez est magnifique à côté des granges ouvertes à tous les vents, où nous sommes souvent forcés de dormir sur des bottes de paille, tyrans et victimes, princes et princesses, Léandres et soubrettes, dans notre vie errante de comédiens allant de bourgs en villes. »

Pendant que le Baron et la soubrette échangeaient ces civilités, le Pédant roula par terre avec un fracas d'ais brisés. Son siége, las de le porter, s'était rompu, et le gros homme, étendu à jambes rebindaines, se démenait comme une tortue retournée en poussant des gloussements inarticulés. Dans sa chute, il s'était rattrapé machinalement au bord de la nappe et avait déterminé une cascade de vaisselle dont les flots rebondissaient sur lui. Ce fracas éveilla en sursaut toute la compagnie. Le Tyran, après s'être étiré les bras et frotté les yeux, tendit une main secourable au vieux comique et le remit en pied.

« Un pareil accident n'arriverait pas au Matamore, dit l'Hérode avec une sorte de grognement caverneux qui lui servait de rire ; il tomberait dans une toile d'araignée sans la rompre.

— C'est vrai, répliqua l'acteur ainsi interpellé en dépliant ses longs membres articulés comme des pattes de faucheux, tout le monde n'a pas l'avantage d'être un Polyphème, un Cacus, une montagne de chair et d'os comme toi, ni un sac à vin, un tonneau à deux pieds comme Blazius. »

Ce vacarme avait fait apparaître sur le seuil de la porte l'Isabelle, la Sérafina et la duègne. Ces deux jeunes femmes, quoiqu'un peu fatiguées et pâlies, étaient charmantes encore à la lumière du jour. Elles semblèrent à Sigognac les plus rayonnantes du monde, bien qu'un observateur méticuleux eût pu trouver à reprendre à leur élégance un peu fripée et défraîchie ; mais que signifient quelques rubans fanés, quelques lés d'étoffe éraillés et miroités, quelques misères et quelques incongruités de toilette lorsque celles qui les portent sont jeunes et jolies ? D'ailleurs, les yeux du Baron, accoutumés au spectacle des choses vieillies, poussiéreuses, passées de ton et délabrées, n'étaient pas capables de discerner de pareilles vétilles. La Sérafina et l'Isabelle lui paraissaient attifées superbement au milieu de ce château sinistre, où tout tombait de vétusté. Ces gracieuses figures lui donnaient la sensation d'un rêve.

Quant à la duègne, elle jouissait, grâce à son âge, du privilége d'une immuable laideur ; rien ne pouvait altérer cette physionomie de buis sculpté, où luisaient des yeux de chouette. Le soleil ou les bougies lui étaient indifférents.

En ce moment, Pierre entra pour remettre la salle en ordre, jeter du bois dans la cheminée, où quelques tisons consumés blanchissaient sous une robe de peluche, et faire disparaître les restes du festin, si répugnants la faim satisfaite.

La flamme qui brilla dans l'âtre, léchant une plaque de fonte aux armes de Sigognac peu habituée à de pareilles caresses, réunit en un cercle toute la bande comique, qu'elle illuminait de ses lueurs vives. Un feu clair et flambant est toujours agréable après une nuit sinon blanche, du moins grise, et le malaise, qui se lisait sur toutes les figures en grimaces et en meurtrissures plus ou moins visibles, s'évanouit complétement, grâce à cette influence bienfaisante. Isabelle tendait vers la cheminée les paumes de ses petites mains, teintes de reflets roses, et, vermillonnée de ce léger fard, sa pâleur ne se voyait pas. Donna Sérafina, plus grande et plus robuste, se tenait debout derrière elle, comme une sœur aînée qui, moins fatiguée, laisse s'asseoir sa jeune sœur. Quant au Tranche-montagne, perché sur une de ses jambes héronnières, il rêvait à demi éveillé comme un oiseau aquatique au bord d'un marais, le bec dans son jabot, le pied replié sous le ventre. Blazius, le pédant, passant sa langue sur ses lèvres, soulevait les bouteilles les unes après les autres pour voir s'il y restait quelque perle de liqueur

Le jeune Baron avait pris à part Pierre pour savoir s'il n'y aurait pas moyen d'avoir dans le village quelques douzaines d'œufs pour faire déjeuner les comédiens, ou quelques poulets à qui on tordrait le col, et le vieux domestique s'était éclipsé pour s'acquitter de la commission au plus vite, la troupe ayant manifesté l'intention de partir de bonne heure pour faire une forte étape et ne pas arriver trop tard à la couchée.

« Vous allez faire un mauvais déjeuner, j'en ai bien peur, dit Sigognac à ses hôtes, et il faudra vous contenter d'une chère pythagoricienne; mais encore vaut-il mieux mal déjeuner que de ne pas déjeuner du tout, et il n'y a pas, à six lieues à la ronde, le moindre cabaret ni le moindre bouchon. L'état de ce château vous dit que je ne suis pas riche, mais, comme ma pauvreté ne vient que des dépenses qu'ont faites mes ancêtres à la guerre pour la défense de nos rois, je n'ai point à en rougir.

— Non, certes, monsieur, répondit l'Hérode de sa voix de basse, et tel qui se targue de ses biens serait embarrassé d'en dire la source. Quand le traitant s'habille de toile d'or, la noblesse a des trous à son manteau, mais par ces trous on voit l'honneur.

— Ce qui m'étonne, ajouta Blazius, c'est qu'un gentilhomme accompli, comme paraît l'être monsieur, laisse ainsi se consumer sa jeunesse au fond d'une solitude où la Fortune ne peut venir le chercher, quelque envie qu'elle en ait; si elle passait devant ce château, dont l'architecture pouvait avoir fort bonne mine il y a deux cents ans, elle continuerait son chemin, le croyant inhabité. Il faudrait que monsieur le Baron allât à Paris, l'œil et le nombril du monde, le rendez-vous des beaux esprits et des vaillants, l'Eldorado et le Chanaan des Espagnols français et des Hébreux chrétiens, la terre bénite éclairée par les rayons du soleil de la cour. Là, il ne manquerait pas d'être distingué selon son mérite et de se pousser, soit en s'attachant à quelque grand, soit en faisant quelque action d'éclat dont l'occasion se trouverait infailliblement. »

Ces paroles du bonhomme, malgré l'amphigouri et les phrases burlesques, réminiscences involontaires de ses rôles de pédant, n'étaient pas dénuées de sens. Sigognac en sentait la justesse, et il s'était dit souvent tout bas, pendant ses longues promenades à travers les landes, ce que Blazius lui disait tout haut.

Mais l'argent lui manquait pour entreprendre un si long voyage, et il ne savait comment s'en procurer. Quoique brave, il était fier, et avait plus peur d'un sourire que d'un coup d'épée. Sans être bien au courant des modes, il se sentait ridicule dans ses accoutrements délabrés et déjà vieux sous l'autre règne. Selon l'usage des gens rendus timides par la pénurie, il ne tenait aucun compte de ses avantages et ne voyait sa situation que par les mauvais côtés. Peut-être aurait-il pu se faire aider de quelques anciens amis de son père en les cultivant un peu, mais c'était là un effort au-dessus de sa nature, et il serait plutôt mort assis sur son coffre, mâchant un cure-dent comme un hidalgo espagnol, à côté de son blason, que de faire une demande quelconque d'avance ou de prêt. Il était de ceux-là qui, l'estomac vide devant un excellent repas où on les invite, feignent d'avoir dîné, de peur d'être soupçonnés de faim.

« J'y ai bien songé quelquefois, mais je n'ai point d'amis à Paris, et les descendants de ceux qui ont pu connaître ma famille lorsqu'elle était plus riche et remplissait des fonctions à la cour, ne se soucieront pas beaucoup d'un Sigognac hâve et maigre, arrivant avec bec et ongles du haut de sa tour ruinée pour prendre sa part de la proie commune. Et puis, je ne vois pas pourquoi je rougirais de le dire, je n'ai point d'équipage, et je ne saurais paraître sur un pied digne de mon nom; je ne sais même, en réunissant toutes mes ressources et celles de Pierre, si je pourrais arriver jusqu'à Paris.

— Mais vous n'êtes pas obligé, répliqua Blazius, d'entrer triomphalement dans la grande ville, comme un César romain monté sur un char traîné par un quadrige de chevaux blancs. Si notre humble char à bœufs ne révolte pas l'orgueil de Votre Seigneurie, venez avec nous à Paris, puisque notre troupe s'y rend. Tel brille présentement qui a fait son entrée pédestrement, avec son paquet au bout de sa rapière et tenant ses souliers à la main de peur de les user. »

Une faible rougeur monta aux pommettes de Sigognac, moitié de honte, moitié de plaisir. Si, d'une part, l'orgueil de race se révoltait en lui à l'idée d'être l'obligé d'un pauvre saltimbanque, de l'autre, sa naturelle bonté de cœur était touchée d'une offre faite franchement et qui répondait si bien à son secret désir. Il craignait, en outre, s'il refusait Blazius, de blesser l'amour-propre du comédien, et peut-être de manquer une occasion qui ne se représenterait jamais. Sans doute la pensée du descendant des Sigognac pêle-mêle dans le chariot de Thespis avec des histrions nomades, avait quelque chose de choquant en soi qui devait faire hennir les licornes et rugir les lions lampassés de gueules de l'armorial; mais, après tout, le jeune baron avait suffisamment boudé contre son ventre derrière ses murailles féodales.

Il flottait, incertain entre le oui et le non, et pesait ces deux monosyllabes décisifs dans la balance de la réflexion, lorsque Isabelle, s'avançant d'un air gracieux et se plaçant devant le Baron et Blazius, dit cette phrase qui mit fin aux incertitudes du jeune homme :

« Notre poëte, ayant fait un héritage, nous a quittés, et monsieur le Baron pourrait le remplacer, car j'ai trouvé, sans le vouloir, en ouvrant un Ronsard qui était sur la table, près de son lit, un sonnet surchargé de ratures, qui doit être de sa composition; il ajusterait nos rôles, ferait les coupures et les additions nécessaires, et, au besoin, écrirait une pièce sur l'idée qu'on lui donnerait. J'ai précisément un canevas italien où se trouverait un joli rôle pour moi, si quelqu'un voulait donner du tour à la chose. »

En disant cela, l'Isabelle jetait au Baron un regard si doux, si pénétrant, que Sigognac n'y put résister.

L'arrivée de Pierre, apportant une forte omelette au lard et un quartier assez respectable de jambon, interrompit ces propos. Toute la troupe prit place autour de la table et se mit à manger de bon appétit. Quant à Sigognac, il toucha, par pure contenance, les mets placés devant lui ; sa sobriété habituelle n'était pas capable de repas si rapprochés, et, d'ailleurs, il avait l'esprit préoccupé de plusieurs façons.

Le repas terminé, pendant que le bouvier tournait les courroies du joug autour des cornes de ses bœufs, Isabelle et Sérafine eurent la fantaisie de descendre au jardin, qu'on apercevait de la cour.

« J'ai peur, dit Sigognac, en leur offrant la main pour franchir les marches descellées et moussues, que vous ne laissiez quelques morceaux de votre robe aux griffes des ronces, car si l'on dit qu'il n'y a pas de rose sans épines, il y a, en revanche, des épines sans rose. »

Le jeune baron disait cela de ce ton d'ironie mélancolique qui lui était ordinaire lorsqu'il faisait allusion à sa pauvreté ; mais, comme si le jardin déprécié se fût piqué d'honneur, deux petites roses sauvages, ouvrant à demi leurs cinq pétales autour de leurs pistils jaunes, brillèrent subitement sur une branche transversale qui barrait le chemin aux jeunes femmes. Sigognac les cueillit et les offrit galamment à l'Isabelle et à la Sérafine, en disant : « Je ne croyais pas mon parterre si fleuri que cela ; il n'y pousse que de mauvaises herbes, et l'on n'y peut faire que des bouquets d'ortie et de ciguë ; c'est vous qui avez fait éclore ces deux fleurettes, comme un sourire sur la désolation, comme une poésie parmi les ruines. »

Isabelle mit précieusement l'églantine dans son corsage, en jetant au jeune homme un long regard de remerciment qui prouvait le prix qu'elle attachait à ce pauvre régal. Sérafine, mâchant la tige de la fleur, la tenait à sa bouche, comme pour en faire lutter le rose pâle avec l'incarnat de ses lèvres.

On alla ainsi jusqu'à la statue mythologique dont le fantôme se dessinait au bout de l'allée, Sigognac écartant les frondaisons qui auraient pu fouetter au passage la figure des visiteuses. La jeune ingénue regardait avec une sorte d'intérêt attendri ce jardin en friche si bien en harmonie avec ce château en ruine. Elle songeait aux tristes heures que Sigognac avait dû compter dans ce séjour de l'ennui, de la misère et de la solitude, le front appuyé contre la vitre, les yeux fixés sur le chemin désert, sans autre compagnie qu'un chien blanc et qu'un chat noir. Les traits plus durs de Sérafine n'exprimaient qu'un froid dédain masqué de politesse ; elle trouvait décidément ce gentilhomme par trop délabré, quoiqu'elle eût un certain respect pour les gens titrés.

« C'est ici que finissent mes domaines, dit le Baron, arrivé devant la niche de rocaille où moisissait Pomone. Jadis, aussi loin que la vue peut s'étendre du haut de ces tourelles lézardées, le mont et la plaine, le champ et la bruyère appartenaient à mes ancêtres; mais il m'en reste juste assez pour attendre l'heure où le dernier des Sigognac ira rejoindre ses aïeux dans le caveau de famille, désormais leur seule possession.

— Savez-vous que vous êtes lugubre de bon matin! répondit Isabelle, touchée par cette réflexion qu'elle avait faite elle-même, et prenant un air enjoué pour dissiper le nuage de tristesse étendu sur le front de Sigognac; la Fortune est femme, et, quoiqu'on la dise aveugle, du haut de sa roue, elle distingue parfois dans la foule un cavalier de naissance et de mérite; il ne s'agit que de se trouver sur son passage. Allons, décidez-vous, venez avec nous, et peut-être, dans quelques années, les tours de Sigognac, coiffées d'ardoises neuves, restaurées et blanchies, feront une aussi fière figure qu'elles en font une piteuse; et puis, vraiment, cela me chagrinerait de vous laisser dans ce manoir à hiboux, » ajouta-t-elle à mi-voix, assez bas pour que Sérafine ne pût l'entendre.

La douce lueur qui brillait dans les yeux d'Isabelle triompha de la répugnance du Baron. L'attrait d'une aventure galante déguisait à ses propres yeux ce que ce voyage fait de la sorte pouvait avoir d'humiliant. Ce n'était pas déroger que de suivre une comédienne par amour et de s'atteler comme soupirant au chariot comique; les plus fins cavaliers ne s'en fussent pas fait scrupule. Le dieu porte-carquois oblige volontiers les dieux et les héros à mille actions et déguisements bizarres : Jupiter prit la forme d'un taureau pour séduire Europe; Hercule fila sa quenouille aux pieds d'Omphale; Aristote le prud'homme marchait à quatre pattes, portant sur son dos sa maîtresse, qui voulait aller à philosophe (plaisant genre d'équitation!), toutes choses contraires à la dignité divine et humaine. Seulement Sigognac était-il amoureux d'Isabelle ? Il ne cherchait pas à approfondir la chose, mais il sentit qu'il éprouverait désormais une horrible tristesse à rester dans ce château, vivifié un moment par la présence d'un être jeune et gracieux.

Aussi eut-il bien vite pris son parti, il pria les comédiens de l'attendre un peu et, tirant Pierre à part, il lui confia son projet. Le fidèle serviteur, quelque peine qu'il eût à se séparer de son maître, ne se dissimulait pas les inconvénients d'un plus long séjour à Sigognac. Il voyait avec peine s'éteindre cette jeunesse dans ce repos morne et cette tristesse indolente, et quoiqu'une troupe de baladins lui semblât un singulier cortége pour un seigneur de Sigognac, il préférait encore ce moyen de tenter la fortune à l'atonie profonde qui, depuis deux ou trois ans surtout, s'emparait du jeune baron. Il eut bientôt rempli une valise du peu d'effets que possédait son maître, réuni dans une bourse de cuir les quelques pistoles disséminées dans les tiroirs du vieux bahut, auxquelles il eut soin d'ajouter, sans rien dire, son humble pécule, dévouement modeste dont peut-être le Baron ne s'aperçut pas, car Pierre, outre les divers emplois qu'il cumulait au château, avait encore celui de trésorier, une véritable sinécure.

Le cheval blanc fut sellé, car Sigognac ne voulait monter dans la charrette des comédiens qu'à deux ou trois lieues du château, pour dissimuler son départ; il avait, de la sorte, l'air d'accompagner ses hôtes;

Pierre devait suivre à pied et ramener la bête à l'écurie.

Les bœufs étaient attelés et tâchaient, malgré le joug pesant sur leur front, de relever leurs mufles humides et noirs, d'où pendaient des filaments de bave argentée ; l'espèce de tiare de sparterie rouge et jaune dont ils étaient coiffés et les caparaçons de toile blanche qui les enveloppaient en manière de chemise, pour les préserver de la piqûre des mouches, leur donnaient un air fort mithriaque et fort majestueux. Debout devant eux, le bouvier, grand garçon hâlé et sauvage comme un pâtre de la campagne romaine, s'appuyait sur la gaule de son aiguillon, dans une pose qui rappelait, bien à son insu sans doute, celle des héros grecs sur les bas-reliefs antiques. Isabelle et Sérafine s'étaient assises sur le devant du char pour jouir de la vue de la campagne ; la Duègne, le Pédant et le Léandre occupaient le fond, plus curieux de continuer leur sommeil que d'admirer la perspective des landes. Tout le monde était prêt ; le bouvier toucha ses bêtes, qui baissèrent la tête, s'arc-boutèrent sur leurs jambes torses et se précipitèrent en avant ; le char s'ébranla, les ais gémirent, les roues mal graissées crièrent, et la voûte du porche résonna sous le piétinement lourd de l'attelage. On était parti.

Pendant ces préparatifs, Béelzébuth et Miraut, comprenant qu'il se passait quelque chose d'insolite, allaient et venaient d'un air effaré et soucieux, cherchant dans leurs obscures cervelles d'animaux à se rendre compte de la présence de tant de gens dans un lieu ordinairement si désert. Le chien courait vaguement de Pierre à son maître, les interrogeant de son œil bleuâtre et grommelant après les inconnus. Le chat, plus réfléchi, flairait d'un nez circonspect les roues, examinait d'un peu plus loin les bœufs, dont la masse lui imposait et qui, par un mouvement de corne imprévu, lui faisaient prudemment exécuter un saut en arrière; puis il allait s'asseoir sur son derrière, en face du vieux cheval blanc avec lequel il avait des intelligences, et semblait lui faire des questions; la bonne bête penchait sa tête vers le chat, qui levait la sienne, et brochant ses barres grises hérissées de longs poils, sans doute pour broyer quelque brin de fourrage engagé entre ses vieilles dents, semblait véritablement parler à son ami félin. Que lui disait-il? Démocrite, qui prétendait traduire le langage des animaux, eût pu seul le comprendre; toujours est-il que Béelzébuth, après cette conversation tacite, qu'il communiqua à Miraut par quelques clignements d'œil et deux ou trois petits cris plaintifs, parut être fixé sur le motif de tout ce remue-ménage. Quand le Baron fut en selle et eut rassemblé les courrois de la bride, Miraut prit la droite et Béelzébuth la gauche du cheval, et le sire de Sigognac sortit du château de ses pères entre son chien et son chat. Pour que le prudent matou se fût décidé à cette hardiesse si peu habituelle à sa race, il fallait qu'il eût deviné quelque résolution suprême.

Au moment de quitter cette triste demeure, Sigognac se sentit le cœur oppressé douloureusement. Il embrassa encore une fois du regard ces murailles noires de vétusté et vertes de mousse dont chaque pierre lui était connue; ces tours aux girouettes rouillées qu'il avait contemplées pendant tant d'heures d'ennui de cet œil fixe et distrait qui ne voit rien; les fenêtres de ces chambres dévastées qu'il avait parcourues comme le fantôme d'un château maudit, ayant presque peur du bruit de ses pas; ce jardin inculte où sautelait le crapaud sur la terre humide, où se glissait la couleuvre parmi les ronces; cette chapelle au toit effondré, aux arceaux croulants, qui obstruait de ses décombres les dalles verdies, sous lesquelles reposaient côte à côte son vieux père et sa mère, gracieuse image, confuse comme le souvenir d'un rêve, à peine entrevue aux premiers jours de l'enfance. Il pensa aussi aux portraits de la galerie qui lui avaient tenu compagnie dans sa solitude et souri pendant vingt ans de leur immobile sourire; au chasseur de halbrans de la tapisserie, à son lit à quenouilles, dont l'oreiller s'était si souvent mouillé de ses pleurs; toutes ces choses vieilles, misérables, maussades, rechignées, poussiéreuses, somnolentes, qui lui avaient inspiré tant de dégoût et d'ennui, lui paraissaient maintenant pleines d'un charme qu'il avait méconnu. Il se trouvait ingrat envers ce pauvre vieux castel démantelé qui pourtant l'avait abrité de son mieux et s'était, malgré sa caducité, obstiné à rester debout pour ne pas l'écraser de sa chute, comme un serviteur octogénaire qui se tient sur ses jambes tremblantes tant que le maître est là; mille amères douceurs, mille tristes plaisirs, mille joyeuses mélancolies lui revenaient en mémoire; l'habitude, cette lente et pâle compagne de la vie, assise sur le seuil accoutumé, tournait vers lui ses yeux noyés d'une tendresse morne en murmurant d'une voix irrésistiblement faible un refrain d'enfance, un refrain de nourrice, et il lui sembla, en franchissant le porche, qu'une main invisible le tirait par son manteau pour le faire retourner en arrière. Quand il déboucha de la porte, précédant le chariot, une bouffée de vent lui apporta une fraîche odeur de bruyères lavées par la pluie, doux et pénétrant arome de la terre natale; une cloche lointaine tintait, et les vibrations argentines arrivaient sur les ailes de la même brise avec le parfum des landes. C'en était trop, et Sigognac, pris d'une nostalgie profonde, quoiqu'il fût à peine à quelques pas de sa demeure, fit un mouvement pour tourner bride; le vieux bidet ployait déjà son col dans le sens indiqué avec plus de prestesse que son âge ne semblait le permettre; Miraut et Béelzébuth levèrent simultanément la tête, comme ayant conscience des sentiments de leur maître, et suspendant leur marche, arrêtèrent sur lui des prunelles interrogatrices. Mais cette demi-conversion eut un résultat tout différent de celui qu'on eût pu attendre, car il fit rencontrer le regard de Sigognac avec celui d'Isabelle, et la jeune fille chargea le sien d'une langueur si caressante et d'une muette prière si intelligible, que le Baron se sentit pâlir et rougir; il oublia complétement les murs lézardés de son manoir, et le parfum de la bruyère, et la vibration de la cloche, qui cependant continuait toujours ses appels mélancoliques, donna une brusque saccade de bride à son cheval, et le fit se porter en avant d'une vigoureuse pression de bottes. Le combat était fini; Isabelle avait vaincu.

Le chariot s'engagea dans la route dont on a parlé à la première de ces pages, faisant fuir des ornières pleines d'eau les rainettes effarées. Quand on eut rejoint la route et que les bœufs, sur un terrain plus sec, purent faire mouvoir moins lentement la lourde machine à laquelle ils étaient attelés, Sigognac passa de l'avant-garde à l'arrière-garde, ne voulant pas marquer une assiduité trop visible auprès d'Isabelle, et peut-être aussi pour s'abandonner plus librement aux pensées qui agitaient son âme.

Les tours en poivrière de Sigognac étaient déjà cachées à demi derrière les touffes d'arbres; le Baron se haussa sur sa selle pour les voir encore, et, en ramenant les yeux à terre, il aperçut Miraut et Béelzébuth, dont les physionomies dolentes exprimaient toute la douleur que peuvent montrer des masques d'animaux. Miraut, profitant du temps d'arrêt nécessité par la contemplation des tourelles du manoir, roidit ses vieux jarrets détendus et essaya de sauter jusqu'au visage de son maître, afin de le lécher une dernière fois. Sigognac, devinant l'intention de la pauvre bête, le saisit à hauteur de sa botte, par la peau trop large de son col, l'attira sur le pommeau de sa selle, et baisa le nez noir et rugueux comme une truffe de Miraut, sans essayer de se soustraire à la caresse humide dont l'animal reconnaissant lustra la moustache de l'homme. Pendant cette scène, Béelzébuth, plus agile et s'aidant de ses griffes acérées encore, avait escaladé de l'autre côté la botte et la cuisse de Sigognac, et présentait au niveau de l'arçon sa tête noire essorillée, faisant un ronron formidable et roulant ses grands yeux jaunes; il implorait aussi un signe d'adieu. Le jeune baron passa deux ou trois fois sa main sur le crâne du chat, qui se haussait et se poussait pour mieux jouir du grattement amical. Nous espérons qu'on ne rira pas de notre héros, si nous disons que les humbles preuves d'affection de ces créatures privées d'âme, mais non de sentiment, lui firent éprouver une émotion bizarre, et que deux larmes montées du cœur avec un sanglot, tombèrent sur la tête de Miraut et de Béelzébuth et les baptisèrent amis de leur maître, dans le sens humain du terme.

Les deux animaux suivirent quelque temps de l'œil Sigognac qui avait mis sa monture au trot pour rejoindre la charrette, et, l'ayant perdu de vue à un détour de la route, reprirent fraternellement le chemin du manoir.

L'orage de la nuit n'avait pas laissé, sur le terrain sablonneux des landes, les traces qui dénotent les pluies abondantes dans des campagnes moins arides; le paysage, rafraîchi seulement, offrait une sorte de beauté agreste. Les bruyères, nettoyées de leur couche de poudre par l'eau du ciel, faisaient briller au bord des talus leurs petits bourgeons violets. Les ajoncs reverdis balançaient leurs fleurs d'or; les plantes aquatiques s'étalaient sur les mares renouvelées; les pins eux-mêmes secouaient moins funèbrement leur feuillage sombre et répandaient un parfum de résine; de petites fumées bleuâtres montaient gaiement du sein d'une touffe de châtaigniers trahissant l'habitation de quelque métayer, et sur les ondulations de la plaine déroulée à perte de vue, on apercevait, comme des taches, des moutons disséminés sous la garde d'un berger rêvant sur ses échasses. Au bord de l'horizon, pareils à des archipels de nuages blancs ombrés d'azur, apparaissaient les sommets lointains des Pyrénées à demi estompés par les vapeurs légères d'une matinée d'automne.

Quelquefois la route se creusait entre deux escarpements dont les flancs éboulés ne montraient qu'un sable blanc comme de la poudre de grès, et qui portaient sur leur crête des tignasses de broussailles, de filaments enchevêtrés fouettant au passage la toile du chariot. En certains endroits le sol était si meuble qu'on avait été obligé de le raffermir par des troncs de sapin posés transversalement, occasion de cahots qui faisaient pousser des hauts cris aux comédiennes. D'autres fois il fallait franchir, sur des ponceaux tremblants, les flaques d'eau stagnante et les ruisseaux qui coupaient le chemin. A chaque endroit périlleux, Sigognac aidait à descendre de voiture Isabelle plus timide ou moins paresseuse que Sérafine et la duègne. Quant au Tyran et à Blazius, ils dormaient insouciamment ballottés entre les coffres, en gens qui en avaient bien vu d'autres. Le Matamore marchait à côté de la charrette pour entretenir, par l'exercice, sa maigreur phénoménale dont il avait le plus grand soin, et à le voir de loin levant ses longues jambes, on l'eût pris pour un faucheux marchant dans les blés. Il faisait de si énormes enjambées qu'il était souvent obligé de s'arrêter pour attendre le reste de la troupe; ayant pris dans ses rôles l'habitude de porter la hanche en avant et de marcher fendu comme un compas, il ne pouvait se défaire de cette allure ni à la ville, ni à la campagne, et ne faisait que des pas géométriques.

Les chars à bœufs ne vont pas vite, surtout dans les landes, où les roues ont parfois du sable jusqu'au moyeu, et dont les routes ne se distinguent de la terre vague que par des ornières d'un ou deux pieds de profondeur; et quoique ces braves bêtes, courbant leur col nerveux, se poussassent courageusement contre l'aiguillon du bouvier, le soleil était déjà assez haut monté sur l'horizon, qu'on n'avait fait que deux lieues, des lieues de pays, il est vrai, aussi longues qu'un jour sans pain, et pareilles aux lieues qu'au bout de quinze jours durent marquer les stations amoureuses des couples chargés par Pantagruel de poser des colonnes milliaires dans son beau royaume de Mirebalais. Les paysans qui traversaient la route, chargés d'une botte d'herbe ou d'un fagot de bourrée, devenaient moins nombreux, et la lande s'étalait dans sa nudité déserte aussi sauvage qu'un despoblado d'Espagne ou qu'une pampa d'Amérique. Sigognac jugea inutile de fatiguer plus longtemps son pauvre vieux roussin, il sauta à terre et jeta les guides au domestique, dont les traits basanés laissaient apercevoir à travers vingt couches de hâle la pâleur d'une émotion profonde. Le moment de la séparation du maître et du serviteur était arrivé, moment pénible, car Pierre avait vu naître Sigognac et remplissait plutôt auprès du Baron le rôle d'un humble ami que celui d'un valet.

« Que Dieu conduise Votre Seigneurie, dit Pierre en s'inclinant sur la main que lui tendait le Baron, et lui fasse relever la fortune des Sigognac ; je regrette qu'elle ne m'ait pas permis de l'accompagner.

— Qu'aurais-je fait de toi, mon pauvre Pierre, dans cette vie inconnue où je vais entrer ? Avec si peu de ressources, je ne puis véritablement charger le hasard du soin de deux existences. Au château, tu vivras toujours à peu près ; nos anciens métayers ne laisseront pas mourir de faim le fidèle serviteur de leur maître. D'ailleurs, il ne faut pas mettre la clef sous la porte du manoir des Sigognac et l'abandonner aux orfraies et aux couleuvres comme une masure visitée par la mort et hantée des esprits ; l'âme de cette antique demeure existe encore en moi, et, tant que je vivrai, il restera près de son portail un gardien pour empêcher les enfants de viser son blason avec les pierres de leur fronde. »

Le domestique fit un signe d'assentiment, car il avait, comme tous les anciens serviteurs attachés aux familles nobles, la religion du manoir seigneurial, et Sigognac, malgré ses lézardes, ses dégradations et ses misères, lui paraissait encore un des plus beaux châteaux du monde.

« Et puis, ajouta en souriant le Baron, qui aurait soin de Bayard, de Miraut et de Béelzébuth ?

— C'est vrai, maître, » répondit Pierre ; et il prit la bride de Bayard, dont Sigognac flattait le col avec des plamussades en manière de caresse et d'adieu.

En se séparant de son maître, le bon cheval hennit à plusieurs reprises, et longtemps encore Sigognac put entendre, affaibli par l'éloignement, l'appel affectueux de la bête reconnaissante.

Sigognac, resté seul, éprouva la sensation des gens qui s'embarquent et que leurs amis quittent sur la jetée du port ; c'est peut-être le moment le plus amer du départ ; le monde où vous viviez se retire, et vous vous hâtez de rejoindre vos compagnons de voyage, tant l'âme se sent dénuée et triste, et tant les yeux ont besoin de l'aspect d'un visage humain : aussi allongea-t-il le pas pour rejoindre le chariot qui roulait péniblement en faisant crier le sable où ses roues traçaient des sillons comme des socs de charrue dans la terre.

En voyant Sigognac marcher à côté de la charrette, Isabelle se plaignit d'être mal assise et voulut descendre pour se dégourdir un peu les jambes, disait-elle, mais en réalité dans la charitable intention de ne pas laisser le jeune seigneur en proie à la mélancolie, et de le distraire par quelques joyeux propos.

Le voile de tristesse qui couvrait la figure de Sigognac se déchira comme un nuage traversé d'un rayon de soleil, lorsque la jeune fille vint réclamer l'appui de son bras afin de faire quelques pas sur la route unie en cet endroit.

Ils cheminaient ainsi l'un près de l'autre, Isabelle récitant à Sigognac quelques vers d'un de ses rôles

dont elle n'était pas contente et qu'elle voulait lui faire
retoucher, lorsqu'un soudain éclat de trompe retentit
à droite de la route dans les halliers, les branches
s'ouvrirent sous le poitrail des chevaux abattant les
gaulis, et la jeune Yolande de Foix apparut au milieu
du chemin dans toute sa splendeur de Diane chasseresse. L'animation de la course avait amené un incarnat plus riche à ses joues, ses narines roses palpitaient, et son sein battait plus précipitamment sous
le velours et l'or de son corsage. Quelques accrocs à
sa longue jupe, quelques égratignures aux flancs de
son cheval prouvaient que l'intrépide amazone ne redoutait ni les fourrés ni les broussailles : quoique l'ardeur de la noble bête n'eût pas besoin d'être excitée,
et que des nœuds de veines gonflées d'un sang généreux se tordissent sur son col blanc d'écume, elle lui
chatouillait la croupe du bout d'une cravache dont le
pommeau était formé d'une améthyste gravée à son
blason, ce qui faisait exécuter à l'animal des sauts et
des courbettes, à la grande admiration de trois ou
quatre jeunes gentilshommes richement costumés et
montés, qui applaudissaient à la grâce hardie de cette
nouvelle Bradamante. Bientôt Yolande, rendant la
main à son cheval, fit cesser ces semblants de défense
et passa rapidement devant Sigognac, sur qui elle laissa
tomber un regard tout chargé de dédain et d'aristo-
cratique insolence.

« Voyez donc, dit-elle aux trois godelureaux qui
galopaient après elle, le baron de Sigognac qui s'est
fait chevalier d'une bohémienne ! »

Et le groupe passa avec un éclat de rire dans un nuage de poussière. Sigognac eut un mouvement de colère et de honte, et porta vivement la main à la garde de son épée; mais il était à pied, et c'eût été folie de courir après des gens à cheval, et d'ailleurs il ne pouvait provoquer Yolande en duel. Une œillade langoureuse et soumise de la comédienne lui fit bientôt oublier le regard hautain de la châtelaine.

La journée s'écoula sans autre incident, et l'on arriva vers les quatre heures au lieu de la dînée et de la couchée.

La soirée fut triste à Sigognac; les portraits avaient l'air encore plus maussade et plus rébarbatif qu'à l'ordinaire, ce qu'on n'eût pas cru possible; l'escalier retentissait plus sonore et plus vide, les salles semblaient s'être agrandies et dénudées. Le vent piaulait étrangement dans les corridors, et les araignées descendaient du plafond au bout d'un fil, inquiètes et curieuses. Les lézardes des murailles bâillaient largement comme des mâchoires distendues par l'ennui; la vieille maison démantelée paraissait avoir compris l'absence du jeune maître et s'en affliger.

Sous le manteau de la cheminée, Pierre partageait son maigre repas entre Miraut et Béelzébuth, à la lueur fumeuse d'une chandelle de résine, et dans l'écurie on entendait Bayard tirer sa chaîne et tiquer contre sa mangeoire.

III

L'AUBERGE DU SOLEIL BLEU

C'était un pauvre ramassis de cahutes, qu'en tout autre lieu moins sauvage on n'eût pas songé à baptiser du nom de hameau, que l'endroit où les bœufs fatigués s'arrêtèrent d'eux-mêmes, secouant d'un air de satisfaction les longs filaments de bave pendant de leurs mufles humides.

Le hameau se composait de cinq ou six cabanes éparses sous des arbres d'une assez belle venue, dont un peu de terre végétale, accrue par les fumiers et les détritus de toutes sortes, avait favorisé la croissance. Ces maisons faites de torchis, de pierrailles, de troncs à demi équarris, de bouts de planches, couvertes de grands toits de chaume brunis de mousse et tombant presque jusqu'à terre, avec leurs hangars où traînaient quelques instruments aratoires déjetés et souillés de boue, semblaient plus propres à loger des animaux immondes que des créatures façonnées à l'image de Dieu; aussi quelques cochons noirs les partageaient-ils avec leurs maîtres sans montrer le moindre dégoût, ce qui prouvait peu de délicatesse de la part de ces sangliers intimes.

Devant les portes se tenaient quelques marmots au

gros ventre, aux membres grêles, au teint fiévreux, vêtus de chemises en guenilles, trop courtes par derrière ou par devant, ou même d'une simple brassière lacée d'une ficelle, nudité qui ne paraissait gêner leur innocence non plus que s'ils eussent habité le paradis terrestre. A travers les broussailles de leur chevelure vierge du peigne brillaient, comme des yeux d'oiseau de nuit à travers les branchages, leurs prunelles phosphorescentes de curiosité. La crainte et le désir se disputaient dans leur contenance; ils auraient bien voulu s'enfuir et se cacher derrière quelque haie, mais le chariot et son chargement les retenaient sur place par une sorte de fascination.

Un peu en arrière sur le seuil de sa chaumine, une femme maigre, au teint hâve, aux yeux bistrés, berçait entre ses bras un nourrisson famélique. L'enfant pétrissait de sa petite main déjà brune une gorge tarie un peu plus blanche que le reste de la poitrine et rappelant encore la jeune femme dans cet être dégradé par la misère. La femme regardait les comédiens avec la fixité morne de l'abrutissement, sans paraître bien se rendre compte de ce qu'elle voyait. Accroupie à côté de sa fille, la grand'mère, plus courbée et plus ridée qu'Hécube, l'épouse de Priam, roi de l'Ilion, rêvassait le menton sur les genoux et les mains entrecroisées sur les os des jambes, en la position de quelque antique idole égyptiaque. Des phalanges formant jeu d'osselets, des lacis de veines saillantes, des nerfs tendus comme des cordes de guitare, faisaient ressembler ces pauvres vieilles mains tannées à une préparation anatomique anciennement oubliée dans l'armoire par un chirurgien négligent. Les bras n'étaient plus que des bâtons sur lesquels flottait une peau parcheminée, plissée aux articulations de rides transversales pareilles à des coups de hachoir. De longs bouquets de poils hérissaient le menton; une mousse chenue obstruait les oreilles; les sourcils, comme des plantes pariétaires à l'entrée d'une grotte, pendaient devant la caverne des orbites où sommeillait l'œil à demi voilé par la flasque pellicule de la paupière. Quant à la bouche, les gencives l'avaient avalée, et sa place n'était reconnaissable que par une étoile de rides concentriques.

A la vue de cet épouvantail séculaire, le Pédant, qui marchait à pied, se récria :

« Oh! l'horrifique, désastreuse et damnable vieille! A côté d'elle les Parques sont des poupines; elle est si confite en vétusté, si obsolète et moisie, qu'aucune fontaine de Jouvence ne la pourrait rajeunir. C'est la propre mère de l'Éternité; et quand elle naquit, si jamais elle vint au monde, car sa nativité a dû précéder la création, le Temps avait déjà la barbe blanche. Pourquoi maître Alcofribas Nasier ne l'a-t-il pas vue avant de pourtraire sa sibylle de Panzoust ou sa vieille émouchetée par le lion avec une queue de renard? Il eût su alors ce qu'une ruine humaine peut contenir de rides, lézardes, sillons, fossés, contrescarpes, et il en eût fait une magistrale description. Cette sorcière a été sans doute belle en son avril, car ce sont les plus jolies filles qui font les plus horribles vieilles. Avis à vous, mesdemoiselles, continua Blazius en s'adressant à l'Isabelle et à la Séraflna qui s'étaient rapprochées pour l'entendre; quand je songe qu'il suffirait d'une soixantaine d'hivers jetés sur vos printemps pour faire de vous d'aussi ordes, abominables et fantasmatiques vieilles que cette momie échappée de sa boîte, cela m'afflige en vérité et me fait aimer ma vilaine trogne, qui ne saurait être muée ainsi en larve tragique, mais dont, au contraire, les ans perfectionnent comiquement la laideur. »

Les jeunes femmes n'aiment pas qu'on leur présente, même dans le lointain le plus nuageux, la perspective d'être vieilles et laides, ce qui est la même chose. Aussi les deux comédiennes tournèrent-elles le dos au Pédant avec un petit haussement d'épaules dédaigneux, comme accoutumées à de pareilles sottises, et, se rangeant près du chariot dont on déchargeait les malles, parurent-elles fort occupées du soin qu'on ne brutalisât point leurs effets; il n'y avait pas de réponse à faire au Pédant. Blazius, en sacrifiant d'avance sa propre laideur, avait supprimé toute réplique. Il usait souvent de ce subterfuge pour faire des piqûres sans en recevoir.

La maison devant laquelle les bœufs s'étaient arrêtés avec cet instinct des animaux qui n'oublient jamais l'endroit où ils ont trouvé provende et litière, était une des plus considérables du village. Elle se tenait avec une certaine assurance sur le bord de la route d'où les autres chaumines se retiraient honteuses de leur délabrement, et masquant leur nudité de quelques poignées de feuillages comme de pauvres filles laides surprises au bain. Sûre d'être la plus belle maison de l'endroit, l'auberge semblait vouloir provoquer les regards, et son enseigne tendait les bras en travers au chemin, comme pour arrêter les passants « à pied et à cheval. »

Cette enseigne, projetée hors de la façade par une sorte de potence en serrurerie à laquelle au besoin l'on eût pu suspendre un homme, consistait en une plaque de tôle rouillée grinçant à tous les vents sur sa tringle.

Un barbouilleur de passage y avait peint l'astre du jour, non avec sa face et sa perruque d'or, mais avec un disque et des rayons bleus à la manière de ces « ombres de soleil » dont l'art héraldique parsème quelquefois le champ de ses blasons. Quelle raison avait fait choisir « le soleil bleu » pour montre de cette hôtellerie? Il y a tant de soleils d'or sur les grandes routes qu'on ne les distingue plus les uns des autres, et un peu de singularité ne messied pas en fait d'enseigne. Ce motif n'était pas le véritable, quoiqu'il pût sembler plausible. Le peintre qui avait tracé cette image ne possédait plus sur sa palette que du bleu, et pour se ravitailler en couleurs il eût fallu qu'il fît un voyage jusques à quelque ville d'importance. Aussi prêchait-il la précellence de l'azur au-dessus des autres teintes, et peignait-il en cette nuance céleste des lions bleus, des chevaux bleus et des coqs bleus sur les enseignes de diverses auberges, de quoi les Chinois l'eussent loué, qui estiment d'autant plus l'artiste qu'il s'éloigne de la nature.

L'auberge du *Soleil bleu* avait un toit de tuiles, les unes brunies, les autres d'un ton vermeil encore qui témoignaient de réparations récentes, et prouvaient qu'au moins il ne pleuvait pas dans les chambres.

La muraille tournée vers la route était plâtrée d'un crépi à la chaux qui en dissimulait les gerçures et les dégradations, et donnait à la maison un certain air de propreté. Les poutrelles du colombage, formant des X et des losanges, étaient accusées par une peinture rouge à la mode basque. Pour les autres faces l'on avait négligé ce luxe, et les tons terreux du pisé apparaissaient tout crûment. Moins sauvage ou moins pauvre que les autres habitants du hameau, le maître du logis avait fait quelques concessions aux délicatesses de la vie civilisée. La fenêtre de la belle chambre avait des vitres, chose rare à cette époque et en ce pays; les autres baies contenaient un cadre tendu de canevas ou de papier huilé, ou se bouchaient d'un volet peint du même rouge sang-de-bœuf que les charpentes de la façade.

Un hangar attenant à la maison pouvait abriter suffisamment les coches et les bêtes. — D'abondantes chevelures de foin passaient entre les barreaux des crèches comme à travers les dents d'un peigne énorme, et de longues auges, creusées dans de vieux troncs de sapins plantés sur des piquets, contenaient l'eau la moins fétide qu'avaient pu fournir les mares voisines.

C'était donc avec raison que maître Chirriguirri prétendait qu'il n'existait pas à dix lieues à la ronde une hôtellerie si commode en bâtiments, si bien fournie en provisions et victuailles, si flambante de bon feu, si douillette en couchers, si assortie en draperies et vaisselles, que l'hôtellerie du *Soleil bleu;* et en cela il ne se trompait pas et ne trompait personne, car la plus proche auberge était éloignée de deux journées de marche au moins.

Le baron de Sigognac éprouvait malgré lui quelque honte à se trouver mêlé à cette troupe de comédiens ambulants, et il hésitait à franchir le seuil de l'auberge; car, pour lui faire honneur, Blazius, le Tyran, le Matamore et le Léandre lui laissaient l'avantage du pas, lorsque l'Isabelle, devinant l'honnête timidité du Baron, s'avança vers lui avec une petite mine résolue et boudeuse :

« Fi! monsieur le baron, vous êtes à l'endroit des femmes d'une réserve plus glaciale que Joseph et qu'Hippolyte. Ne m'offrirez-vous point le bras pour entrer dans cette hôtellerie? »

Sigognac, s'inclinant, se hâta de présenter le poing à l'Isabelle, qui appuya sur la manche râpée du Baron le bout de ses doigts délicats, de manière à donner à cette légère pression la valeur d'un encouragement. Ainsi soutenu, le courage lui revint, et il pénétra dans l'auberge d'un air de gloire et de triomphe; — cela lui était égal que toute la terre le vît. En ce plaisant royaume de France, celui qui accompagne une jolie femme ne saurait être ridicule et ne fait que jaloux.

Chirriguirri vint au-devant de ses hôtes et mit son logis à la disposition des voyageurs avec une emphase qui sentait le voisinage de l'Espagne. Une veste de cuir à la façon des Marégates, cerclée aux hanches par un ceinturon à boucle de cuivre, faisait ressortir les formes vigoureuses de son buste; mais un bout de tablier retroussé par un coin, un large couteau plongé dans une gaîne de bois, tempéraient ce que sa mine pouvait avoir d'un peu farouche, et mêlaient à l'ancien *contrabandista* une portion de cuisinier rassurante; de même que son sourire bénin balançait l'effet inquiétant d'une profonde cicatrice qui, partant du milieu du front, s'allait perdre sous des cheveux coupés en brosse. Cette cicatrice que Chirriguirri, en se penchant pour saluer le béret à la main, présentait forcément aux regards, se distinguait de la peau par une couleur violacée et une dépression des chairs qui n'avaient pu combler tout à fait l'horrible hiatus. — Il fallait être un solide gaillard pour n'avoir point laissé fuir son âme par une semblable fêlure; aussi Chirriguirri était-il un gaillard solide, et son âme, sans doute, n'était point pressée d'aller voir ce que lui réservait l'autre monde. Des voyageurs méticuleux et timorés eussent trouvé peut-être le métier d'aubergiste bien pacifique pour un hôtelier de cette tournure; mais, comme nous l'avons dit, le *Soleil bleu* était la seule hôtellerie logeable dans ce désert.

La salle dans laquelle pénétrèrent Sigognac et les comédiens n'était pas aussi magnifique que Chirriguirri l'assurait : le plancher consistait en terre battue, et, au milieu de la chambre, une espèce d'estrade formée de grosses pierres composait le foyer. Une ouverture pratiquée au plafond, et barrée d'une tringle de fer d'où pendait une chaîne s'agrafant à la crémaillère, remplaçait la hotte et le tuyau de cheminée, de sorte que tout le haut de la pièce disparaissait à demi dans le brouillard de fumée dont les flocons prenaient lentement un chemin de l'ouverture, si par hasard le vent ne les rabattait pas. Cette fumée avait recouvert les poutres de la toiture d'un glacis de bitume pareil à ceux qu'on voit dans les vieux tableaux, et contrastant avec le crépi de chaux tout récent des murailles.

Autour du foyer, sur trois faces seulement, pour laisser au cuisinier la libre approche de la marmite, des bancs de bois s'équilibraient sur les rugosités du plancher calleux comme la peau d'une monstrueuse orange, à l'aide de tessons de pots ou de fragments de brique. Çà et là flânaient quelques escabeaux formés de trois pieux s'ajustant dans une planchette que l'un d'eux traversait, de manière à soutenir un morceau de bois transversal qui pouvait à la rigueur servir de dossier à des gens peu soucieux de leurs aises, mais qu'un sybarite eût assurément regardé comme un instrument de torture. Une espèce de huche, pratiquée dans une encoignure, complétait cet ameublement où la rudesse du travail n'avait d'égale que la grossièreté de la matière. Des éclats de bois de sapin, plantés dans des fiches de fer, jetaient sur tout cela une lumière rouge et fumeuse dont les tourbillons se réunissaient à une certaine hauteur aux nuages du foyer. Deux ou trois casseroles accrochées le long du mur comme des boucliers aux flancs d'une trirème, si cette comparaison n'est pas trop noble et trop héroïque pour un pareil sujet, s'illuminaient vaguement à cette lueur et lançaient à travers l'ombre des reflets sanguinolents. Sur une planche, une outre à demi dégonflée s'affaissait dans une attitude flasque et morte comme un torse décapité. Du plafond tombait sinistrement au bout d'un croc de fer une longue flèche de lard, qui, parmi les flocons de fumée montant de l'âtre, prenait une alarmante apparence de pendu.

Certes le taudis, malgré les prétentions de l'hôte, était lugubre à voir, et un passant isolé aurait pu, sans être précisément poltron, se sentir l'imagination travaillée de fantaisies maussades et craindre de trouver dans l'ordinaire du lieu quelqu'un de ces pâtés de chair humaine faits aux dépens des voyageurs solitaires; mais la troupe des comédiens était trop nombreuse pour que de semblables terreurs pussent venir à ces braves histrions accoutumés d'ailleurs, par leur vie errante, aux plus étranges logis.

A l'angle d'un des bancs, lorsque les comédiens entrèrent, sommeillait une petite fille de huit à neuf ans, ou du moins qui ne paraissait avoir que cet âge, tant elle était maigre et chétive. Appuyée des épaules au dossier du banc, elle laissait choir sur sa poitrine sa tête d'où pleuvaient de longues mèches de cheveux emmêlés qui empêchaient de distinguer ses traits. Les nerfs de son col mince comme celui d'un oiseau plumé se tendaient et semblaient avoir de la peine à empêcher la masse chevelue de rouler à terre. Ses bras abandonnés pendaient de chaque côté du corps, les mains ouvertes, et ses jambes, trop courtes pour atteindre le sol, restaient en l'air un pied croisé sur l'autre. Ces jambes, fines comme des fuseaux, étaient devenues d'un rouge brique par l'effet du froid, du soleil et des intempéries. De nombreuses égratignures, les unes cicatrisées, les autres fraîches, révélaient des courses habituelles à travers les buissons et les halliers. Les pieds, petits et délicats de forme, avaient des bottines de poussière grise, la seule chaussure sans doute qu'ils eussent jamais portée.

Quant au costume, il était des plus simples et se composait de deux pièces : une chemise de toile si grossière que les barques en ont de plus fine pour leur voilure, et une cotte de futaine jaune à la mode aragonaise, taillée jadis dans le morceau le moins usé d'une jupe maternelle. L'oiseau brodé de diverses couleurs qui orne d'ordinaire ces sortes de jupons faisait partie du lé levé pour la petite, sans doute parce que les fils de la laine avaient soutenu un peu l'étoffe délabrée. Cet oiseau ainsi posé produisait un effet singulier, car son bec se trouvait à la ceinture et ses pattes au bord de l'ourlet, tandis que son corps, fripé et dérangé par les plis, prenait des anatomies bizarres et ressemblait à ces volatiles chimériques des bestiaires ou des vieilles mosaïques byzantines.

L'Isabelle, la Sérafine et la soubrette prirent place sur ce banc, et leur poids réuni à celui bien léger de la petite fille suffisait à peine pour contre-balancer la masse de la duègne, assise à l'autre bout. Les hommes se distribuèrent sur les autres banquettes, laissant par déférence un espace vide entre eux et le baron de Sigognac.

Quelques poignées de bourrée avaient ravivé la flamme, et le petillement des branches sèches qui se tordaient dans le brasier réjouissait les voyageurs, un peu courbaturés de la fatigue du jour, et ressentant à leur insu l'influence de la mal'aria qui régnait dans ce canton entouré d'eaux croupies que le sol imperméable ne peut résorber.

Chirriguirri s'approcha d'eux courtoisement et avec toute la bonne grâce que lui permettait sa mine naturellement rébarbative.

« Que servirai-je à Vos Seigneuries ? Ma maison est approvisionnée de tout ce qui peut convenir à des gentilshommes. Quel dommage que vous ne soyez pas arrivés hier, par exemple ! J'avais préparé une hure de sanglier aux pistaches si délicieuse au fumet, si confite en épices, si délicate à la dégustation, qu'il n'en est malheureusement pas resté de quoi mastiquer une dent creuse !

— Cela est en effet bien douloureux, dit le Pédant en se pourléchant les babines de sensualité à ces délices imaginaires ; la hure aux pistaches me plaît sur tous autres régals ; bien volontiers je m'en serais donné une indigestion.

— Et qu'eussiez-vous dit de ce pâté de venaison dont les seigneurs que j'hébergeai ce matin ont dévoré jusqu'à la croûte après avoir mis à sac l'intérieur de la place, sans faire quartier ni merci ?

— J'eusse dit qu'il était excellent, maître Chirriguirri, et j'aurais loué comme il convient le mérite non pareil du cuisinier; mais à quoi sert de nous allumer cruellement l'appétit par des mets fallacieux digérés à l'heure qu'il est, car vous n'y avez pas épargné le poivre, le piment, la muscade et autres éperons à boire. Au lieu de ces plats défunts dont la succulence ne peut être révoquée en doute, mais qui ne sauraient nous sustenter, récitez-nous les plats du jour, car l'aoriste est principalement fâcheux en cuisine, et la faim aime à table l'indicatif présent. Foin du passé! c'est le désespoir et le jeûne; le futur, au moins, permet à l'estomac des rêveries agréables. Par pitié, ne racontez plus ces gastronomies anciennes à de pauvres diables affamés et recrus comme des chiens de chasse.

— Vous avez raison, maître, le souvenir n'est guère substantiel, dit Chirriguirri avec un geste d'assentiment; mais je ne puis m'empêcher d'être aux regrets de m'être ainsi imprudemment dégarni de provisions. Hier mon garde-manger regorgeait, et j'ai commis, il n'y a pas plus de deux heures, l'imprudence d'envoyer au château mes six dernières terrines de foies de canard; des foies admirables, monstrueux! de vraies bouchées de roi!

— Oh! quelle noce de Cana et de Gamache l'on ferait de tous les mets que vous n'avez plus et qu'ont dévorés des hôtes plus heureux! Mais c'est trop nous faire languir; avouez-nous sans rhétorique ce que vous avez, après nous avoir si bien dit ce que vous n'aviez pas.

— C'est juste. J'ai de la garbure, du jambon et de

la merluche, répondit l'hôtelier essayant une pudique rougeur, comme une honnête ménagère prise au dépourvu à qui son mari amène trois ou quatre amis à dîner.

— Alors, s'écria en chœur la troupe famélique, donnez-nous de la merluche, du jambon et de la garbure.

— Mais aussi, quelle garbure! poursuivit l'hôtelier reprenant son aplomb et faisant sonner sa voix comme la fanfare d'une trompette; des croûtons mitonnés dans la plus fine graisse d'oie, des choux frisés d'un goût ambroisien, tels que Milan n'en produisit jamais de meilleurs, et cuits avec un lard plus blanc que la neige au sommet de la Maladetta; un potage à servir sur la table des dieux!

— L'eau m'en vient à la bouche. Mais servez vite, car je crève de male rage de faim, dit le Tyran avec un air d'ogre subodorant la chair fraîche.

— Zagarriga, dressez vite le couvert dans la belle chambre, cria Chirriguirri à un garçon peut-être imaginaire, car il ne donna pas signe de vie, malgré l'intonation pressante employée par le patron.

— Quant au jambon, j'espère que Vos Seigneuries en seront satisfaites; il peut lutter contre les plus exquis de la Manche et de Bayonne; il est confit dans le sel gemme, et sa chair, entrelardée de blanc et de rose, est la plus appétissante du monde.

— Nous le croyons comme précepte d'Évangile, dit le Pédant exaspéré; mais déployez vivement cette merveille jambonique, ou bien il va se passer ici des scènes de cannibalisme comme sur les galions et caravelles naufragés. Nous n'avons pas commis de crimes ainsi que le sieur Tantalus pour être torturés par l'apparence de mets fugitifs !

— Vous parlez comme de cire, reprit Chirriguirri du ton le plus tranquille. Holà ! ho ! toute la marmitonnerie, qu'on se démène, qu'on s'évertue, qu'on se précipite ! Ces nobles voyageurs ont faim et ne sauraient attendre ! »

La marmitonnerie ne bougea non plus que le Zagarriga susnommé, sous le prétexte plus spécieux que valable qu'elle n'existait pas et n'avait jamais existé. Tout le domestique de l'auberge consistait en une grande fille hâve et déchevelée, nommée la Mionnette ; mais cette valetaille idéale qu'interpellait sans cesse maître Chirriguirri donnait, selon lui, bon air à l'auberge, l'animait, la peuplait, et justifiait le prix élevé de l'écot. A force d'appeler par leurs noms ces serviteurs chimériques, l'aubergiste du *Soleil bleu* était parvenu à croire à leur existence, et il s'étonnait presque qu'ils ne réclamassent point leurs gages, discrétion dont il leur savait gré d'ailleurs.

Devinant au sourd chaplis de vaisselle qui se faisait dans la pièce voisine que le couvert n'était pas encore mis, l'hôtelier, pour gagner du temps, entreprit l'éloge de la merluche, thème assez stérile, et qui demandait certains efforts d'éloquence. Heureusement Chirriguirri était accoutumé à faire valoir les mets insipides par les épices de sa parole.

« Vos Grâces pensent sans doute que la merluche est un régal vulgaire, et en cela elles n'ont pas tort ; mais il y a merluche et merluche. Celle-ci a été pêchée sur le banc même de Terre-Neuve par le plus hardi marin du golfe de Gascogne. C'est une merluche de choix, blanche, de haut goût, point coriace, excellente dans une friture d'huile d'Aix, préférable au saumon, au thon, au poisson-épée. Notre Saint-Père le pape, puisse-t-il nous accorder ses indulgences, n'en consomme pas d'autre en carême; il en use aussi les vendredis et les samedis, et tels autres jours maigres quand il est fatigué de sarcelles et de macreuses. Pierre Lestorbat, qui m'approvisionne, fournit aussi Sa Sainteté. De la merluche du Saint-Père, cela, Capdédious! n'est pas à mépriser, et Vos Seigneuries sont gens à n'en pas faire fi! autrement elles ne seraient pas bonnes catholiques.

— Aucun de nous ne tient pour la vache à Colas, répondit le Pédant, et nous serions flattés de nous ingurgiter cette merluche papale; mais, Corbacche! que ce mirifique poisson daigne sauter de la friture dans l'assiette, ou nous allons nous dissiper en fumée comme larves et lémures quand chante le coq et retourne le soleil.

— Il ne serait point décent de manger la friture avant le potage, ce serait mettre culinairement la charrue devant les bœufs, fit maître Chirriguirri d'un air de suprême dédain, et Vos Seigneuries sont trop bien élevées pour se permettre des incongruités semblables. Patience, la garbure a besoin encore d'un bouillon ou deux.

— Cornes du diable et nombril du pape! beugla le

Tyran, je me contenterais d'un brouet lacédémonien s'il était servi sur l'heure ! »

Le baron de Sigognac ne disait rien et ne témoignait aucune impatience ; il avait mangé la veille ! Dans les longues disettes de son château de la faim, il s'était de longue main rompu aux abstinences érémitiques, et cette fréquence de repas étonnait son sobre estomac. Isabelle, Sérafine ne se plaignaient pas, car la montre de voracité ne sied point aux jeunes dames, lesquelles sont censées se repaître de rosée et suc de fleurs comme avettes. Le Matamore, soigneux de sa maigreur, semblait enchanté, car il venait de resserrer son ceinturon d'un point, et l'ardillon de la boucle claquait librement dans le trou du cuir. Le Léandre bâillait et montrait les dents. La Duègne s'était assoupie, et sous son menton penché regorgeaient en boudins trois plis de chair flasque.

La petite fille, qui dormait à l'autre bout du banc, s'était réveillée et redressée. On pouvait voir son visage qu'elle avait dégagé de ses cheveux qui semblaient avoir déteint sur son front tant il était fauve. Sous le hâle de la figure perçait une pâleur de cire, une pâleur mate et profonde. Aucune couleur aux joues, dont les pommettes saillaient. Sur les lèvres bleuâtres, dont le sourire malade découvrait des dents d'une blancheur nacrée, la peau se fendillait en minces lamelles. Toute la vie paraissait réfugiée dans les yeux.

La maigreur de sa figure faisait paraître ces yeux énormes, et la large meurtrissure de bistre qui les entourait comme une auréole leur donnait un éclat fébrile et singulier. — Le blanc en paraissait presque bleu, tant les prunelles y tranchaient par leur brun sombre, et tant la double ligne de cils était épaisse et fournie. En ce moment ces yeux étranges exprimaient une admiration enfantine et une convoitise féroce, et ils se tenaient opiniâtrément fixés sur les bijoux de l'Isabelle et de la Sérafine, dont la petite sauvage, sans doute, ne soupçonnait pas le peu de valeur. La scintillation de quelque passementerie d'or faux, l'orient trompeur d'un collier en perles de Venise, l'éblouissaient et la tenaient comme en une sorte d'extase. Évidemment elle n'avait, de sa vie, rien vu de si beau. Ses narines se dilataient, une faible rougeur lui montait aux joues, un rire sardonique voltigeait sur ses lèvres pâles, interrompu de temps à autre par un claquement de dents fiévreux, rapide et sec.

Heureusement personne de la compagnie ne regardait ce pauvre petit tas de haillons secoué d'un tremblement nerveux, car on eût été effrayé de l'expression farouche et sinistre imprimée sur les traits de ce masque livide.

Ne pouvant maîtriser sa curiosité, l'enfant étendit sa main brune, délicate et froide comme une main de singe, vers la robe de l'Isabelle, dont ses doigts palpèrent l'étoffe avec un sentiment visible de plaisir et une titillation voluptueuse. Ce velours fripé, miroité à tous ses plis, lui semblait le plus neuf, le plus riche et le plus moelleux du monde.

Quoique le tact eût été bien léger, Isabelle se retourna et vit l'action de la petite, à qui elle sourit maternellement. Se sentant sous un regard, l'enfant avait repris subitement une niaise physionomie puérile n'indiquant qu'une stupeur idiote, avec une science instinctive de mimique qui eût fait honneur à une comédienne consommée dans la pratique de son art, et, d'une voix dolente, elle dit en son patois :

« C'est comme la chape de la Notre-Dame sur l'autel ! »

Puis, baissant ses cils dont la frange noire lui descendait jusque sur les pommettes, elle appuya ses épaules au dossier de la banquette, joignit ses mains, croisa ses pouces et feignit de s'endormir comme accablée par la fatigue.

Mionnette, la grande fille hagarde, vint annoncer que le souper était prêt, et l'on passa dans la salle voisine.

Les comédiens firent de leur mieux honneur au menu de maître Chirriguirri, et, sans y trouver les exquisités promises, assouvirent leur faim, et surtout leur soif par de longues accolades à l'outre presque désenflée, comme une cornemuse d'où le vent serait sorti.

Ils allaient se lever de table, lorsque des abois de chiens et un bruit de pieds de chevaux se firent entendre près de l'auberge. Trois coups frappés à la porte avec une autorité impatiente signalèrent un voyageur qui n'avait pas l'habitude de faire le pied de grue. La Mionnette se précipita vers l'huis, tira le loquet, et un cavalier, lui jetant presque le battant à la figure, entra au milieu d'un tourbillon de chiens qui faillirent renverser la servante et se répandirent dans la salle sautant, gambadant, cherchant les reliefs sur les assiettes desservies et en une minute accomplissant avec leurs langues la besogne de trois laveuses de vaisselle.

Quelques coups de fouet vigoureusement appliqués sur l'échine, sans distinction d'innocents et de coupables, calmèrent comme par enchantement cette agitation; les chiens se réfugièrent sous les bancs, haletants, tirant la langue, posèrent leurs têtes sur leurs pattes ou s'arrondirent en boule, et le cavalier, faisant bruyamment résonner les molettes de ses éperons, entra dans la chambre où mangeaient les comédiens avec l'assurance d'un homme qui est toujours chez lui quelque part qu'il se trouve. Chirriguirri le suivait, le béret à la main, d'un air obséquieux et presque craintif, lui qui cependant n'était pas timide.

Le cavalier, debout sur le seuil de la chambre, toucha légèrement le bord de son feutre et parcourut d'un œil tranquille le cercle des comédiens qui lui rendaient son salut.

Il pouvait avoir trente ou trente-cinq ans; des cheveux blonds frisés en spirale encadraient sa tête sanguine et joviale, dont les tons roses tournaient au rouge sous l'impression de l'air et des exercices violents. Ses yeux, d'un bleu dur, brillaient à fleur de tête; son nez, un peu retroussé du bout, se terminait par une facette nettement coupée. Deux petites moustaches rousses, cirées aux pointes et tournées en croc, se tortillaient sous ce nez comme des virgules, faisant symétrie à une royale en feuille d'artichaut. Entre les moustaches et la royale s'épanouissait une bouche dont la lèvre supérieure un peu mince corrigeait ce que l'inférieure, large, rouge et striée de lignes perpendiculaires, aurait pu avoir de trop sensuel. Le menton se rebroussait brusquement, et sa courbe faisait saillir le bouquet de poils de la barbiche. Le front qu'il découvrit en jetant son feutre sur un escabeau présentait des tons blancs et satinés, préservé qu'il était habituellement des ardeurs du soleil par l'ombre du chapeau, et indiquait que ce gentilhomme, avant qu'il eût quitté la cour pour la campagne, devait avoir le teint fort délicat. En somme, la physionomie était agréable, et la gaieté du franc compagnon y tempérait à propos la fierté du noble.

Le costume du nouveau-venu montrait par son élégance que du fond de la province le marquis, c'était son titre, n'avait pas rompu ses relations avec les bons faiseurs et les bonnes faiseuses.

Un col de point coupé dégageait son col et se rabattait sur une veste de drap couleur citron agrémentée d'argent, très-courte et laissant déborder entre elle et le haut-de-chausses un flot de linge fin. Les manches de cette veste, ou plutôt de cette brassière, découvraient la chemise jusqu'au coude; le haut-de-chausses bleu, orné d'une sorte de tablier en canons de rubans paille, descendait un peu au-dessous du genou, où des bottes molles ergotées d'éperons d'argent le rejoignaient. Un manteau bleu galonné d'argent, posé sur le coin de l'épaule, et retenu par une ganse, complétait ce costume, un peu trop coquet peut-être pour la saison et le pays, mais que nous justifierons d'un mot; le marquis venait de suivre la chasse avec la belle Yolande, et il s'était adonisé de son mieux, voulant soutenir son ancienne réputation de braverie, car il avait été admiré au Cours-la-Reine parmi les raffinés et les gens du bel air.

« La soupe à mes chiens, un picotin d'avoine à mon cheval, un morceau de pain et de jambon pour moi, un rogaton quelconque à mon piqueur, » dit le marquis jovialement en prenant place au bout de la table, près de la Soubrette, qui, voyant un beau seigneur si bien nippé, lui avait décoché une œillade incendiaire et un sourire vainqueur.

Maître Chirriguirri plaça une assiette d'étain et un gobelet devant le marquis; — la Soubrette, avec la grâce d'une Hébé, lui versa une large rasade, qu'il avala d'un trait. Les premières minutes furent consacrées à réduire au silence les abois d'une faim de chasseur, la plus féroce des faims, égale en âpreté à celle que les Grégeois nomment *boulimie;* puis le marquis promena son regard autour de la table, et remarqua parmi les comédiens, assis près d'Isabelle, le baron de Sigognac, qu'il connaissait de vue, et qu'il avait croisé en passant avec la chasse devant le char à bœufs.

Isabelle souriait au Baron, qui lui parlait bas, de ce sourire languissant et vague, caresse de l'âme, témoignage de sympathie plutôt qu'expression de gaieté, auquel ne sauraient se méprendre ceux qui ont un peu l'habitude des femmes, et cette expérience ne manquait pas au marquis. La présence de Sigognac dans cette troupe de bohèmes ne le surprit plus, et le mépris que lui inspirait l'équipement délabré du pauvre Baron diminua de beaucoup. Cette entreprise de suivre sa belle sur le chariot de Thespis à travers le hasard des aventures comiques ou tragiques lui parut d'une imaginative galante et d'un esprit délibéré. Il fit un signe d'intelligence à Sigognac pour lui marquer qu'il l'avait reconnu et comprenait son dessein; mais en véritable homme de cour il respecta son incognito, et ne parut plus s'occuper que de la Soubrette, à qui il débitait des galanteries superlatives, moitié vraies, moitié moqueuses, qu'elle acceptait de même avec des éclats de rire propres à montrer jusqu'au gosier sa denture magnifique.

Le marquis, désireux de pousser une aventure qui se présentait si bien, jugea à propos de se dire tout à coup fort épris du théâtre et bon juge en matière de comédie. — Il se plaignit de manquer en province de ce plaisir propre à exercer l'intellect, affiner le langage, augmenter la politesse et perfectionner les mœurs, et, s'adressant au Tyran qui paraissait le chef de la troupe, il lui demanda s'il n'avait pas d'engagements qui l'empêchassent de donner quelques représentations des meilleures pièces de son répertoire au château de Bruyères, où il serait facile de dresser un théâtre dans la grand'salle ou dans l'orangerie.

Le Tyran, souriant d'un air bonasse dans sa large barbe de crin, répondit que rien n'était plus facile, et que sa troupe, une des plus excellentes qui courussent la province, était au service de Sa Seigneurie, depuis le roi jusqu'à la soubrette, ajouta-t-il avec une feinte bonhomie.

« Voilà qui tombe on ne peut mieux, répondit le marquis, et pour les conditions il n'y aura point de difficulté; vous fixerez vous-même la somme; on ne marchande point avec Thalie, laquelle est une muse fort considérée d'Apollon, et aussi bien vue à la cour qu'à la ville et en province, où l'on n'est pas si Topinambou qu'on affecte de le croire à Paris. »

Cela dit, le marquis, après un coup de genou significatif à la Soubrette qui ne s'en effaroucha point, quitta la table, enfonça son feutre jusqu'au sourcil, salua la compagnie de la main, et repartit au milieu des jappements de sa meute; il prenait les devants pour préparer au château la réception des comédiens.

Il se faisait déjà tard, et l'on devait repartir le matin de très-bonne heure, car le château de Bruyères était assez éloigné, et si un cheval barbe peut, par les chemins de traverse, franchir aisément une distance de trois ou quatre lieues, un chariot pesamment chargé et traîné sur une grande route sablonneuse, par des bœufs déjà fatigués, y met un espace de temps beaucoup plus considérable.

Les femmes se retirèrent dans une espèce de soupente, où l'on avait jeté des bottes de paille; les hommes restèrent dans la salle, s'accommodant du mieux qu'ils purent sur les bancs et les escabeaux.

IV

BRIGANDS POUR LES OISEAUX

Retournons maintenant à la petite fille que nous avons laissée endormie sur le banc d'un sommeil trop profond pour ne pas être simulé. Son attitude nous semble à bon droit suspecte, et la féroce convoitise avec laquelle ses yeux sauvages se fixaient sur le collier de perles d'Isabelle demande à ce qu'on surveille ses démarches.

En effet, dès que la porte se fut refermée sur les comédiens, elle souleva lentement ses longues paupières brunes, promena son regard inquisiteur dans tous les coins de la chambre, et quand elle se fut bien assurée qu'il n'y avait plus personne, elle se laissa couler du rebord de la banquette sur ses pieds, se dressa, rejeta ses cheveux en arrière par un mouvement qui lui était familier, et se dirigea vers la porte, qu'elle ouvrit sans faire plus de bruit qu'une ombre. Elle la referma avec beaucoup de précaution, prenant garde que le loquet ne retombât trop brusquement, puis elle s'éloigna à pas lents jusqu'à l'angle d'une haie qu'elle tourna.

Sûre alors d'être hors de vue du logis, elle prit sa course, sautant les fossés d'eau croupie, enjambant les sapins abattus et bondissant sur les bruyères comme une biche ayant une meute après elle. Les longues mèches de sa chevelure lui flagellaient les joues comme des serpents noirs, et parfois, retombant du front, lui interceptaient la vue ; alors, sans ralentir la rapidité de son allure, elle les repoussait avec la paume de la main derrière son oreille et faisait un geste d'impatience mutine ; mais ses pieds agiles semblaient n'avoir pas besoin d'être guidés par la vue, tant ils connaissaient le chemin.

L'aspect du lieu, autant qu'on pouvait le démêler à la lueur livide d'une lune à moitié masquée et portant pour touret de nez un nuage de velours noir, était particulièrement désolé et lugubre. Quelques sapins, que l'entaille destinée à leur soutirer la résine rendait semblables à des spectres d'arbres assassinés, étalaient leurs plaies rougeâtres sur le bord d'un chemin sablonneux, dont la nuit ne parvenait pas à éteindre la blancheur. Au delà, de chaque côté de la route, s'étendaient les bruyères d'un violet sombre, où flottaient des bancs de vapeurs grisâtres auxquelles les rayons de l'astre nocturne donnaient un air de fantômes en procession, bien fait pour porter la terreur en des âmes superstitieuses ou peu habituées aux phénomènes de la nature dans ces solitudes.

L'enfant, accoutumée sans doute à ces fantasmagories du désert, n'y faisait aucune attention et continuait sa course. Elle arriva enfin à une espèce de monticule couronné de vingt ou trente sapins qui formaient là comme une sorte de bois. Avec une agilité singulière, et qui ne trahissait aucune fatigue, elle franchit l'escarpement assez roide et gagna le sommet du tertre. Debout sur l'élévation, elle promena quelque temps autour d'elle ses yeux pour qui l'ombre ne semblait pas avoir de voiles, et, n'apercevant que l'immensité solitaire, elle mit deux de ses doigts dans sa bouche et poussa, à trois reprises, un de ces sifflements que le voyageur, traversant les bois la nuit, n'entend jamais sans une angoisse secrète, bien qu'il les suppose produits par des chats-huants craintifs ou toute autre bestiole inoffensive.

Une pause séparait chacun des cris, que sans cela l'on eût pu confondre avec les ululations des orfraies, des bondrées et des chouettes, tant l'imitation était parfaite.

Bientôt un monceau de feuilles parut s'agiter, fit le gros dos, se secoua comme une bête endormie qu'on réveille, et une forme humaine se dressa lentement devant la petite.

« C'est toi, Chiquita, dit l'homme. Quelle nouvelle? Je ne t'attendais plus et faisais un somme. »

L'homme qu'avait réveillé l'appel de Chiquita était un gaillard de vingt-cinq ou trente ans, de taille moyenne, maigre, nerveux et paraissant propre à toutes les mauvaises besognes; il pouvait être braconnier, contrebandier, faux-saunier, voleur et coupe-jarrets, honnêtes industries qu'il pratiquait les unes près les autres ou toutes à la fois, selon l'occurrence.

Un rayon de lune tombant sur lui d'entre les nuages, comme le jet de lumière d'une lanterne sourde, le détachait en clair du fond sombre des sapins, et eût permis, s'il se fût trouvé là quelque spectateur, d'examiner sa physionomie et son costume d'une truculence caractéristique. Sa face, basanée et cuivrée comme celle d'un sauvage caraïbe, faisait briller par le contraste ses yeux d'oiseau de proie et ses dents d'une extrême blancheur, dont les canines très-pointues ressemblaient à des crocs de jeune loup. Un mouchoir ceignait son front comme le bandeau d'une blessure, et comprimait les touffes d'une chevelure drue, bouclée et rebelle, hérissée en huppe au sommet de la tête; un gilet de velours bleu, décoloré par un long usage et agrémenté de boutons faits de piécettes soudées à une tige de métal, enveloppait son buste; des grègues de toile flottaient sur ses cuisses, et des alpargatas faisaient s'entre-croiser leurs bandelettes autour de ses jambes aussi fermes et sèches que des jambes de cerf. Ce costume était complété par une large ceinture de laine rouge montant des hanches aux aisselles, et entourant plusieurs fois le corps. Au milieu de l'estomac, une bosse indiquait le garde-manger et le trésor du malandrin; et, s'il se fût retourné, on eût pu voir dans son dos, dépassant les deux bords de la ceinture, une immense navaja de Valence, une de ces navajas allongées en poisson, dont la lame se fixe en tournant un cercle de cuivre, et porte sur son acier autant de stries rouges que le brave dont elle est l'arme a commis de meurtres. Nous ne savons combien la navaja d'Agostin comptait de cannelures écarlates, mais à la

mine du drôle il était permis, sans manquer à la c
rité, de les supposer nombreuses.

Tel était le personnage avec qui Chiquita entre
nait des relations mystérieuses.

« Eh bien! Chiquita, dit Agostin en passant av
un geste amical sa rude main sur la tête de l'enfan
qu'as-tu remarqué à l'auberge de maître Chirriguirri?

— Il est venu, répondit la petite, un chariot plein
de voyageurs; on a porté cinq grands coffres sous le
hangar, qui semblaient assez lourds, car il fallait
deux hommes pour chacun.

— Hum! fit Agostin, quelquefois les voyageurs
mettent des cailloux dans leurs bagages pour se créer
de la considération auprès des hôteliers; cela s'est vu.

— Mais, répondit Chiquita, les trois jeunes dames
qui sont avec eux ont des galons en passementeries
d'or sur leurs habits. L'une d'elles, la plus jolie, autour du cou un rang de gros grains blancs d'une couleur argentée, et qui brillent à la lumière; oh! c'est
bien beau! bien magnifique!

— Des perles! bon cela, dit entre ses dents le bandit, pourvu qu'elles ne soient pas fausses! On travaille
d'un si merveilleux goût à Murano, et les galants du
jour ont des morales si relâchées!

— Mon bon Agostin, poursuivit Chiquita d'un ton
de voix câlin, si tu coupes le cou à la belle dame, tu
me donneras le collier.

— Cela t'irait bien, en effet, et congruerait merveilleusement à ta tignasse ébouriffée, à ta chemise en
toile à torchon et à ta jupe jaune-serin.

— J'ai fait si souvent le guet pour toi, j'ai tant couru afin de t'avertir quand le brouillard s'élevait de terre, et que la rosée mouillait mes pauvres pieds nus. T'ai-je jamais fait attendre ta nourriture dans tes cachettes, même lorsque la fièvre me faisait claquer du bec comme une cigogne au bord d'un marécage et que je pouvais à peine me traîner à travers les halliers et les broussailles?

— Oui, répondit le brigand, tu es brave et fidèle ; mais nous ne le tenons pas encore, ce collier. Combien as-tu compté d'hommes?

— Oh! beaucoup. Un gros et fort avec une large barbe au milieu du visage, un vieux, deux maigres, un qui a l'air d'un renard et un autre qui semble un gentilhomme, bien qu'il ait des habits mal en point.

— Six hommes, fit Agostin devenu rêveur en supputant sur ses doigts. Hélas! ce nombre ne m'eût pas effrayé autrefois; mais je reste seul de ma bande. Ont-ils des armes, Chiquita?

— Le gentilhomme a son épée et le grand maigre sa rapière.

— Pas de pistolets ni d'arquebuse?

— Je n'en ai pas vu, reprit Chiquita, à moins qu'ils ne les aient laissés dans le chariot; mais Chirriguirri ou la Mionnette m'aurait fait signe.

— Allons, risquons le coup, et dressons l'embuscade, dit Agostin en prenant sa résolution. Cinq coffres, des broderies d'or, un collier de perles. J'ai travaillé pour moins. »

Le brigand et la petite fille entrèrent dans le bois

de sapins; et, parvenus à l'endroit le plus secret, ils se mirent activement à déranger des pierres et des brassées de broussailles, jusqu'à ce qu'ils eussent mis à nu cinq ou six planches saupoudrées de terre. Agostin souleva les planches, les jeta de côté, et descendit jusqu'à mi-corps dans la noire ouverture qu'elles laissaient béante. Était-ce l'entrée d'un souterrain ou d'une caverne, retraite ordinaire du brigand? la cachette où il serrait les objets volés? l'ossuaire où il entassait les cadavres de ses victimes?

Cette dernière supposition eût paru la plus vraisemblable au spectateur, si la scène eût eu d'autres témoins que les choucas perchés dans la sapinière.

Agostin se courba, parut fouiller au fond de la fosse, se redressa tenant entre les bras une forme humaine d'une roideur cadavérique, qu'il jeta sans cérémonie sur le bord du trou. Chiquita ne parut éprouver aucune frayeur à cette exhumation étrange, et tira le corps par les pieds à quelque distance de la fosse, avec plus de force que sa frêle apparence ne permettait d'en supposer. Agostin, continuant son lugubre travail, sortit encore de cet Haceldama cinq cadavres que la petite fille rangea auprès du premier, souriant comme une jeune goule prête à faire ripaille dans un cimetière. Cette fosse ouverte, ce bandit arrachant à leur repos les restes de ses victimes, cette petite fille aidant à cette funèbre besogne, tout cela sous l'ombre noire des sapins, composait un tableau fait pour inspirer l'effroi aux plus braves.

Le bandit prit un des cadavres, le porta sur la crête

de l'escarpement, le dressa, et le fit tenir debout en fichant en terre le pieu auquel le corps était lié. Ainsi maintenu, le cadavre singeait assez à travers l'ombre l'apparence d'un homme vivant.

« Hélas! à quoi en suis-je réduit par le malheur des temps, dit Agostin avec un han de saint Joseph. Au lieu d'une bande de vigoureux drôles, maniant le couteau et l'arquebuse comme des soldats d'élite, je n'ai plus que des mannequins couverts de guenilles, des épouvantails à voyageurs, simples comparses de mes exploits solitaires! Celui-ci, c'était Matasierpes, le vaillant Espagnol, mon ami de cœur, un garçon charmant, qui avec sa navaja traçait des croix sur la figure des gavaches aussi proprement qu'avec un pinceau trempé dans du rouge; bon gentilhomme d'ailleurs, hautain comme s'il était issu de la propre cuisse de Jupiter, présentant le coude aux dames pour descendre de coche et détroussant les bourgeois d'une façon grandiose et royale! Voilà sa cape, sa golille et son sombrero à plume incarnadine que j'ai pieusement dérobés au bourreau comme des reliques, et dont j'ai revêtu l'homme de paille qui remplace ce jeune héros digne d'un meilleur sort. Pauvre Matasierpes! cela le contrariait d'être pendu, non qu'il se souciât du trépas; mais comme noble, il prétendait avoir le droit d'être décapité. Par malheur, il ne portait pas sa généalogie dans sa poche, et il lui fallut expirer perpendiculairement. »

Retournant près de la fosse, Agostin prit un autre mannequin coiffé d'un béret bleu :

« Celui-là, c'est Isquibaïval, un fameux, un vaillant, plein de cœur à l'ouvrage, mais il avait quelquefois trop de zèle et se laissait aller à tout massacrer : il ne faut pas détruire la pratique, que diable! Du reste, peu âpre au butin, toujours content de sa part. Il dédaignait l'or et n'aimait que le sang; brave nature! Et quelle belle attitude il eut sous la barre du tortionnaire, lorsqu'il fut roué en pleine place d'Orthez! Régulus et saint Barthélemy ne firent pas meilleure contenance dans les tourments. C'était ton père, Chiquita, honore sa mémoire et dis une prière pour le repos de son âme. »

La petite fit un signe de croix, et ses lèvres s'agitèrent comme murmurant les paroles sacrées.

Le troisième épouvantail avait le pot en tête et rendait entre les bras d'Agostin un bruit de ferraille. Un plastron de fer luisait vaguement sur son buffle en lambeaux, et des targettes brimballaient sur ses cuisses. Le bandit fourbit l'armure de sa manche pour lui rendre son éclat.

« Un éclair de métal qui flamboie dans l'ombre inspire parfois une terreur salutaire. On croit avoir affaire à des gens d'armes en vacance. Un vieux routier, celui-là! travaillant sur le grand chemin comme sur le champ de bataille, avec sang-froid, méthode et discipline. Une pistolade en pleine figure me le ravit. Quelle irréparable perte! Mais je vengerai bien sa mort! »

Le quatrième fantôme, drapé d'un manteau en dents de scie, fut comme les autres honoré d'une oraison funèbre. Il avait rendu l'âme à la question, ne voulant pas convenir, par modestie, de ses hauts faits, et refusant avec une constance héroïque de livrer les noms de ses camarades à la justice trop curieuse.

Le cinquième, représentant Florizel de Bordeaux, n'obtint pas de myriologie d'Agostin, mais un simple regret mêlé d'espérance. Florizel, la main la plus légère de la province pour tirer sur les ponts la soie ou la laine, ne se balançait pas comme les autres, moins heureux, aux chaînes du gibet, lavé de la pluie et piqué des corbeaux. Il voyageait aux frais de l'État sur les galères du roi dans les mers océanes et méditerranées. Ce n'était qu'un filou parmi des brigands, un renard dans une bande de loups; mais il avait des dispositions, et, perfectionné à l'école de la chiourme, il pouvait devenir un sujet d'importance; on n'est pas parfait du premier coup. Agostin attendait impatiemment que cet aimable personnage s'échappât du bagne et lui revînt.

Gros et court, vêtu d'une souquenille cerclée par une large ceinture de cuir, coiffé d'un chapeau à larges bords, le sixième mannequin fut planté un peu en avant des autres comme un chef d'escouade.

« Tu mérites cette place d'honneur, fit Agostin en s'adressant à l'épouvantail, patriarche du grand chemin, Nestor de la tire, Ulysse de la pince et du croc, ô grand Lavidalotte, mon guide et mon maître, toi qui me reçus parmi les chevaliers de la belle Étoile, et qui, de mauvais écolier que j'étais, me fis bandit émérite. Tu m'appris à parler le narquois, à me déguiser de vingt manières diverses, comme feu Protéus quand il était pressé des gens; à ficher le couteau dans le nœud d'une planche à trente pas de distance; à moucher une chandelle d'un coup de pistolet; à passer comme la bise à travers les serrures; à me promener invisible par les logis, de même que si j'eusse eu une main de gloire en ma possession; à trouver les cachettes les plus absconses, et cela sans baguette de coudrier! Que de bonnes doctrines j'ai reçues de toi, grand homme! et comme tu me fis voir, par raisons éloquemment déduites, que le travail était fait pour les sots! Pourquoi faut-il que la fortune marâtre t'ait réduit à mourir de faim dans cette caverne, dont les issues étaient gardées et où les sergents n'osaient pénétrer; car nul ne se soucie, pour brave qu'il soit, d'affronter le lion en son antre même; mourant, il peut encore abattre cinq ou six compagnons, de sa griffe ou de sa dent! Allons, toi à qui, indigne, j'ai succédé, commande sagement cette petite troupe chimérique et fallotte, ces mannequins spectres des braves que nous avons perdus, et qui, bien que défunts, rempliront encore, comme le Cid mort, leur office de vaillants. Vos ombres, glorieux bandits, suffiront à détrousser ces bélîtres. »

Sa besogne terminée, le bandit alla se planter sur la route pour juger de l'effet de la mascarade. Les brigands de paille avaient l'air suffisamment horrifique et féroce, et l'œil de la peur pouvait s'y tromper dans l'ombre de la nuit ou le crépuscule du matin, à cette heure louche où les vieux saules, avec leurs tronçons de branches, prennent au rebord des fossés la physionomie d'hommes vous montrant le poing ou brandissant des coutelas.

« Agostin, dit Chiquita, tu as oublié d'armer tes mannequins !

— C'est vrai, répondit le brigand. A quoi donc pensais-je? Les plus beaux génies ont leurs distractions; mais cela peut se réparer. »

Et il mit au bout de ces bras inertes de vieux fûts d'arquebuses, des épées rouillées, ou même de simples bâtons couchés en joue; avec cet arsenal, la troupe avait au bord des talus un aspect suffisamment formidable.

« Comme la traite est longue du village à la dînée, ils partiront sans doute à trois heures du matin; et quand ils passeront devant l'embuscade, l'aube commencera à poindre, instant favorable, car il ne faut à nos hommes ni trop de lumière, ni trop d'ombre. Le jour les trahirait, la nuit les cacherait. En attendant, faisons un somme. Le grincement des roues non graissées du chariot, ce bruit qui met en fuite les loups épouvantés, s'entend de loin et nous réveillera. Nous autres qui ne dormons jamais que d'un œil comme les chats, nous serons bien vite sur pied. »

Cela dit, Agostin s'étendit sur quelques jonchées de bruyères. Chiquita s'allongea près de lui pour profiter de la *capa de muestra* valencienne qu'il s'était jetée dessus comme couverture et procurer un peu de chaleur à ses pauvres petits membres tremblants de fièvre. Bientôt la tiédeur l'envahit, ses dents cessèrent de claquer, et elle partit pour le pays des songes. Nous devons avouer que dans ses rêves enfantins ne voletaient pas de beaux chérubins roses cravatés d'ailes blanches, ne bêlaient pas des moutons savonnés et ornés de faveurs, ne s'élevaient pas des palais de caramel à colonnes d'angélique. Non; Chiquita voyait la tête coupée d'Isabelle qui tenait entre ses dents le collier de perles, et, sautant par bonds désordonnés et brusques, cherchait à le dérober aux mains tendues de l'enfant. Ce rêve agitait Chiquita, et Agostin, à demi réveillé aux soubresauts, murmurait parmi un ronflement :

« Si tu ne te tiens pas tranquille, je t'envoie d'un coup de pied, au bas du talus, gigoter avec les grenouilles. »

Chiquita, qui savait Agostin homme de parole, se le tint pour dit et ne bougea plus. Le souffle de leurs respirations égales fut bientôt le seul bruit qui trahît la présence d'êtres vivants dans cette morne solitude.

Le brigand et sa petite complice buvaient à pleines gorgées à la coupe noire du sommeil, au milieu de la lande, quand à l'auberge du *Soleil bleu* le bouvier, frappant le sol de son aiguillon, vint avertir les comédiens qu'il était temps de se mettre en route.

On s'arrangea comme on put dans le chariot, sur les malles qui formaient des angles désordonnés, et le Tyran se compara au sieur Polyphème, couché sur une crête de montagne, ce qui ne l'empêcha pas de ronfler bientôt comme un chantre ; les femmes s'étaient blotties au fond, sous la banne, où les toiles ployées des décors représentaient une espèce de matelas, comparativement moelleux. Malgré le grincement affreux des roues, qui sanglotaient, miaulaient, rauquaient, râlaient, tout le monde s'endormit d'un sommeil pénible, entremêlé de rêves incohérents et bizarres, où les bruits du chariot se transformaient en ululations de bêtes féroces ou en cris d'enfants égorgés.

Sigognac, l'esprit agité par la nouveauté de l'aventure et le tumulte de cette vie bohémienne, si différente du silence claustral de son château, marchait à côté du char. Il songeait aux grâces adorables d'Isabelle, dont la beauté et la modestie semblaient plutôt d'une demoiselle née que d'une comédienne errante, et il s'inquiétait de savoir comment il s'y prendrait pour s'en faire aimer, ne se doutant pas que la chose était déjà faite, et que la douce créature, touchée au plus tendre de l'âme, n'attendait pour lui donner son cœur autre chose, sinon qu'il le lui demandât. Le timide Baron arrangeait dans sa tête une foule d'incidents terribles ou romanesques, de dévouements comme on en voit dans les livres de chevalerie, pour amener ce formidable aveu dont la pensée seule lui serrait la gorge ; et cependant cet aveu qui lui coûtait tant, la flamme de ses yeux, le tremblement de sa voix, ses soupirs mal étouffés, l'empressement un peu gauche dont il entourait Isabelle, les réponses distraites qu'il faisait aux comédiens, l'avaient déjà prononcé de la façon la plus claire. La jeune femme, quoiqu'il ne lui eût pas dit un mot d'amour, ne s'y était pas trompée.

Le matin commençait à grisonner. Une étroite bande de lumière pâle s'allongeait au bord de la plaine, dessinant en noir d'une manière distincte, malgré l'éloignement, les bruyères frissonnantes et même la pointe des herbes. Quelques flaques d'eau, égratignées par le rayon, brillaient çà et là comme les morceaux d'une glace brisée. De légers bruits s'éveillaient, et des fumées montaient dans l'air tranquille, révélant à de grandes distances la reprise de l'activité humaine au milieu de ce désert. Sur la zone lumineuse, dont la teinte tournait au rose, une forme bizarre se profilait, qui de loin ressemblait à un compas tenu par un géomètre invisible et mesurant la lande. C'était un berger monté sur ses échasses, marchant à pas de faucheux à travers les marécages et les sables.

Ce spectacle n'était pas nouveau pour Sigognac, et il y faisait peu d'attention; mais, si fort qu'il fût enfoncé dans sa rêverie, il ne put s'empêcher d'être préoccupé par un petit point brillant qui scintillait sous l'ombre encore fort noire du bouquet de sapins où nous avons laissé Agostin et Chiquita. Ce ne pouvait être une luciole; la saison où l'amour illumine les vers luisants de son phosphore était passée depuis plusieurs mois. Était-ce l'œil d'un oiseau de nuit borgne? car il n'y avait qu'un point lumineux. Cette supposition ne satisfaisait pas Sigognac; on eût dit le petillement d'une mèche d'arquebuse allumée.

Cependant le chariot marchait toujours, et, en se

rapprochant de la sapinière, Sigognac crut démêler sur le bord de l'escarpement une rangée d'êtres bizarres plantés comme en embuscade et dont les premiers rayons du soleil levant ébauchaient vaguement les formes; mais, à leur parfaite immobilité, il les prit pour de vieilles souches et se prit à rire en lui-même de son inquiétude, et il n'éveilla pas les comédiens comme il en avait d'abord eu l'idée.

Le chariot fit encore quelques tours de roue. Le point brillant sur lequel Sigognac tenait toujours les yeux fixés se déplaça. Un long jet de feu sillonna un flot de fumée blanchâtre; une forte détonation se fit entendre, et une balle s'aplatit sous le joug des bœufs, qui se jetèrent brusquement de côté, entraînant le chariot qu'un tas de sable retint heureusement au bord du fossé.

A la détonation et à la secousse, toute la troupe s'éveilla en sursaut; les jeunes femmes se mirent à pousser des cris aigus. La vieille seule, faite aux aventures, garda le silence et prudemment glissa deux ou trois doublons serrés dans sa ceinture entre son bas et la semelle de son soulier.

Debout, à la tête du char d'où les comédiens s'efforçaient de sortir, Agostin, sa cape de Valence roulée sur son bras, sa navaja au poing, criait d'une voix tonnante :

« La bourse ou la vie! toute résistance est inutile; au moindre signe de rébellion ma troupe va vous arquebuser! »

Pendant que le bandit posait son ultimatum de

grand chemin, le Baron, dont le généreux cœur ne pouvait admettre l'insolence d'un pareil maroufle, avait tranquillement dégainé et fondait sur lui l'épée haute. Agostin parait les bottes du Baron avec son manteau et épiait l'occasion de lui lancer sa navaja; appuyant le manche du couteau à la saignée, et, balançant le bras d'un mouvement sec, il envoya la lame au ventre de Sigognac, à qui bien en prit de n'être pas obèse. Une légère retraite de côté lui fit éviter la pointe meurtrière; la lame alla tomber à quelques pas plus loin. Agostin pâlit, car il était désarmé, et il savait que sa troupe d'épouvantail ne pouvait lui être d'aucun secours. Cependant, comptant sur un effet de terreur, il cria : « Feu! vous autres! » Les comédiens, craignant l'arquebusade, firent un mouvement de retraite et se réfugièrent derrière le chariot, où les femmes piaillaient comme des geais plumés vifs. Sigognac lui-même, malgré son courage, ne put s'empêcher de baisser un peu la tête.

Chiquita, qui avait suivi toute la scène cachée par un buisson dont elle écartait les branches, voyant la périlleuse situation de son ami, rampa comme une couleuvre sur la poudre du chemin, ramassa le couteau sans qu'on prît garde à elle, et, se redressant d'un bond, remit la navaja au bandit. Rien n'était plus fier et plus sauvage que l'expression qui rayonnait sur la tête pâle de l'enfant; des éclairs jaillissaient de ses yeux sombres, ses narines palpitaient comme des ailes d'épervier, ses lèvres entr'ouvertes laissaient voir deux rangées de dents féroces comme celles qui luisent dans le rictus d'un animal acculé. Toute sa petite personne respirait indomptablement la haine et la révolte.

Agostin balança une seconde fois le couteau, et peut-être le baron de Sigognac eût-il été arrêté au début de ses aventures, si une main de fer n'avait saisi fort opportunément le poignet du bandit. Cette main, serrant comme un étau dont on tourne la vis, écrasait les muscles, froissait les os, faisait gonfler les veines et venir le sang dans les ongles. Agostin essaya de se débarrasser par des secousses désespérées; il n'osait se retourner, car le Baron l'eût lardé dans le dos, et il parait encore les coups de son bras gauche, et pourtant il sentait que sa main prise s'arracherait de son bras avec ses nerfs s'il persistait à la délivrer. La douleur devint si violente, que ses doigts engourdis s'entr'ouvrirent et lâchèrent l'arme.

C'était le Tyran qui, passant derrière Agostin, avait rendu ce bon office à Sigognac. Tout à coup il poussa un cri :

« Mordious! est-ce qu'une vipère me pique; j'ai senti deux crocs pointus m'entrer dans la jambe! »

En effet, Chiquita lui mordait le mollet comme un chien pour le faire retourner; le Tyran, sans lâcher prise, secoua la petite fille et l'envoya rouler à dix pas sur le chemin. Le Matamore, reployant ses longs membres articulés comme ceux d'une sauterelle, se baissa, ramassa le couteau, le ferma et le mit dans sa poche.

Pendant cette scène, le soleil émergeait petit à petit

de l'horizon ; une portion de son disque d'or rose se montrait au-dessus de la ligne des landes, et les mannequins, sous ce rayon véridique, perdaient de plus en plus leur apparence humaine.

« Ah çà ! il paraît, dit le Pédant, que les arquebuses de ces messieurs ont fait long feu à cause de l'humidité de la nuit. En tout cas, ils ne sont guère braves, car ils laissent leur chef dans l'embarras et ne bougent non plus que des Termes mythologiques !

— Ils ont de bonnes raisons pour cela, répliqua le Matamore en escaladant le talus, ce sont des hommes de paille habillés de guenilles, armés de ferrailles, excellents pour éloigner les oiseaux des cerises et des raisins. »

En six coups de pied il fit rouler au milieu de la route les six grotesques fantoches qui s'épatèrent sur la poudre avec ces gestes irrésistiblement comiques de marionnettes dont on a abandonné les fils. Ainsi disloqués et aplatis, les mannequins parodiaient d'une façon aussi bouffonne que sinistre les cadavres étalés sur les champs de bataille.

« Vous pouvez descendre, mesdames, dit le Baron aux comédiennes, il n'y a plus rien à craindre ; ce n'était qu'un péril en peinture. »

Désolé du mauvais succès d'une ruse qui habituellement lui réussissait, tant est grande la couardise des gens, et tant la peur grossit les objets, Agostin penchait la tête d'un air piteux. Près de lui se tenait Chiquita effarée, hagarde et furieuse comme un oiseau de nuit surpris par le jour. Le bandit craignait que les comédiens, qui étaient en nombre, ne lui fissent un mauvais parti ou ne le livrassent à la justice; mais la farce des mannequins les avait mis en belle humeur, et ils s'esclaffaient de rire comme un cent de mouches. Le rire n'est point cruel de sa nature; il distingue l'homme de la bête, et il est, suivant Homérus, l'apanage des dieux immortels et bienheureux qui rient olympiennement tout leur saoul pendant les loisirs de l'éternité.

Aussi le Tyran, qui était bonasse de sa nature, desserra-t-il les doigts, et tout en maintenant le bandit, lui dit-il de sa grosse voix tragique, dont il gardait parfois les intonations dans le langage familier :

« Drôle, tu as fait peur à ces dames, et pour cela tu mériterais d'être pendu haut et court; mais si, comme je le crois, elles te font grâce, car ce sont de bonnes âmes, je ne te conduirai pas au prévôt. Le métier d'argousin ne me ragoûte pas; je ne tiens pas à pourvoir la potence de gibier. D'ailleurs, ton stratagème est assez picaresque et comique. C'est un bon tour pour extorquer des pistoles aux bourgeois poltrons. Comme acteur expert aux ruses et subterfuges, je l'apprécie, et ton imaginative m'induit à l'indulgence. Tu n'es point platement et bestialement voleur, et ce serait dommage de t'interrompre en une si belle carrière.

— Hélas! répondit Agostin, je n'ai pas le choix d'une autre, et suis plus à plaindre que vous ne pensez; il ne reste plus que moi de ma troupe aussi bien composée naguère que la vôtre; le bourreau m'a pris mes premiers, seconds et troisièmes rôles; il faut que je joue tout seul ma pièce sur le théâtre du grand chemin, affectant des voix diverses, habillant des mannequins pour faire croire que je suis soutenu par une bande nombreuse. Ah! c'est un sort plein de mélancolie! avec cela, il ne passe personne sur ma route, elle est si mal famée, si coupée de fondrières, si dure aux piétons, chevaux et carrosses; elle ne vient de nulle part et ne mène à rien; mais je n'ai pas le moyen d'en acheter une meilleure. Chaque chemin un peu fréquenté a sa compagnie. Les fainéants qui travaillent s'imaginent que tout est roses dans la vie du voleur; il y a beaucoup de chardons. Je voudrais bien être honnête; mais comment me présenter aux portes des villes avec une mine si truculente et une toilette si sauvagement déguenillée! Les dogues me sauteraient aux jambes et les sergents au collet, si j'en avais un. Voilà mon coup manqué, un coup bien machiné, monté bien soigneusement, qui devait me faire vivre deux mois et me donner de quoi acheter une capeline à cette pauvre Chiquita. Je n'ai pas de bonheur, et suis né sous une étoile enragée. Hier, j'ai dîné en serrant ma ceinture d'un cran. Votre courage intempestif m'ôte le pain de la bouche, et puisque je n'ai pu vous voler, au moins faites-moi l'aumône.

— C'est juste, répondit le Tyran, nous t'empêchons d'exercer ton industrie, et nous te devons un dédommagement. Tiens, voilà deux pistoles pour boire à notre santé. »

Isabelle prit dans le chariot un grand morceau d'étoffe dont elle fit présent à Chiquita. « Oh! c'est le collier de grains blancs que je voudrais, » dit l'enfant avec un regard d'ardente convoitise. La comédienne le défit et le passa au cou de la petite voleuse éperdue et ravie. Chiquita roulait en silence les grains blancs sous ses doigts brunis, penchant la tête et tâchant d'apercevoir le collier sur sa petite poitrine maigre, puis elle releva brusquement sa tête, secoua ses cheveux en arrière, fixa ses yeux étincelants sur Isabelle, et dit avec un accent profond et singulier :

« Vous êtes bonne; je ne vous tuerai jamais! »

D'un bond, elle franchit le fossé, courut jusqu'à un petit tertre où elle s'assit, contemplant son trésor.

Pour Agostin, après avoir salué, il ramassa ses mannequins démantibulés, les reporta dans la sapinière, et les inhuma de nouveau pour une meilleure occasion. Le chariot que le bouvier avait rejoint, car à la détonation de l'arquebuse il s'était bravement enfui, laissant ses voyageurs se débrouiller comme ils l'entendraient, se remit pesamment en marche.

La duègne retira les doublons de ses souliers et les réintégra mystérieusement au fond de sa pochette.

« Vous vous êtes conduit comme un héros de roman, dit Isabelle à Sigognac, et sous votre sauvegarde on voyage en sûreté; comme vous avez bravement poussé ce bandit que vous deviez croire soutenu par une bande bien armée!

— Ce péril était bien peu de chose, à peine une algarade, répondit modestement le Baron; pour vous protéger je fendrais des géants du crâne à la ceinture, je mettrais en déroute tout un ost de Sarrasins, je combattrais parmi des tourbillons de flamme et de fumée des orques, des endriagues et des dragons, je traverserais des forêts magiques, pleines d'enchantements, je descendrais aux enfers comme Énéas et sans rameau d'or. Aux rayons de vos beaux yeux tout me deviendrait facile, car votre présence ou votre pensée seulement m'infuse quelque chose de surhumain. »

Cette rhétorique était peut-être un peu exagérée, et, comme dirait Longin, asiatiquement hyperbolique, mais elle était sincère. Isabelle ne douta pas un instant que Sigognac n'accomplît en son honneur toutes ces fabuleuses prouesses, dignes d'Amadis des Gaules, d'Esplandion et de Florimart d'Hyrcanie. Elle avait raison; le sentiment le plus vrai dictait ces emphases au Baron, d'heure en heure plus épris. L'amour ne trouve jamais pour s'exprimer de termes assez forts. Sérafine, qui avait entendu les phrases de Sigognac, ne put s'empêcher de sourire, car toute jeune femme trouve volontiers ridicules les protestations d'amour qu'on adresse à une autre, et qui, en changeant de route, lui sembleraient les plus naturelles du monde. Elle eut un instant l'idée d'essayer le pouvoir de ses charmes et de disputer Sigognac à son amie; mais cette velléité dura peu. Sans être précisément intéressée, Sérafine se disait que la beauté était un diamant qui devait être enchâssé dans l'or. Elle possédait le diamant, mais l'or manquait, et le Baron était si désastreusement râpé, qu'il ne pouvait fournir ni la monture, ni même l'écrin. La grande coquette rengaîna donc l'œillade préparée, se disant que de telles amourettes étaient bonnes seulement pour des ingénues, et non pour des premeirs rôles, et elle reprit sa mine détachée et sereine.

Le silence s'établit dans le chariot, et le sommeil commençait à jeter du sable sous les paupières des voyageurs, lorsque le bouvier dit :

« Voilà le château de Bruyères! »

V

CHEZ MONSIEUR LE MARQUIS

Aux rayons d'une belle matinée, le château de Bruyères se développait de la façon la plus avantageuse du monde. Les domaines du marquis, situés sur l'ourlet de la lande, se trouvaient en pleine terre végétale, et le sable infertile poussait ses dernières vagues blanches contre les murailles du parc. Un air de prospérité, formant un parfait contraste avec la misère des alentours, réjouissait agréablement la vue dès qu'on y mettait le pied ; c'était comme une île Macarée au milieu d'un océan de désolation.

Un saut-de-loup, revêtu d'un beau parement de pierre, déterminait l'enceinte du château sans le masquer. Dans un fossé miroitait en carreaux verts une eau brillante et vive dont aucune herbe aquatique n'altérait la pureté, et qui témoignait d'un soigneux entretien. Pour la traverser se présentait un pont de briques et de pierre assez large pour que deux carrosses y pussent rouler de front, et garni de garde-fous à balustres. Ce pont aboutissait à une magnifique grille en fer battu, vrai monument en serrurerie que l'on aurait cru façonné du propre marteau de Vulcain. Les portes s'accrochaient à deux piliers de matal quadrangulaires, travaillés et fouillés à jour, simulant un ordre d'architecture et portant une architrave au-dessus de laquelle s'épanouissait un buisson de rinceaux contournés, d'où partaient des feuillages et des fleurs se recourbant avec des symétries antithétiques. Au centre de ce fouillis ornemental rayonnait le blason du marquis, qui portait d'or à la fasce bretessée et contre-bretessée de gueules, avec deux hommes sauvages pour support. De chaque côté de la grille se hérissaient sur des volutes en accolades pareilles à ces traits de plume que les calligraphes tracent sur le vélin, des artichauts de fer aux feuilles aiguës, destinés à empêcher les maraudeurs agiles de sauter du pont sur le terre-plein intérieur par les angles de la grille. Quelques fleurs et quelques ornements dorés, se mêlant d'une manière discrète à la sévérité du métal, ôtaient à cette serrurerie son aspect défensif pour ne lui laisser qu'une apparence de richesse élégante. C'était une entrée presque royale, et quand un valet à la livrée du marquis en eut ouvert les portes, les bœufs qui traînaient le chariot hésitèrent à la franchir, comme éblouis par ces magnificences et honteux de leur rusticité. Il fallut une piqûre d'aiguillon pour les décider. Ces braves bêtes trop modestes ne savaient pas que labourage est nourricier de noblesse.

En effet, par une grille semblable, il n'eût dû entrer que des carrosses à trains dorés, à caisses drapées de velours, à portières avec glaces de Venise ou mantelets en cuir de Cordoue; mais la comédie a ses priviléges, et le char de Thespis pénètre partout.

Une allée sablée de la largeur du pont conduisait au château, traversant un jardin ou parterre planté selon la dernière mode. Des bordures de buis rigoureusement taillées y dessinaient des cadres où se déployaient, comme sur une pièce de damas, des ramages de verdure d'une symétrie parfaite. Les ciseaux du jardinier ne permettaient pas à une feuille de dépasser l'autre, et la nature, malgré ses rébellions, était obligée de s'y faire l'humble servante de l'art. Au milieu de chaque compartiment, se dressait dans une attitude mythologique et galante, une statue de déesse ou de nymphe en style flamand italianisé. Des sables de diverses couleurs servaient de fond à ces dessins végétaux qu'on n'eût pas plus régulièrement tracés sur le papier.

A la moitié du jardin une allée de même largeur se croisait avec la première, non pas à angles droits, mais en aboutissant à une sorte de rond-point dont le centre était occupé par une pièce d'eau, ornée d'une rocaille servant de piédestal à un Triton enfant qui soufflait une fusée de cristal liquide avec sa conque.

Sur les côtés du parterre régnaient des charmilles palissadées, tondues à vif et que l'automne commençait à dorer. Une industrie savante avait fait de ces arbres, qu'il eût été difficile de reconnaître pour tels, un portique à arcades qui laissaient par leurs baies apercevoir des perspectives et des fuites ménagées à souhait pour le plaisir des yeux sur les campagnes environnantes.

Le long de l'allée principale, des ifs taillés en pyramides, en boules, en pots à feu, alternés de distance en distance, découpaient leur feuillage sombre toujours vert et se tenaient rangés comme une haie de serviteurs sur le passage des hôtes.

Toutes ces magnificences émerveillaient au plus haut degré les pauvres comédiens, qui, rarement, avaient été admis en de pareils séjours. Sérafine, guignant ces splendeurs du coin de l'œil, se promettait bien de couper l'herbe sous le pied à la Soubrette et de ne pas permettre à l'amour du marquis de déroger; cet Alcandre lui semblait revenir de droit à la grande coquette. Depuis quand voit-on la suivante avoir la préséance sur la dame? La Soubrette, sûre de ses charmes, niés des femmes mais reconnus des hommes sans conteste, se regardait déjà presque comme chez elle, non sans raison; elle se disait que le marquis l'avait particulièrement distinguée, et que d'une œillade assassine adressée en plein cœur lui venait subitement ce goût de comédie. Isabelle, qu'aucune visée ambitieuse ne préoccupait, tournait la tête vers Sigognac assis derrière elle dans le chariot, où une sorte de pudeur l'avait fait se réfugier, et de son vague et charmant sourire elle cherchait à dissiper l'involontaire mélancolie du Baron. Elle sentait que le contraste du riche château de Bruyères et du misérable castel de Sigognac devait produire une impression douloureuse sur l'âme du pauvre gentilhomme, réduit par la mauvaise fortune à suivre les aventures d'une charretée de comédiens errants, et avec son doux instinct de femme, elle jouait tendrement autour de ce brave cœur blessé, digne en tout point d'une meilleure chance.

Le Tyran remuait dans sa tête, comme des billes dans un sac, le chiffre des pistoles qu'il demanderait pour gage de sa troupe, ajoutant un zéro à chaque tour de roue. Blazius le Pédant, passant sa langue de Silène sur ses lèvres altérées d'une soif inextinguible, songeait libidineusement aux muids, quartauts et poinçons de vin des meilleurs crus que devaient contenir les celliers du château. Le Léandre, raccommodant d'un petit peigne d'écaille l'économie un peu compromise de sa perruque, se demandait, avec un battement de cœur, si ce féerique manoir renfermait une châtelaine. Question d'importance! Mais la mine hautaine et bravache, quoique joviale du marquis, modérait un peu les audaces qu'il se permettait déjà en imagination.

Rebâti à neuf sous le règne précédent, le château de Bruyères se déployait en perspective au bout du jardin dont il occupait presque toute la largeur. Le style de son architecture rappelait celui des hôtels de la place Royale de Paris. Un grand corps de logis et deux ailes revenant en équerre, de façon à former une cour d'honneur, composaient une ordonnance fort bien entendue et majestueuse sans ennui. Les murs de briques rouges reliés aux angles de chaînes en pierre faisaient ressortir les cadres des fenêtres également taillés dans une belle pierre blanche. Des linteaux de même matière accusaient la division des étages au nombre de trois. Au claveau des fenêtres, une tête de femme sculptée, à joues rebondies, à coiffure attifée oquettement, souriait d'un air de bonne humeur et de bienvenue. Des balustres pansus soutenaient l'appui des balcons. Les vitres nettes, brillantes, laissaient, à travers la scintillation du soleil levant qu'elles réfléchissaient, transparaître vaguement d'amples rideaux de riches étoffes.

Pour rompre la ligne du corps de logis central, l'architecte, habile élève d'Androuet du Cerceau, avait projeté en saillie une sorte de pavillon plus orné que le reste de l'édifice et contenant la porte d'entrée où l'on accédait par un perron. Quatre colonnes couplées d'ordre rustique, aux assises alternativement rondes et carrées, ainsi qu'on en voit dans les peintures du sieur Pierre-Paul Rubens, si fréquemment employé par la reine Marie de Médicis, supportaient une corniche blasonnée, comme la grille, des armes du marquis et formant la plate-forme d'un grand balcon à balustrade de pierre, sur lequel s'ouvrait la maîtresse fenêtre du grand salon. Des bossages vermiculés à refends ornaient les jambages et l'arcade de la porte fermée de deux vantaux de chêne curieusement sculpté et verni dont les ferrures luisaient comme de l'acier ou de l'argent.

Les hauts toits d'ardoises délicatement imbriquées et papelonnées traçaient sur le ciel clair des lignes agréablement correctes, qu'interrompaient avec symétrie de grands corps de cheminées, sculptés sur chaque face de trophées et autres attributs. De gros bouquets de plomb d'un enjolivement touffu se dressaient à chaque angle de ces toits d'un bleu violâtre, où par places luisait joyeusement le soleil. Des cheminées, quoiqu'il fût de bonne heure et que la saison n'exigeât pas encore rigoureusement du feu, s'échappaient de petites vrilles de fumée légère, témoignant d'une vie heureuse, abondante, active. Dans cette abbaye de Thélème les cuisines étaient déjà éveillées. Montés sur des chevaux robustes, des gardes-chasse apportaient du gibier pour le repas du jour; les tenanciers amenaient des provisions que recevaient des officiers de bouche. Des laquais traversaient la cour, allant porter ou exécuter des ordres.

Rien n'était plus gai à l'œil que l'aspect de ce château, dont les murs de briques et de pierres neuves semblaient avoir les couleurs dont la santé fleurit un visage bien portant. Il donnait l'idée d'une prospérité ascendante, en plein accroissement, mais non subite comme il plaît aux caprices de la Fortune, en équilibre sur sa roue d'or qui tourne, d'en distribuer à ses favoris d'un jour. Sous ce luxe neuf se sentait une richesse ancienne.

Un peu en arrière du château, de chaque côté des ailes, s'arrondissaient de grands arbres séculaires, dont les cimes se nuançaient de teintes safranées, mais dont le feuillage inférieur gardait encore de vigoureuses frondaisons. C'était le parc qui s'étendait au loin, vaste, ombreux, profond, seigneurial, attestant la prévoyance et la richesse des ancêtres. Car l'or peut faire pousser rapidement des édifices, mais il ne saurait accélérer la croissance des arbres, dont peu à peu les rameaux s'augmentent comme ceux de l'arbre généalogique des maisons qu'ils couvrent et protégent de leur ombre.

Certes le bon Sigognac n'avait jamais senti les dents venimeuses de l'envie mordre son honnête cœur et y infiltrer ce poison vert qui bientôt s'insinue dans les veines, et, charrié avec le sang jusques au bout des plus minces fibrilles, finit par corrompre les meilleurs caractères du monde. Cependant il ne put refouler tout à fait un soupir en songeant qu'autrefois les Sigognac avaient le pas sur les Bruyères, pour être de noblesse plus antique et déjà notoire au temps de la première croisade. Ce château frais, neuf, pimpant, blanc et vermeil comme les joues d'une jeune fille, adorné de toutes recherches et magnificences, faisait une satire involontairement cruelle du pauvre manoir délabré, effondré, tombant en ruine au milieu du silence et de l'oubli, nid à rats, perchoir de hiboux, hospice d'araignées, près de s'écrouler sur son maître désastreux qui l'avait quitté au dernier moment, pour ne pas être écrasé sous sa chute. Toutes les années d'ennui et de misère que Sigognac y avait passées défilèrent devant ses yeux, les cheveux souillés de cendre, couvertes de livrées grises, les bras ballants, dans une attitude de désespérance profonde et la bouche contractée par le rictus du bâillement. Sans le jalouser, il ne pouvait s'empêcher de trouver le marquis bien heureux.

En s'arrêtant devant le perron, le chariot tira Sigognac de cette rêverie qui n'avait rien de fort réjouissant. Il chassa du mieux qu'il put ces mélancolies intempestives, résorba, par un effort de courage viril, une larme qui germait furtivement au coin de son œil, et sauta à terre d'une façon délibérée pour tendre la main à l'Isabelle et aux comédiennes embarrassées de leurs jupes que le vent matinal faisait ballonner.

Le marquis de Bruyères, qui de loin avait vu venir le cortège comique, était debout sur le perron du château, en veste de velours tanné et chausses de même, bas de soie gris et souliers blancs à bout carré, le tout galamment passementé de rubans assortis. Il descendit quelques marches de l'escalier en fer à cheval, comme un hôte poli qui ne regarde pas de trop près à la condition de ses invités; d'ailleurs la présence du baron de Sigognac dans la troupe pouvait à la rigueur justifier cette condescendance. Il s'arrêta au troisième degré, ne jugeant pas digne d'aller plus loin, il fit de là, aux comédiens, un signe de main amical et protecteur.

En ce moment la Soubrette présenta à l'ouverture de la banne sa tête maligne et futée, qui se détachait du fond obscur étincelante de lumière, d'esprit et d'ardeur. Ses yeux et sa bouche lançaient des éclairs. Elle se penchait, à demi sortie du chariot, appuyée des mains à la traverse de bois, laissant voir un peu de sa gorge par le pli relâché de sa guimpe, et comme attendant que l'on vînt à son secours. Sigognac, occupé d'Isabelle, ne faisait pas attention au feint embarras de la rusée coquine, qui leva vers le marquis un regard lustré et suppliant.

Le châtelain de Bruyères entendit cet appel. Il franchit vivement les dernières marches de l'escalier et s'approcha du chariot pour accomplir ses devoirs de cavalier servant, le poing tendu, le pied avancé en danseur. D'un mouvement leste et coquet comme celui d'une jeune chatte, la soubrette s'élança au bord du char, hésita un instant, feignit de perdre l'équilibre, entoura de son bras le col du marquis et descendit à terre avec une légèreté de plume, imprimant à peine sur le sable ratissé la marque de ses petits pieds d'oiseau.

« Excusez-moi, dit-elle au marquis, en simulant une confusion qu'elle était loin d'éprouver, j'ai cru que j'allais tomber et je me suis retenue à la branche de votre col; quand on se noie ou qu'on tombe, on se rattrape où l'on peut. Une chute, d'ailleurs, est chose grave et de mauvais augure pour une comédienne.

— Permettez-moi de considérer ce petit accident comme une faveur, » répondit le seigneur de Bruyères, tout ému d'avoir senti contre son sein la poitrine savamment palpitante de la jeune femme.

Sérafina, la tête à demi tournée sur l'épaule et la prunelle glissée dans le coin externe de l'œil, avait vu cette scène presque de dos, avec cette perspicacité jalouse des rivales à qui rien n'échappe, et qui vaut les cent yeux d'Argus. Elle ne put s'empêcher de se mordre la lèvre. Zerbine (c'était le nom de la Soubrette), par un coup familièrement hardi, s'était poussée dans l'intimité du marquis et se faisait, pour ainsi dire, faire les honneurs du château au détriment des grands rôles et des premiers emplois; énormité

damnable et subversive de toute hiérarchie théâtrale!
« Ardez un peu cette mauricaude, il lui faut des marquis pour l'aider à descendre de charrette, » fit intérieurement la Sérafine dans un style peu digne du ton maniéré et précieux qu'elle affectait en parlant; mais le dépit, entre femmes, emploie volontiers les métaphores de la halle et de la grève, fussent-elles duchesses ou grandes coquettes.

« Jean, dit le marquis à un valet qui sur un geste du maître s'était approché, faites remiser ce chariot dans la cour des communs et déposer les décorations et accessoires qu'il contient bien à l'abri sous quelque hangar; dites qu'on porte les malles de ces messieurs et de ces dames aux chambres désignées par mon intendant et qu'on leur donne tout ce dont ils pourraient avoir besoin. J'entends qu'on les traite avec respect et courtoisie. Allez. »

Ces ordres donnés, le seigneur de Bruyères remonta gravement le perron, non sans avoir lancé, avant de disparaître sous la porte, un coup d'œil libertin à Zerbine, qui lui souriait d'une façon beaucoup trop avenante au gré de donna Sérafina, outrée de l'impudence de la Soubrette.

Le char à bœufs accompagné du Tyran, du Pédant et du Scapin, se dirigea vers une arrière-cour, et avec l'aide des valets du château on eut bientôt extrait du coffre de la voiture une place publique, un palais et une forêt sous forme de trois longs rouleaux de vieille toile; on en sortit aussi des chandeliers de modèle antique pour les hymens, une coupe de bois doré, un poignard de fer-blanc rentrant dans le manche, des écheveaux de fil rouge destinés à simuler le sang des blessures, une fiole à poison, une urne à contenir des cendres et autres accessoires indispensables aux dénoûments tragiques.

Un chariot comique contient tout un monde. En effet, le théâtre n'est-il pas la vie en raccourci, le véritable microcosme que cherchent les philosophes en leurs rêvasseries hermétiques? Ne renferme-t-il pas dans son cercle l'ensemble des choses et les diverses fortunes humaines représentées au vif par fictions congruantes? Ces tas de vieilles hardes usées, poussiéreuses, tachées d'huile et de suif, passementées de faux or rougi, ces ordres de chevalerie en paillon et cailloux du Rhin, ces épées à l'antique au fourreau de cuivre, à la lame de fer émoussé, ces casques et diadèmes de forme grégeoise ou romaine ne sont-ils pas comme la friperie de l'humanité où se viennent revêtir de costumes pour revivre un moment, à la lueur des chandelles, les héros des temps qui ne sont plus? Un esprit ravalé et bourgeoisement prosaïque n'eût fait qu'un cas fort médiocre de ces pauvres richesses, de ces misérables trésors dont le poëte se contente pour habiller sa fantaisie et qui lui suffisent avec l'illusion des lumières jointe au prestige de la langue des dieux à enchanter les plus difficiles spectateurs.

Les valets du marquis de Bruyères, en laquais de bonne maison aussi insolents que des maîtres, touchaient du bout des doigts et avec un air de mépris ces guenilles dramatiques qu'ils aidaient à ranger sous le hangar, les plaçant d'après les ordres du Tyran, régisseur de la troupe; ils se trouvaient un peu dégradés de servir des histrions, mais le marquis avait parlé; il fallait obéir, car il n'était point tendre à l'endroit des rébellions, et il se montrait d'une générosité asiatique en fait d'étrivières.

D'un air aussi respectueux que s'il eût eu affaire à des rois et princesses véritables, l'intendant vint, la barrette à la main, prendre les comédiens et les conduire à leurs logements respectifs. Dans l'aile gauche du château se trouvaient les appartements et chambres destinés aux visiteurs de Bruyères. Pour y parvenir, on montait de beaux escaliers aux marches de pierre blanche poncée avec paliers et repos bien ménagés; on suivait de longs corridors dallés en quadrillage blanc et noir, éclairés d'une fenêtre à chaque bout sur lesquels s'ouvraient les portes des chambres désignées d'après la couleur de leur tenture que répétaient les rideaux de la portière extérieure pour que chaque hôte pût aisément reconnaître son gîte. Il y avait la chambre jaune, la chambre rouge, la chambre verte, la chambre bleue, la chambre grise, la chambre tannée, la chambre de tapisserie, la chambre de cuir de Bohême, la chambre boisée, la chambre à fresques et telles autres appellations analogues qu'il vous plaira d'imaginer, car une énumération plus longue serait par trop fastidieuse et sentirait plutôt son tapissier que son écrivain.

Toutes ces chambres étaient meublés fort proprement et garnies non-seulement du nécessaire, mais encore de l'agréable. A la soubrette Zerbine échut la chambre de tapisserie, une des plus galantes pour les amours et mythologies voluptueuses dont la haute lice était historiée; Isabelle eut la chambre bleue, cette couleur seyant aux blondes; la rouge fut pour Sérafine, et la tannée reçut la duègne, comme assortie à l'âge de la compagnonne par la sévérité refrognée de la nuance. Sigognac fut installé dans la chambre tendue en cuir de Bohême non loin de la porte d'Isabelle, attention délicate du marquis; ce logis assez magnifique ne se donnait qu'aux hôtes d'importance, et le châtelain de Bruyères tenait à traiter particulièrement parmi ces baladins un homme de naissance, et à lui prouver qu'il en faisait estime, tout en respectant le mystère de son incognito. Le reste de la troupe, le Tyran, le Pédant, le Scapin, le Matamore et le Léandre, furent distribués dans les autres logis.

Sigognac mis en possession de son gîte où l'on avait déposé son mince bagage, tout en réfléchissant à la bizarrerie de sa situation, regardait d'un œil surpris, car jamais il ne s'était trouvé en pareille fête, l'appartement qu'il devait occuper pendant son séjour au château. Les murailles, comme le nom de la chambre l'indiquait, étaient tapissées de cuir de Bohême gaufré de fleurs chimériques et de ramages extravagants découpant sur un fond de vernis d'or leurs corolles, rinceaux et feuilles enluminées de couleurs à reflets métalliques luisant comme du paillon. Cela formait une tenture aussi riche que propre descendant de la corniche, jusqu'à un lambris de chêne noir très-bien divisé en panneaux, losanges et caissons.

Les rideaux des fenêtres étaient de brocatelle jaune et rouge rappelant le fond de la tenture et la couleur dominante des fleurs. Cette même brocatelle formait la garniture du lit, dont le chevet s'appuyait au mur et dont les pieds s'allongeaient dans la salle de manière à former ruelle de chaque côté. Les portières ainsi que les meubles étaient d'une étoffe semblable et de nuances assorties.

Des chaises à dossier carré, à pieds tournés en spirale, étoilées de clous d'or et frangées de crépine; des fauteuils ouvrant leurs bras bien rembourrés s'étalaient le long des boiseries dans l'attente de visiteurs et marquaient auprès de la cheminée la place des causeries intimes. Cette cheminée, en marbre sérancolin blanc et tacheté de rouge, était haute, ample et profonde. Un feu réjouissant par cette fraîche matinée y flambait fort à propos, éclairant de son reflet joyeux une plaque aux armes du marquis de Bruyères. Sur le chambranle, une petite horloge, figurant un pavillon dont le timbre simulait le dôme, indiquait l'heure sur son cadran d'argent niellé, évidé au milieu et laissant voir la complication intérieure des rouages.

Une table, à pieds tordus en colonnes salomoniques et recouverte d'un tapis de Turquie, occupait le centre de la chambre. Devant la fenêtre une toilette inclinait son miroir de Venise à biseaux sur une nappe de guipure garnie de tout le coquet arsenal de la galanterie.

En se considérant dans cette pure glace, curieusement encadrée d'écaille et d'étain, notre pauvre Baron ne put s'empêcher de se trouver fort mal en point et dépenaillé d'une manière lamentable. L'élégance de la chambre, la nouveauté et la fraîcheur des objets dont il était entouré rendaient encore plus sensibles le ridicule et le délabrement de son costume déjà hors de mode avant le meurtre du feu roi. Une faible rougeur, quoiqu'il fût seul, passa sur les joues maigres du Baron. Jusqu'alors il n'avait trouvé sa misère que déplorable, maintenant elle lui semblait grotesque, et pour la première fois il en eut honte. Sentiment peu philosophique, mais excusable chez un jeune homme.

Voulant s'ajuster un peu mieux, Sigognac défit le paquet où Pierre avait renfermé les minces hardes que possédait son maître. Il déplia les diverses pièces de vêtement qu'il contenait, et ne trouva rien à sa guise. Tantôt le pourpoint était trop long, tantôt le haut-de-chausses trop court. Les saillies des coudes et des genoux, offrant plus de prise aux frottements, se marquaient par des plaques râpées jusqu'à la corde. Entre les morceaux disjoints les coutures riaient aux éclats et montraient leurs dents de fil. Des reprises perdues, mais retrouvées depuis longtemps, bouchaient les trous avec des grillages compliqués comme ceux des judas de prison ou de portes espagnoles. Fanées par le soleil, l'air et la pluie, les couleurs de ces guenilles étaient devenues si indécises qu'un peintre eût eu de la peine à les désigner de leur nom propre. Le linge ne valait guère mieux. Des lavages nombreux l'avaient réduit à l'expression la plus ténue. C'étaient des ombres de chemises plutôt que des chemises réelles. On les eût dites taillées dans les toiles d'araignée du manoir. Pour comble de malheur, les rats, ne trouvant rien au garde-manger, en avaient rongé quelques-unes des moins mauvaises, y pratiquant avec leurs incisives autant de jours qu'à un collet de guipure, ornement intempestif dont se fût bien passée la garde-robe du pauvre Baron.

Cette inspection mélancolique absorbait si fort Sigognac, qu'il n'entendit pas un coup discrètement frappé à la porte qui s'entrebâilla, livrant passage d'abord à la tête enluminée, puis au corps obèse de messer Blazius, lequel pénétra dans la chambre avec force révérences exagérées et servilement comiques ou comiquement serviles, dénotant un respect moitié réel, moitié feint.

Quand le Pédant arriva près de Sigognac, celui-ci tenait par les deux manches et présentait à la lumière une chemise fenestrée comme la rose d'une cathédrale, et il secouait la tête d'un air piteusement découragé.

« Corbacche! dit le Pédant, dont la voix fit tressaillir le Baron surpris, cette chemise a la mine vaillante et triomphale. On dirait qu'elle est montée à l'assaut de quelque place forte sur la propre poitrine du dieu Mars, tant elle est criblée, perforée, ajourée glorieusement par mousquetades, carreaux, dards, flèches et autres armes de jet. Il n'en faut pas rougir, Baron; ces trous sont des bouches par lesquelles se proclame l'honneur, et telle toile de frise ou de Hollande toute neuve et godronnée à la dernière mode de la cour cache souvent l'infamie d'un bélître parvenu, concussionnaire et simoniaque ; plusieurs héros considérables, dont l'histoire rapporte au long les gestes, n'étaient point trop bien fournis en linge, témoin Ulysse, personnage grave, prudent et subtil, lequel se présenta, vêtu seulement d'une poignée d'herbes marines, à la tant belle princesse Nausicaa, comme il appert en l'Odyssée du sieur Homérus.

— Par malheur, répondit Sigognac au Pédant, mon cher Blazius, je ne ressemble à ce brave Grec, roi d'Ithaque, que par le manque de chemises. Mes exploits antérieurs ne compensent point ma misère présente. L'occasion a fait défaut à ma vaillance, et je doute que je sois jamais chanté des poëtes, en vers hexamétriques. J'avoue que cela me fâche étrangement, bien que l'on ne doive pas avoir vergogne d'une pauvreté honorable, de paraître ainsi accoutré parmi cette compagnie. Le marquis de Bruyères m'a bien reconnu, quoiqu'il n'en ait fait montre, et il peut trahir mon secret.

— Cela est, en effet, on ne peut plus fâcheux, répliqua le Pédant, mais il y a remède à tout, fors à la mort, comme dit le proverbe. Nous autres, pauvres comédiens, ombres de la vie humaine et fantômes des personnages de toute condition, à défaut de l'*être*, nous avons au moins le *paraître*, qui lui ressemble comme le reflet ressemble à la chose. Quand il nou plaît, grâce à notre garde-robe où sont tous nos royaumes, patrimoines et seigneuries, nous prenons l'apparence de princes, hauts barons, gentilshommes de fière allure et de galante mine. Pour quelques heures nous égalons en bravoure d'ajustements ceux qui s'en piquent le plus : les blondins et petits-maîtres imitent nos élégances empruntées que de fausses ils font réelles, substituant le drap fin à la serge, l'or au clinquant, le diamant à la marcassite, car le théâtre est école de mœurs et académie de la mode. En ma qualité de costumier de la troupe, je sais faire d'un pleutre un Alexandre, d'un pauvre diable recru de fortune un riche seigneur, d'une coureuse une grande dame, et, si vous ne le trouvez point mauvais, j'userai de mon industrie à votre endroit. Puisque vous avez bien voulu suivre notre sort vagabond, usez du moins de nos ressources. Quittez cette livrée de mélancolie et de misère qui obombre vos avantages naturels et vous inspire une injuste défiance de vous-même. J'ai précisément en réserve dans un coffre un habit fort propre en velours noir avec des rubans feu, qui ne sent point son théâtre et que pourrait porter un homme de cour, car c'est aujourd'hui une fantaisie fréquente chez les auteurs et poëtes de mettre à la scène des aventures du temps, sous noms supposés, qui exigent des habits d'honnêtes gens et non de baladins extravagamment déguisés à l'antique ou à la romanesque. J'ai la chemisette, les bas de soie, les souliers à bouffettes, le manteau, tous les accessoires du costume qui semble taillé exprès sur votre moule comme par prévision de l'aventure. Rien n'y manque, pas même l'épée.

— Oh! pour cela, il n'est besoin, dit Sigognac, avec un geste hautain où reparaissait toute la fierté du noble qu'aucune infortune ne peut abattre. J'ai celle de mon père.

— Conservez-la précieusement, répondit Blazius, une épée est une amie fidèle, gardienne de la vie et de l'honneur de son maître. Elle ne l'abandonne pas en désastres, périls et mauvaises rencontres, comme font les flatteurs, vile engeance parasite de la prospérité. Nos glaives de théâtre n'ont ni fil ni pointe, car ils ne doivent porter que de feintes blessures dont on se guérit subitement à la fin de la pièce, et cela sans onguent, charpie ou thériaque. Celle-là vous saura défendre au besoin comme elle l'a déjà fait quand le bandit aux mannequins fit cette équipée de grande route effroyable et risible. Mais souffrez que j'aille chercher les nippes au fond de la malle qui les cèle; il me tarde de voir la chrysalide se muer en papillon. »

Ces paroles débitées avec l'emphase grotesque qui lui était habituelle et qu'il transportait de ses rôles dans la vie ordinaire, le Pédant sortit de la chambre et revint bientôt portant entre les bras un paquet assez volumineux enveloppé d'une serviette et qu'il posa respectueusement sur la table.

« Si vous voulez accepter un vieux pédant de comédie pour valet de chambre, dit Blazius en se frottant les mains d'un air de contentement, je vais vous adoniser et calamistrer de la belle façon. Toutes les dames raffoleront de vous incontinent; car, soit dit sans faire injure à la cuisine de Sigognac, vous avez assez jeûné dans votre Tour de la Faim pour avoir la vraie physionomie d'un mourant d'amour. Les femmes ne croient qu'aux passions maigres; les ventripotents ne les persuadent point, eussent-ils en la bouche les chaînes dorées, symboles d'éloquence, qui suspendaient nobles, bourgeois, manants, aux lèvres d'Ogmios, l'Hercule gaulois. C'est pour cette raison et non pour une autre que j'ai médiocrement réussi auprès du beau sexe et me suis rejeté de bonne heure sur la dive bouteille, laquelle ne fait point tant la renchérie et accueille favorablement les gros hommes, comme muids de capacité plus vaste. »

C'est ainsi que l'honnête Blazius tâchait d'égayer, tout en l'habillant, le baron de Sigognac, car la volubilité de sa langue n'ôtait rien à l'activité de ses mains; même au risque d'être taxé de bavard ou de fâcheux, il préférait étourdir le jeune gentilhomme d'un flux de paroles à le laisser sous le poids de réflexions pénibles.

La toilette du Baron fut bientôt achevée, car le théâtre, exigeant des changements rapides de costume, donne beaucoup de dextérité aux comédiens en ces sortes de métamorphoses. Blazius, content de sa besogne, mena par le bout du petit doigt, comme on mène une jeune épousée à l'autel, le baron de Sigognac devant la glace de Venise posée sur la table et lui dit: « Maintenant daignez jeter un coup d'œil sur Votre Seigneurie. »

Sigognac aperçut dans le miroir une image qu'il prit d'abord pour celle d'une autre personne, tant elle différait de la sienne. Involontairement il retourna la tête et regarda par-dessus son épaule pour voir s'il n'y avait pas par hasard quelqu'un derrière lui. L'image imita son mouvement. Plus de doute, c'était bien lui-même : non plus le Sigognac hâve, triste, lamentable, presque ridicule à force de misère, mais un Sigognac jeune, élégant, superbe, dont les vieux habits abandonnés sur le plancher ressemblaient à ces peaux grises et ternes que dépouillent les chenilles lorsqu'elles s'envolent vers le soleil, papillons aux ailes d'or, de cinabre et de lapis. L'être inconnu, prisonnier dans cette enveloppe de délabrement, s'était dégagé soudain et rayonnait sous la pure lumière tombant de la fenêtre comme une statue dont on vient d'enlever le voile en quelque inauguration publique. Sigognac se voyait tel qu'il s'était quelquefois apparu en rêve, acteur et spectateur d'une action imaginaire se passant dans son château rebâti et orné par les habiles architectes du songe pour recevoir une infante adorée arrivant sur une haquenée blanche. Un sourire de gloire et de triomphe voltigea quelques secondes comme une lueur de pourpre sur ses lèvres pâles, et sa jeunesse enfouie si longtemps sous le malheur reparut à la surface de ses traits embellis.

Blazius, debout près de la toilette, contemplait son ouvrage, se reculant pour mieux jouir du coup d'œil, comme un peintre qui vient de donner la dernière touche à un tableau dont il est satisfait.

« Si, comme je l'espère, vous vous poussez à la cour et recouvrez vos biens, donnez-moi pour retraite le gouvernement de votre garde-robe, dit-il en singeant la courbette d'un solliciteur devant le Baron transformé.

— Je prends note de la requête, répondit Sigognac avec un sourire mélancolique ; vous êtes, messer Blazius, le premier être humain qui m'ayez demandé quelque chose.

— On doit, après le dîner qui nous sera servi particulièrement, rendre visite à M. le marquis de Bruyères pour lui montrer la liste des pièces que nous pouvons jouer, et savoir de lui dans quelle partie du château nous dresserons le théâtre. Vous passerez pour le poëte de la troupe, car il ne manque pas par les provinces de beaux esprits qui se mettent parfois à la suite de Thalie, dans l'espoir de toucher le cœur de quelque comédienne ; ce qui est fort galant et bien porté. L'Isabelle est un joli prétexte, d'autant qu'elle a de l'esprit, de la beauté et de la vertu. Les ingénues jouent souvent plus au naturel qu'un public frivole et vain ne les suppose. »

Cela dit, le Pédant se retira, quoiqu'il ne fût pas fort coquet, pour aller vaquer à sa propre toilette.

Le beau Léandre, pensant toujours à la châtelaine, s'adonisait de son mieux, dans l'espoir de cette aventure impossible qu'il poursuivait toujours, et qui, au dire de Scapin, ne lui avait jamais valu que des déceptions et des étrivières. Quant aux comédiennes, à qui M. de Bruyères avait galamment envoyé quelques pièces d'étoffe de soie pour y lever, s'il était besoin, les habits de leurs rôles, on pense qu'elles eurent recours à toutes les ressources dont l'art se sert pour parer la nature, et se mirent sur le grand pied de guerre autant que leur pauvre garde-robe d'actrices ambulantes le leur permettait. Ces soins pris, on se rendit à la salle où le dîner était servi.

Impatient de sa nature, le marquis vint avant la fin du repas trouver les comédiens à table; il ne souffrit pas qu'ils se levassent, et quand on leur eut donné à laver, il demanda au Tyran quelles pièces il savait.

« Toutes celles de feu Hardy, répondit le Tyran de sa voix caverneuse, la *Pyrame* de Théophile, la *Silvie*, la *Chriséide* et la *Sylvanire*, la *Folie de Cardenio*, l'*Infidèle Confidente*, la *Philis de Scyre*, le *Lygdamon*, le *Trompeur puni*, la *Veuve*, la *Bague de l'oubli*, et tout ce qu'ont produit de mieux les plus beaux esprits du temps.

— Depuis quelques années je vis retiré de la cour et ne suis pas au courant des nouveautés, dit le marquis d'un air modeste; il me serait difficile de porter un jugement sur tant de pièces excellentes, mais dont la plupart me sont inconnues; m'est avis que le plus expédient serait de m'en fier à votre choix, lequel, appuyé de théorie et de pratique, ne saurait manquer d'être sage.

— Nous avons souvent joué une pièce, répliqua le Tyran, qui peut-être ne souffrirait pas l'impression, mais qui, pour les jeux de théâtre, reparties comiques, nasardes et bouffonneries, a toujours eu ce privilége de faire rire les plus honnêtes gens.

— N'en cherchez point d'autres, dit le marquis de Bruyères, et comment s'appelle ce bienheureux chef-d'œuvre?

— Les *Rodomontades du capitaine Matamore.*

— Bon titre, sur ma foi! la Soubrette a-t-elle un beau rôle? fit le marquis en lançant un coup d'œil à Zerbine.

— Le plus coquet et le plus coquin du monde, et Zerbine le joue au mieux. C'est son triomphe. Elle y fut toujours claquée, et cela sans cabale ni applaudisseurs apostés. »

A ce compliment directorial, Zerbine crut qu'il était de son devoir de rougir quelque peu, mais il ne lui était pas facile d'amener un nuage de vermillon sur sa joue brune. La modestie, ce fard intérieur, lui manquait totalement. Parmi les pots de sa toilette, il n'y avait pas de ce rouge-là. Elle baissa les yeux, ce qui fit remarquer la longueur de ses cils noirs, et elle leva la main comme pour arrêter au passage des paroles trop flatteuses pour elle, et ce mouvement mit en lumière une main bien faite, quoique un peu bise, avec un petit doigt coquettement détaché et des ongles roses qui luisaient comme des agates, car ils avaient été polis à la poudre de corail et à la peau de chamois.

Zerbine était charmante de la sorte. Ces feintes pudicités donnent beaucoup de ragoût à la dépravation véritable; elles plaisent aux libertins, bien qu'ils n'en soient pas dupes, par le piquant du contraste. Le marquis regardait la Soubrette d'un œil ardent et connaisseur, et n'accordait aux autres femmes que cette vague politesse de l'homme bien élevé qui a fait son choix.

« Il ne s'est pas seulement informé du rôle de la grande coquette, pensait la Sérafine outrée de dépit ; cela n'est pas congru, et ce seigneur, si riche de bien, me semble terriblement dénué du côté de l'esprit, de la politesse et du bon goût. Décidément il a les inclinations basses. Son séjour en province l'a gâté, et l'habitude de courtiser les maritornes et les bergères lui ôte toute délicatesse. »

Ces réflexions ne donnaient pas l'air aimable à la Sérafine. Ses traits réguliers, mais un peu durs, qui avaient besoin pour plaire d'être adoucis par la mignardise étudiée des sourires et le manége des clins d'yeux, prenaient, ainsi contractés, une sécheresse maussade. Sans doute elle était plus belle que Zerbine, mais sa beauté avait quelque chose de hautain, d'agressif et de méchant. L'amour eût peut-être risqué l'assaut. Le caprice effrayé rebroussait de l'aile.

Aussi le marquis se retira-t-il sans essayer la moindre galanterie auprès de donna Sérafina, ni d'Isabelle, qu'il regardait d'ailleurs comme engagée avec le baron de Sigognac. Avant de franchir le seuil de la porte, il dit au Tyran : « J'ai donné des ordres pour qu'on débarrassât l'orangerie, qui est la salle la plus vaste du château, afin d'y établir le théâtre ; on a dû y porter des planches, des tréteaux, des tapisseries, des banquettes, et tout ce qui est nécessaire pour arranger une représentation à l'improviste. Surveillez les ouvriers, peu experts en pareils travaux; disposez-en comme un Comite de galère de sa chiourme. Ils vous obéiront comme à moi-même. »

Le Tyran, Blazius et Scapin furent conduits à l'orangerie par un valet. C'étaient eux qui prenaient d'ordinaire ces soins d'arrangement matériels. La salle s'accommodait on ne peut mieux à une représentation théâtrale par sa forme oblongue, qui permettait de placer la scène à l'une de ses extrémités et de disposer par files dans l'espace vacant des fauteuils, chaises, tabourets et banquettes, selon le rang des spectateurs et l'honneur qu'on voulait leur faire. Les murailles en étaient peintes de treillages verts sur fond de ciel, simulant une architecture rustique avec piliers, arcades, niches, dômes, culs-de-four, le tout fort bien en perspective et guirlandé légèrement de feuillages et de fleurs pour rompre la monotonie des losanges et lignes droites. Le plafond demi-cintré représentait le vague de l'air zébré de quelques nuages blancs et virgulé d'oiseaux à couleurs vives; ce qui formait une décoration on ne peut mieux appropriée à la nouvelle destination du lieu.

Un plancher légèrement en pente fut posé sur des tréteaux à l'un des bouts de la salle. Des portants de bois destinés à soutenir les coulisses se dressèrent de chaque côté du théâtre. De grands rideaux de tapisseries, jouant sur des cordes tendues, devaient servir de toile, et en s'ouvrant se masser à droite et à gauche comme les plis d'un manteau d'arlequin. Une bande d'étoffe découpée à dents, comme la garniture d'un ciel de lit, composait la frise et achevait le cadre de la scène.

Pendant que le théâtre se bâtit, occupons-nous des habitants du château, sur lesquels il serait bon de donner quelques détails. Nous avons oublié de dire que le marquis de Bruyères était marié; il s'en souvenait si peu lui-même que cette omission doit nous être pardonnée. L'amour, comme on le pense bien, n'avait pas présidé à cette union. Un même nombre de quartiers de noblesse, des terres qui se convenaient admirablement l'avaient décidée. Après une très-courte lune de miel, se sentant peu de sympathie l'un pour l'autre, le marquis et la marquise, en gens comme il faut, ne s'étaient pas acharnés bourgeoisement à poursuivre un bonheur impossible. D'un accord tacite, ils y avaient renoncé et vivaient ensemble séparés à l'amiable, de la façon la plus courtoise du monde et avec toute la liberté que comportent les bienséances. N'allez pas croire d'après cela que la marquise de Bruyères fût une femme laide ou désagréable. Ce qui rebute le mari peut encore faire le régal de l'amant. L'amour porte un bandeau, mais l'hymen n'en a pas. D'ailleurs nous allons vous présenter à elle, afin que vous en puissiez juger par vous-même.

La marquise habitait un appartement séparé, où le marquis n'entrait pas sans se faire annoncer. Nous commettrons cette incongruité dont les auteurs de tous les temps ne se sont pas fait faute, et sans rien dire au petit laquais qui serait allé prévenir la camériste, nous pénétrerons dans la chambre à coucher, sûr de ne déranger personne. L'écrivain qui fait un roman porte naturellement au doigt l'anneau de Gygès, lequel rend invisible.

C'était une pièce vaste, haute de plafond et décorée somptueusement. Des tapisseries de Flandres, représentant les aventures d'Apollon, recouvraient les murailles de teintes chaudes, riches et moelleuses. Des rideaux de damas des Indes cramoisi tombaient à plis amples le long des fenêtres, et, traversés par un gai rayon de lumière, prenaient une transparence pourprée de rubis. La garniture du lit était de la même étoffe dont les lés accusés par des galons formaient des cassures régulières, miroitées de reflets. Un lambrequin pareil à celui des dais en entourait le ciel, orné aux quatre coins de gros panaches de plumes incarnadines. Le corps de la cheminée faisait une assez forte saillie dans la chambre, et il montait visible jusqu'au plafond enveloppé par la haute lice. Un grand miroir de Venise enrichi d'un cadre de cristal, dont les tailles et les carres scintillaient, illuminées de bluettes multicolores, se penchait de la moulure vers la chambre pour aller au-devant des figures. Sur les chenets, formés comme par une suite de renflements étranglés et surmontés d'une énorme boule de métal poli, brûlaient en pétillant trois bûches qui eussent pu servir de bûches de Noël. La chaleur qu'elles répandaient n'était pas superflue, à cette époque de l'année, dans une pièce de cette dimension.

Deux cabinets d'une curieuse architecture, avec colonnettes de lapis-lazuli, incrustations de pierres dures, et tiroirs à secrets, où le marquis ne se fût pas avisé de mettre le nez, eût-il su la manière de les ouvrir, se faisaient symétrie de chaque côté d'une toilette devant laquelle madame de Bruyères était assise sur un de ces fauteuils particuliers au règne de Louis XIII, dont le dossier présente, à la hauteur des épaules, une sorte de planchette rembourrée et garnie de crépines.

Derrière la marquise se tenaient deux femmes de chambre qui l'accommodaient, l'une offrant une pelote d'épingles et l'autre une boîte de mouches.

La marquise, bien qu'elle n'avouât que vingt-huit ans, pouvait avoir dépassé le cap de la trentaine, que les femmes ont une si naïve répugnance à franchir, comme beaucoup plus dangereux que le cap des Tempêtes dont s'épouvantent les matelots et les pilotes. De combien? personne n'eût su le dire, pas même la marquise, tant elle avait ingénieusement introduit la confusion dans cette chronologie. Les plus experts historiens en l'art de vérifier les dates n'y eussent fait que blanchir.

Madame de Bruyères était une brune dont l'embonpoint qui succède à la première jeunesse avait éclairci le teint; chez elle, les tons olivâtres de la maigreur, combattus jadis avec le blanc de perles et la poudre de talc, faisaient place à une blancheur mate, un peu maladive le jour, mais éclatante aux bougies. L'ovale de son visage s'était empâté par la plénitude des joues, sans toutefois perdre de sa noblesse. Le menton se rattachait au col au moyen d'une ligne grassouillette assez gracieuse encore. Trop busqué peut-être pour une beauté féminine, le nez ne manquait pas de fierté, et séparait deux yeux à fleur de tête, couleur tabac d'Espagne, auxquels des sourcils en arc assez éloignés des paupières donnaient un air d'étonnement.

Ses cheveux abondants et noirs venaient de recevoir les dernières façons des mains de la coiffeuse, dont la tâche avait dû être assez compliquée, à en juger par la quantité de papillotes de papier brouillard qui jonchaient le tapis autour de la toilette. Une ligne de minces boucles contournées en accroche-cœur encadraient le front et frisaient à la racine d'une masse de cheveux ramenés en arrière vers le chignon, tandis que deux énormes touffes aérées, soufflées et crespées à coups de peigne nerveux et rapides, bouffaient le long des joues qu'elles accompagnaient avec grâce. Une cocarde de rubans passementée de jayet étoffait la lourde boucle nouée sur la nuque. Les cheveux étaient une des beautés de la marquise, qui suffisait à toutes les coiffures sans avoir recours aux postiches et artifices de perruque, et pour cette cause se laissait volontiers approcher des dames et des cavaliers à l'heure où ses femmes l'ajustaient.

Cette nuque conduisait le regard par un contour plein et renflé à des épaules fort blanches et potelées, que laissait à découvert l'échancrure du corsage et où se trouvaient dans l'embonpoint deux fossettes appétissantes. La gorge, sous la pression d'un corps de baleine, tendait à rapprocher ces demi globes que les flatteurs poëtes, faiseurs de madrigaux et sonnets s'obstinent à nommer les frères ennemis, bien qu'ils se soient trop souvent réconciliés, moins farouches en cela que les frères de la Thébaïde.

Un cordonnet de soie noire, passant à travers un cœur de rubis et soutenant une petite croix de pierreries, entourait le col de la marquise, comme pour combattre les sensualités païennes éveillées par la vue de ces charmes étalés, et défendre au désir profane l'entrée de cette gorge mal fortifiée d'un frêle rempart de guipure.

Sur une jupe de satin blanc madame de Bruyères portait une robe de soie grenat foncé, relevée de rubans noirs et de passequilles en jayet, avec des poignets ou parements renversés comme les gantelets de gens d'armes.

Jeanne, une des femmes de la marquise, lui présenta la boîte à mouches, dernier complément de toilette indispensable à cette époque pour quelqu'un qui se piquait d'élégance. Madame de Bruyères en posa une vers le coin de la bouche et chercha longtemps la place de l'autre, celle qu'on nomme assassine, parce que les plus fiers courages en reçoivent des atteintes qu'ils ne sauraient parer. Les femmes de chambre, semblant comprendre combien c'était chose grave, restaient immobiles et retenaient leur souffle pour ne pas troubler les coquettes réflexions de leur maîtresse. Enfin le doigt hésitant se fixa, et un point de taffetas, astre noir sur un ciel de blancheur, moucheta comme un signe naturel la naissance du sein gauche. C'était dire en galants hiéroglyphes qu'on ne pouvait arriver à la bouche qu'en passant par le cœur.

Satisfaite d'elle-même, après un dernier coup d'œil jeté au miroir de Venise penché sur la toilette, la marquise se leva et fit quelques pas dans la chambre; mais, se ravisant bientôt, car elle s'était aperçue qu'il lui manquait quelque chose, elle revint et prit dans un coffret une grosse montre, un œuf de Nuremberg, comme on disait alors, curieusement émaillée de diverses couleurs, constellée de brillants, et suspendue à une chaîne terminée par un crochet qu'elle agrafa dans sa ceinture, près d'un petit miroir à main encadré de vermeil.

« Madame est en beauté aujourd'hui, dit Jeanne d'une voix câline; elle est coiffée à son avantage, et sa robe lui sied on ne peut mieux.

— Tu trouves? répondit la marquise, traînant ses paroles avec une nonchalance distraite; il me semble au contraire que je suis laide à faire peur. J'ai les yeux cernés, et cette couleur me grossit. Si je me mettais en noir? Qu'en penses-tu, Jeanne? le noir fait paraître mince.

— Si madame le désire, je vais lui passer sa robe de taffetas queue-de-merle ou fleur-de-prune, ce sera l'affaire d'un instant; mais je crains que madame ne gâte une toilette bien réussie.

— Ce sera ta faute, Jeanne, si je mets les Amours en fuite et si je ne fais pas ce soir ma récolte de cœurs. Le Marquis a-t-il invité beaucoup de monde à cette comédie?

— Plusieurs messagers sont partis à cheval dans diverses directions. La compagnie ne saurait manquer d'être nombreuse : on viendra de tous les châteaux des environs. Les occasions de divertissement sont si rares en ce pays !

— C'est vrai, dit la marquise en soupirant ; on y vit dans une terrible frugalité de plaisirs. Et ces comédiens, les as-tu vus, Jeanne ? En est-il parmi eux qui soient jeunes, de belle mine et de prestance galante ?

— Je ne saurais trop dire à madame ; ces gens-là ont plutôt des masques que des visages : la céruse, le fard, les perruques leur donnent de l'éclat aux chandelles et les font paraître tout autres qu'ils ne sont. Cependant il m'a semblé qu'il y en avait un point trop déchiré et qui prend des airs de cavalier ; il a de belles dents et la jambe assez bien faite.

— Ce doit être l'amoureux, Jeanne, dit la marquise ; on choisit pour cela le plus joli garçon de la troupe, car il serait malséant de débiter des cajoleries avec un nez en trompette et de se jeter sur des genoux cagneux pour faire une déclaration.

— Cela serait en effet fort vilain, dit en riant la suivante. Les maris sont comme ils peuvent, mais les amants doivent être sans défauts.

— Aussi j'aime ces galants de comédie, toujours fleuris de langage, experts à pousser les beaux sentiments, qui se pâment aux pieds d'une inhumaine, attestent le ciel, maudissent la fortune, tirent leur épée pour s'en percer la poitrine, jettent feux et flammes comme volcans d'amour, et disent de ces choses à ravir en extase les plus froides vertus ; leurs discours me chatouillent agréablement le cœur, et il me semble parfois que c'est à moi qu'ils s'adressent. Souvent même les rigueurs de la dame m'impatientent, et je la gourmande à part moi de faire ainsi languir et sécher sur pied un si parfait amant.

— C'est que madame a l'âme bonne, répliqua Jeanne, et ne se plaît point à voir souffrir. Pour moi, je suis d'humeur plus féroce, et cela me divertirait de voir quelqu'un mourir d'amour tout de bon. Les belles phrases ne me persuadent point.

— Il te faut du positif, Jeanne, et tu as l'esprit un peu enfoncé dans la matière. Tu ne lis pas comme moi les romans et pièces de théâtre. Ne me disais-tu pas tout à l'heure que le galant de la troupe était joli garçon ?

— Madame la marquise peut en juger elle-même, dit la suivante, debout près de la fenêtre : le voilà précisément qui traverse la cour, sans doute pour se rendre à l'orangerie, où l'on dresse le théâtre. »

La marquise s'approcha de la croisée et vit le Léandre marchant à petits pas, d'un air songeur, comme quelqu'un absorbé par une passion profonde. A tout hasard, il affectait cette attitude mélancolique dont les femmes se préoccupent, devinant quelque peine de cœur à consoler. Arrivé sous le balcon, il leva la tête avec un certain mouvement, qui donna à ses yeux un lumineux particulier, fixa sur la croisée un regard long, triste et chargé de désespérance de l'amour impossible, bien qu'exprimant aussi l'admiration la plus vive et la plus respectueuse. Apercevant la marquise, dont le front s'appuyait à la vitre, il ôta son chapeau de façon à balayer la terre avec la plume, et fit un de ces saluts profonds comme on en fait aux reines et aux déités, et qui marquent la distance de l'Empyrée au néant. Puis il se couvrit d'un geste plein de grâce, reprenant avec un air superbe son arrogance de cavalier, abjurée un moment aux pieds de la beauté. Ce fut net, précis et bien fait. Un véritable seigneur rompu au monde, usagé en la cour, n'eût pas mieux saisi la nuance.

Flattée de ce salut à la fois discret et prosterné, où l'on rendait si bien à son rang ce qu'on lui devait, madame de Bruyères ne put s'empêcher d'y répondre par une faible inclination de tête accompagnée d'un imperceptible sourire.

Ces signes favorables n'échappèrent point au Léandre, et sa fatuité naturelle ne manqua pas de s'en exagérer la portée. Il ne douta pas un instant que la marquise ne fût amoureuse de lui, et son imagination extravagante se mit à bâtir là-dessus tout un roman chimérique. Il allait enfin accomplir le rêve de toute sa vie, avoir une aventure galante avec une vraie grande dame, dans un château quasi princier, lui, pauvre comédien de province, plein de talent sans doute, mais qui n'avait point encore joué devant la cour. Rempli de ces billevesées, il ne se sentait pas d'aise; son cœur se gonflait, sa poitrine se dilatait, et, la répétition finie, il rentra chez lui pour écrire un billet du style le plus hyperbolique, qu'il comptait bien faire parvenir à la marquise.

Comme tous les rôles de la pièce étaient sus, dès que les invités du marquis furent arrivés, la représentation des *Rodomontades du capitaine Matamore* put avoir lieu.

L'orangerie, transformée en salle de théâtre, offrait le plus charmant coup d'œil. Des bouquets de bougies, fixées aux murailles par des bras ou des appliques, y répandaient une clarté douce, favorable aux parures des femmes, sans nuire à l'effet de la scène. En arrière des spectateurs, sur des planches formant gradins, on avait placé les orangers, dont les feuillages et les fruits, échauffés par la tiède atmosphère de la salle, dégageaient une odeur des plus suaves, se mêlant aux parfums du musc, du benjoin, de l'ambre et de l'iris.

Au premier rang, tout près du théâtre, sur des fauteuils massifs, rayonnaient Yolande de Foix, la duchesse de Montalban, la baronne d'Hagémeau, la marquise de Bruyères et autres personnes de qualité, dans des toilettes d'une richesse et d'une élégance décidées à ne pas se laisser vaincre. Ce n'étaient que velours, satins, toiles d'argent ou d'or, dentelles, guipures, cannetilles, ferrets de diamants, tours de perles, girandoles, nœuds de pierreries qui pétillaient aux lumières et lançaient de folles bluettes; nous ne parlons pas des étincelles bien plus vives que jetaient les diamants des yeux. A la cour même, on n'eût pu voir réunion plus brillante.

Si Yolande de Foix n'eût pas été là, plusieurs déesses mortelles auraient fait hésiter un Pâris chargé d'accorder la pomme d'or, mais sa présence rendait toute lutte inutile. Elle ne ressemblait pourtant pas à l'indulgente Vénus, mais bien plutôt à la sauvage Diane. La jeune châtelaine était d'une beauté cruelle, d'une grâce implacable, d'une perfection désespérante. Son visage, allongé et fin, ne semblait pas modelé avec de la chair, mais découpé dans l'agate ou l'onyx, tant les traits en étaient purs, immatériels et nobles. Son col amenuisé, flexible comme celui d'un cygne, s'unissait, par une ligne virginale, à des épaules encore un peu maigres et à une poitrine juvénile d'une blancheur neigeuse, que ne soulevaient pas les battements du cœur. Sa bouche, ondulée comme l'arc de la chasseresse, décochait la moquerie même lorsqu'elle restait muette, et son œil bleu avait des éclairs froids à déconcerter l'aplomb des hardiesses. Cependant son attrait était irrésistible. Toute sa personne, insolemment étincelante, jetait au désir la provocation de l'impossible. Nul homme n'eût vu Yolande sans en devenir amoureux, mais être aimé d'elle était une chimère que bien peu se permettaient de caresser.

Comment était-elle habillée? Il faudrait plus de sang-froid que nous n'en possédons pour le dire. Ses vêtements flottaient autour de son corps comme une nuée lumineuse où l'on ne discernait qu'elle. Nous pensons cependant que des grappes de perles se mêlaient aux crespelures de ses cheveux blonds scintillants comme les rayons d'une auréole.

Sur des tabourets et des banquettes étaient assis, par derrière les femmes, les seigneurs et les gentilshommes, pères, maris ou frères de ces beautés. Les uns se penchaient gracieusement sur le dos des fauteuils, murmurant quelque madrigal à une oreille indulgente, les autres s'éventaient avec le panache de leurs feutres, ou, debout, une main sur la hanche, campés de manière à faire valoir leur belle prestance, promenaient sur l'assemblée un regard satisfait. Un bruissement de conversations voltigeait comme un léger brouillard au-dessus des têtes, et l'attente commençait à s'impatienter, lorsque trois coups solennellement frappés retentirent et firent aussitôt régner le silence.

Les rideaux se séparèrent lentement, et laissèrent voir une décoration représentant une place publique, lieu vague, commode aux intrigues et aux rencontres de la comédie primitive. C'était un carrefour, avec des maisons aux pignons pointus, aux étages en saillie, aux petites fenêtres maillées de plomb, aux cheminées d'où s'échappait naïvement un tirebouchon de fumée allant rejoindre les nuages d'un ciel auquel un coup de balai n'avait pu rendre toute sa limpidité première. L'une de ces maisons, formant l'angle de deux rues qui tâchaient de s'enfoncer dans la toile par un effort désespéré de perspective, possédait une porte et une fenêtre *praticables*. Les deux coulisses qui rejoignaient à leur sommet une bande d'air çà et là géographié d'huile, jouissaient du même avantage, et, de plus, l'une d'elles avait un balcon où l'on pouvait monter au moyen d'une échelle invisible pour le spectateur, arrangement propice aux conversations, escalades et enlèvements à l'espagnole. Vous le voyez, le théâtre de notre petite troupe était assez bien machiné pour l'époque. Il est vrai que la peinture de la décoration eût semblé à des connaisseurs un peu enfantine et sauvage. Les tuiles des toits tiraient l'œil par la vivacité de leurs tons rouges, le feuillage des arbres plantés devant les maisons était du plus beau vert-de-gris; et les parties bleues du ciel étalaient un azur invraisemblable; mais l'ensemble faisait suffisamment naître l'idée d'une place publique chez des spectateurs de bonne volonté.

Un rang de vingt-quatre chandelles soigneusement mouchées jetait une forte clarté sur cette honnête décoration peu habituée à pareille fête. Cet aspect magnifique fit courir une rumeur de satisfaction parmi l'auditoire.

La pièce s'ouvrait par une querelle du bon bourgeois Pandolphe avec sa fille Isabelle, qui, sous prétexte qu'elle était amoureuse d'un jeune blondin, se refusait le plus opiniâtrement du monde à épouser le capitaine Matamoros, dont son père était entiché, résistance dans laquelle Zerbine, sa suivante, bien payée par Léandre, la soutenait du bec et des ongles. Aux injures que lui adressait Pandolphe, l'effrontée soubrette, prompte à la riposte, répondait par cent folies, et lui conseillait d'épouser lui-même Matamore s'il l'aimait tant. Quant à elle, jamais elle ne souffrirait que sa maîtresse devînt la femme de ce veillaque, de ce visage à nasardes, de cet épouvantail à mettre dans les vignes. Furieux, le bonhomme voulant entretenir Isabelle seule, poussait Zerbine pour la faire rentrer au logis ; mais elle cédait de l'épaule aux bourrades du vieillard, tout en restant en place avec un mouvement de corsage si élastique, un tordion de hanche si fripon, un froufrou de jupes si coquet, qu'une ballerine de profession n'eût pu mieux faire, et à chaque tentative inutile de Pandolphe, elle riait, sans se soucier de paraître avoir la bouche grande, de ses trente-deux perles d'Orient, plus étincelantes encore aux lumières, à faire se dérider les mélancolies d'Héraclite. Une lueur diamantée luisait dans ses yeux, allumés par une couche de fard posée sous la paupière. Le carmin avivait ses lèvres, et ses jupes toutes neuves, faites avec les taffetas donnés par le marquis, se lustraient aux cassures de frissons subits, et semblaient secouer des étincelles.

Ce jeu fut applaudi de toute la salle, et le seigneur de Bruyères se disait tout bas qu'il avait eu le goût bon en jetant son dévolu sur cette perle des soubrettes.

Un nouveau personnage fit alors son entrée, regardant à droite et à gauche, comme s'il craignait d'être surpris. C'était Léandre, la bête noire des pères, des maris, des tuteurs, l'amour des femmes, des filles et des pupilles ; l'amant, en un mot, celui qu'on rêve, qu'on attend et qu'on cherche, qui doit tenir les promesses de l'idéal, réaliser la chimère des poëmes, des comédies et des romans, être la jeunesse, la passion, le bonheur, ne partager aucune misère de l'humanité, n'avoir jamais ni faim, ni soif, ni chaud, ni froid, ni peur, ni fatigue, ni maladie ; mais toujours être prêt la nuit, le jour, à pousser des soupirs, à roucouler des déclarations, à séduire les duègnes, à soudoyer les suivantes, à grimper aux échelles, à mettre flamberge au vent en cas de rivalité ou de surprise, et cela, rasé de frais, bien frisé, avec des recherches de linge et d'habits, l'œil en coulisse, la bouche en cœur comme un héros de cire ! Métier terrible qui n'est pas trop récompensé par l'amour de toutes les femmes.

Apercevant Pandolphe là où il ne comptait rencontrer qu'Isabelle, Léandre s'arrêta dans une pose étudiée devant les miroirs, et qu'il savait propre à mettre en relief les avantages de sa personne : le corps portant sur la jambe gauche, la droite légèrement fléchie, une main sur la garde de son épée, l'autre caressant le menton de manière à faire briller le fameux solitaire, les yeux pleins de flammes et de langueurs, la bouche entr'ouverte par un faible sourire qui laissait luire l'émail des dents. Il était vraiment fort bien : son costume, rafraîchi par des rubans neufs, son linge éblouissant de blancheur, bouillonnant entre le pourpoint et les chausses, ses souliers étroits, hauts de talons, ornés d'une large cocarde, contribuaient à lui donner l'apparence d'un parfait cavalier. Aussi réussit-il complétement auprès des dames ; la railleuse Yolande elle-même ne le trouva point trop ridicule. Profitant de ce jeu muet, Léandre lança par-dessus la rampe son regard séducteur et le reposa sur la marquise avec une expression passionnée et suppliante qui la fit rougir malgré elle; puis il le reporta vers Isabelle, éteint et distrait, comme pour bien marquer la différence de l'amour réel à l'amour simulé.

A la vue de Léandre, la colère de Pandolphe devint de l'exaspération. Il fit rentrer au logis sa fille et la soubrette, mais non pas si rapidement que Zerbine n'eût eu le temps de glisser dans sa poche un billet à l'adresse d'Isabelle, billet demandant un rendez-vous nocturne. Le jeune homme, resté avec le père, lui assura le plus poliment du monde que ses intentions étaient honnêtes et ne tendaient qu'à serrer le plus sacré des nœuds, qu'il était de bonne naissance, avait l'estime des grands et quelque crédit à la cour, et que rien, pas même la mort, ne pourrait le détourner d'Isabelle, qu'il aimait plus que la vie; paroles charmantes, que la jeune fille écoutait avec délices, penchée de son balcon, et faisant au Léandre de jolis petits signes d'acquiescement. Malgré cette éloquence mellifue, Pandolphe, avec une infatuation obstinée et sénile, jurait ses grands dieux que le seigneur Matamore serait son gendre, ou que sa fille entrerait au couvent. De ce pas il allait chercher le tabellion pour conclure la chose.

Pandolphe éloigné, Léandre adjurait la belle, toujours à la fenêtre, car le vieillard avait fermé la porte à double tour, de consentir, pour éviter de telles extrémités, à ce qu'il l'enlevât et la menât à un ermite de sa connaissance, qui ne faisait pas de difficulté de marier les jeunes couples empêchés dans leurs amours par la volonté tyrannique des parents. A quoi la demoiselle répondait modestement, tout en avouant qu'elle n'était pas insensible à la flamme de Léandre, que l'on devait du respect à ceux de qui l'on tient le jour, et que cet ermite ne possédait peut-être pas toutes les qualités qu'il faut pour bien marier les gens; mais elle promettait de résister de son mieux et d'entrer en religion plutôt que de mettre sa main dans la patte du Matamore.

L'amoureux se retirait pour aller dresser ses batteries avec l'aide d'un certain valet, drôle retors, personnage fertile en fourberies, ruses et stratagèmes autant que le sieur Polyen. Il devait revenir le soir sous le balcon et rendre compte à sa maîtresse du succès de ses entreprises.

Isabelle fermait sa fenêtre, et le Matamore, avec cet esprit d'à-propos qui le caractérise, faisait son entrée. Son apparition attendue produisit un grand effet. Ce type favori avait le don de faire rire les plus moroses.

Quoique rien ne nécessitât une action si furibonde, Matamore, ouvrant les jambes en compas forcé et faisant des pas de six pieds, comme les mots dont parle Horace, arriva devant les chandelles et s'y planta dans une pose cambrée, outrageuse et provocante, de même que s'il eût voulu porter un défi à la salle entière. Il filait sa moustache, roulait de gros yeux, faisait palpiter sa narine et soufflait formidablement, comme s'il étouffait de colère pour quelque injure méritant la destruction du genre humain.

Matamore, en cette occasion solennelle, avait tiré

du fond de son coffre un costume presque neuf qu'il ne mettait qu'aux beaux jours, et dont sa maigreur de lézard faisait ressortir encore la bizarrerie comique et l'emphase grotesquement espagnole. Ce costume consistait en un pourpoint bombé comme un corselet, et zébré de bandes diagonales alternativement jaunes et rouges qui convergeaient vers une rangée de boutons, en manière de chevrons renversés. La pointe du pourpoint descendait fort bas sur le ventre. Les bords et les entournures en étaient garnis d'un bourrelet saillant, aux mêmes couleurs; des rayures semblables à celles du pourpoint décrivaient des spirales bizarres autour des manches et de la culotte, donnant aux bras et aux cuisses un air risible de flûte à l'oignon. Si l'on s'avisait de chausser un coq de bas rouges, on aurait l'idée des tibias du Matamore. D'énormes bouffettes jaunes s'épanouissaient comme des choux sur ses souliers à crevés rouges; des jarretières à bouts flottants serraient au-dessus du genou ses jambes aussi dénuées de mollets que les pattes échassières d'un héron. Une fraise montée sur carton, dont les plis empesés dessinaient une série de 8, lui cerclait le col et le forçait à relever le menton, attitude favorable aux impertinences du rôle. Sa coiffure consistait en une sorte de feutre à la Henri IV, retroussé par un bord et accrêté de plumes rouges et blanches. Une cape déchiquetée en barbe d'écrevisse, des mêmes couleurs que le reste du costume, flottait derrière les épaules, burlesquement retroussée par une immense rapière, à laquelle le poids d'une lourde coquille faisait relever la pointe.

Au bout de ce long estoc, qui eût pu servir de brochette à dix Sarrasins, pendait une rosace ouvrée délicatement en fils d'archal fort ténus, représentant une toile d'araignée, preuve convaincante du peu d'usage que faisait Matamore de ce terrible engin de guerre. Ceux d'entre les spectateurs qui avaient les yeux bons eussent même pu distinguer la petite bestiole de métal, suspendue au bout de son fil avec une quiétude parfaite et comme sûre de n'être pas dérangée dans son travail.

Matamore, suivi de son valet Scapin, que menaçait d'éborgner le bout de la rapière, arpenta deux ou trois fois le théâtre, faisant sonner ses talons, enfonçant son chapeau jusqu'au sourcil, et se livrant à cent pantomimes ridicules qui faisaient pâmer de rire les spectateurs; enfin, il s'arrêta, et se posant devant la rampe, il commença un discours plein de hâbleries, d'exagérations et de rodomontades, dont voici à peu près la teneur, et qui aurait pu prouver aux érudits que l'auteur de la pièce avait lu le *Miles gloriosus* de Plaute, aïeul de la lignée des Matamores.

« Pour aujourd'hui, Scapin, je veux bien quelques instants laisser au fourreau ma tueuse, et donner aux médecins le soin de peupler les cimetières dont je suis le grand pourvoyeur. Quand on a comme moi détrôné le Sofi de Perse, arraché par sa barbe l'Armorabaquin du milieu de son camp et tué de l'autre main dix mille Turcs infidèles, fait tomber d'un coup de pied les remparts de cent forteresses, défié le sort, écorché le hasard, brûlé le malheur, plumé comme un oiseau l'aigle de Jupin qui refusait de venir sur le pré à mon appel, me redoutant plus que les Titans, battu le fusil avec les carreaux de la foudre, éventré le ciel du croc de sa moustache, il est, certes, loisible de se permettre quelques récréations et badineries. D'ailleurs, l'univers soumis n'offre plus de résistance à mon courage, et la parque Atropos m'a fait savoir que ses ciseaux s'étant ébréchés à couper le fil des destinées que moissonnait ma flamberge, elle avait été obligée de les envoyer au rémouleur. Donc, Scapin, il me faut tenir à deux mains ma vaillance, faire trêve aux duels, guerres, massacres, dévastations, sacs de villes, luttes corps à corps avec les géants, tueries de monstres à l'instar de Thésée et d'Hercule à quoi j'occupe ordinairement les férocités de mon indomptable bravoure. Je me repose. Que la mort respire! Mais à quels divertissements le seigneur Mars, qui près de moi n'est qu'un bien petit compagnon, passe-t-il ses vacances et congés? Entre les bras blancs et poupins de la dame Vénus, laquelle, comme déesse de bon entendement, préfère les gens d'armes à tous autres, fort dédaigneuse de son boiteux et cornard de mari. C'est pourquoi j'ai bien voulu condescendre à m'humaniser, et voyant que Cupidon n'osait se hasarder à décocher sa flèche à pointe d'or contre un vaillant de mon calibre, je lui ai fait un petit signe d'encouragement. Même pour que son dard pût pénétrer en ce généreux cœur de lion, j'ai dépouillé cette cotte de mailles faite des anneaux donnés par les déesses, impératrices, reines, infantes, princesses et grandes de tous pays, mes illustres amantes, dont la trempe magique me préserve en mes plus folles témérités.

— Cela signifie, dit le valet qui avait écouté cette fulgurante tirade avec les apparences d'une contention d'esprit extrême, autant que mon faible entendement peut comprendre une éloquence si admirable en rhétorique, si enjolivée de termes à propos et métaphores à l'asiatique que votre Vaillantissime Seigneurie a la fantaisie férue pour quelque jeune tendron de la ville; *aliàs*, que vous êtes amoureux comme un simple mortel.

— Vraiment, répliqua Matamore avec une bonhomie nonchalante et superbe, tu as donné du nez droit dans la chose, et tu ne manques pas d'intelligence pour un valet. Oui, j'ai cette infirmité d'être amoureux; mais ne crains pas qu'elle amollisse mon courage. Cela est bon pour Samson, de se laisser tondre, et pour Alcide, de filer la quenouille. Dalila n'eût osé me toucher le poil. Omphale m'eût tiré les bottes. Au moindre signe de révolte je lui aurais fait décrotter sur la table la peau du lion Néméen comme une cape à l'espagnole. Dans mon loisir, cette réflexion, humiliante pour un grand cœur, m'est venue. J'ai vaincu, il est vrai, le genre humain, mais je n'en ai réduit que la moitié. Les femmes, par leur faiblesse, échappent à mon empire. Il ne serait pas décent de leur couper la tête, de leur tailler bras et jambes, de les fendre en deux jusqu'à la ceinture, comme j'ai l'habitude de le faire avec mes ennemis masculins. Ce sont là brutalités martiales, que repousse la politesse.

La défaite de leur cœur, la reddition à volonté de leur âme, la mise à sac de leur vertu me suffisent. Il est vrai que j'en ai soumis un nombre plus grand que les sablons de la mer, et les étoiles du ciel, que je traîne après moi quatre coffres pleins de poulets, billets doux et missives, et que je dors sur un matelas composé de boucles brunes, châtaines, blondes, rousses, dont les plus pudiques m'ont fait le sacrifice. Junon même m'a fait des avances que j'ai rebutées parce que son immortalité était un peu trop mûre, bien qu'elle se refasse vierge toutes les années en la fontaine de Canathos; mais tous ces triomphes, je les compte comme défaites et ne veux point d'une couronne de laurier à laquelle manque une seule feuille; mon front en serait déshonoré. La charmante Isabelle ose me résister, et quoique toutes les audaces soient bienvenues près de moi, je ne saurais souffrir cette impertinence, et je veux qu'elle-même, sur un plat d'argent, m'apporte les clefs d'or de son cœur, à genoux, déchevelée, demandant grâce et merci. Va sommer cette place de se rendre. J'accorde trois minutes de réflexion: Pendant cette attente, le sablier tremblera dans la main du Temps effrayé. »

Et là-dessus, Matamore se campait dans une pose extravagamment anguleuse, dont sa maigreur excessive faisait encore ressortir le ridicule.

La fenêtre resta close aux sommations moqueuses du valet. Sûre de la bonté de ses murailles, et ne craignant pas qu'on ouvrît la brèche, la garnison, composée d'Isabelle et de Zerbine, ne donna pas signe de vie. Matamore, qui ne s'étonne de rien, s'étonna pourtant de ce silence.

« Sangre y fuego! Terre et ciel! Foudres et canonnades! s'écria-t-il en faisant hérisser le poil de sa lèvre comme la moustache d'un chat fâché. Ces bagasses ne bougent non plus que chèvres mortes. Qu'on arbore le drapeau, qu'on batte la chamade, ou je jette bas la maison d'une chiquenaude! Ce serait bien fait si la cruelle restait écrasée sous les ruines. Comment, Scapin, mon ami, t'expliques-tu cette défense hyrcanienne et sauvage contre mes charmes qui, comme on sait, n'ont point de rivaux en ce globe terraqué ni même en l'Olympe habité des dieux!

— Je me l'explique fort naturellement. Un certain Léandre, moins beau que vous, sans doute, mais tout le monde n'a pas le goût bon, s'est ménagé des intelligences dans la place; votre valeur s'attaque à une forteresse prise. Vous avez séduit le père, Léandre a séduit la fille. Voilà tout.

— Léandre! as-tu dit? Oh! ne répète pas ce nom exécrable et exécré, ou je vais, de male rage, décrocher le soleil, éborgner la lune, et, prenant la terre par les bouts de son essieu, la secouer de façon à produire un cataclysme diluvial comme celui de Noé ou d'Ogygès. Faire à ma barbe la cour à Isabelle, la dame de mes pensées! damnable godelureau, ruffian patibulaire, galantin de sac et de corde, où es-tu, que je te fende les naseaux, que je t'écrive des croix sur la figure, que je t'embroche, que je te larde, que je te crible, que je t'effondre, que je te désentraille, que je te piétine, que je te jette au bûcher et disperse tes cendres? Si tu paraissais pendant le paroxysme de ma fureur, le tonnerre de mes narines suffirait à t'envoyer au delà des mondes parmi les feux élémentaires; je te lancerais si haut que tu ne retomberais jamais. Marcher sur mes brisées, je frémis moi-même à l'idée de ce qu'une pareille audace peut amener de maux et de désastres sur la pauvre humanité. Je ne saurais punir dignement un tel crime sans fracasser du coup la planète. Léandre rival de Matamore! Par Mahom et Tervagant! Les mots épouvantés reculent et se refusent à venir exprimer une pareille énormité. On ne peut les joindre ensemble; ils hurlent quand on les prend au collet pour les rapprocher, car ils savent qu'ils auraient affaire à moi s'ils se permettaient cette licence. D'ores et en avant Léandre, ô ma langue! pardon de te faire prononcer ce nom infâme, peut se considérer comme défunt et aller lui-même commander son monument au tailleur de pierre, si toutefois j'ai la magnanimité de lui accorder les honneurs de la sépulture.

— Par le sang de Diane! dit le valet, voilà qui tombe comme de cire, le seigneur Léandre traverse précisément la place à pas comptés. Vous allez bellement lui dire son fait, et ce sera un magnifique spectacle que la rencontre de deux si fiers courages; car je ne vous cacherai pas que, parmi les maîtres d'armes et prévôts de la ville, ce gentilhomme a la renommée d'être assez bon gladiateur. Dégaînez; pour moi, je ferai le guet, quand vous en serez aux mains, de peur que les sergents ne vous dérangent.

— Les étincelles de nos épées leur feront prendre le large, et ils n'oseraient, les bélitres, entrer dans ce cercle de flammes et de sang. Reste tout près de moi, mon bon Scapin ; si, d'aventure, j'étais fâcheusement navré de quelque estafilade, tu me recevrais en tes bras, répondit Matamore qui aimait beaucoup à être interrompu dans ses duels.

— Plantez-vous bravement devant lui, dit le valet en poussant son maître, et barrez-lui le passage. »

Voyant qu'il n'y avait pas moyen de faire une reculade, Matamore s'enfonça son feutre jusque sur les yeux, retroussa sa moustache, mit la main à la poignée de son immense rapière et s'avança vers Léandre, qu'il toisa des pieds à la tête, le plus insolemment qu'il put ; mais c'était bravade pure, car on entendait claquer ses dents et l'on voyait flageoler et trembler ses minces jambes comme des roseaux au vent de bise. Il ne lui restait plus qu'un espoir, c'était d'intimider Léandre par des éclats de voix, des menaces et des rodomontades, des lièvres étant souvent cachés sous des peaux de lion.

« Monsieur, savez-vous que je suis le capitaine Matamoros, appartenant à la célèbre maison Cuerno de Cornazan, et allié à la non moins illustre famille Escombardon de la Papirontonda ? Je descends d'Antée par les femmes.

— Eh ! descendez de la lune si cela vous amuse, répondit le Léandre avec un dédaigneux haussement d'épaules; que m'importent ces billevesées ?

— Tête et ventre! monsieur; cela vous importera tout à l'heure; il est encore temps, videz la place, et je vous épargne. Votre jeunesse me touche. Regardez-moi bien. Je suis la terreur de l'univers, l'ami de la Camarde, la providence des fossoyeurs; où je passe, il pousse des croix. C'est à peine si mon ombre ose me suivre, tellement je la mène en des endroits périlleux. Si j'entre, c'est par la brèche; si je sors, c'est par un arc-de-triomphe; si j'avance, c'est pour me fendre; si je recule, c'est pour rompre; si je couche, c'est mon ennemi que j'étends sur le pré; si je traverse une rivière, elle est de sang, et les arches du pont sont faites avec les côtes de mes adversaires. Je me roule, avec délice, au milieu des mêlées, tuant, hachant, massacrant, taillant d'estoc et de taille, perçant de la pointe. Je jette les chevaux en l'air avec leurs cavaliers, je brise comme fétus de paille les os des éléphants. Aux assauts j'escalade les murs, en m'aidant de deux poinçons, et je plonge mon bras dans la gueule des canons pour en retirer les boulets. Le vent seul de mon épée renverse les bataillons comme gerbes sur l'aire. Quand Mars me rencontre sur un champ de bataille, il fuit, de peur que je ne l'assomme, tout dieu de la guerre qu'il est; enfin, ma vaillance est si grande, et l'effroi que j'inspire est tel, que jusqu'à présent, apothicaire du Trépas, je n'ai pu voir les braves que par le dos.

— Eh bien! vous allez en voir un en face, dit Léandre, en appliquant sur un des profils du Matamore un énorme soufflet, dont l'écho burlesque retentit jusqu'au fond de la salle. Le pauvre diable pivota sur lui-même, près de tomber ; un second soufflet non moins vigoureusement appliqué que le premier, mais sur l'autre joue, le remit d'aplomb.

Pendant cette scène, Isabelle et Zerbine avaient reparu au balcon. La malicieuse soubrette se tenait les côtes de rire, et sa maîtresse faisait un signe de tête amical à Léandre. Du fond de la place débouchait Pandolphe, accompagné du tabellion et qui, les dix doigts écarquillés et les yeux ronds de surprise, regardait Léandre battre le Matamore.

« Écailles de crocodile et cornes de rhinocéros ! vociféra le fanfaron, ta fosse est ouverte, malandrin, veillaque, gavache, et je vais t'y pousser. Mieux eût valu pour toi tirer la moustache aux tigres et la queue aux serpents dans les forêts de l'Inde. Agacer Matamore ! Pluton, avec sa fourche, ne s'y risquerait pas. Je le déposséderais de l'enfer et j'usurperais Proserpine. Allons, ma tueuse, au vent, montrez-vous, brillez au soleil, et que votre éclair prenne pour fourreau le ventre de ce téméraire. J'ai soif de son sang, de sa moelle, de sa fressure, et je lui arracherai l'âme d'entre les dents. »

En disant cela, Matamore, avec des tensions de nerfs, des roulements de prunelles, des clappements de langue, semblait faire les plus prodigieux efforts pour extraire la lame rebelle de sa gaîne. Il en suait d'ahan, mais la prudente tueuse voulait garder les logis ce jour-là, sans doute pour ne pas ternir son acier poli à l'air humide.

Fatigué de ces contorsions burlesques, le galant envoya d'un coup de pied rouler le fanfaron à l'autre bout du théâtre, et se retira après avoir salué Isabelle avec une grâce exquise.

Matamore, tombé sur le dos, remuait ses membres grêles comme une sauterelle retournée. Quand, avec l'aide de son valet et de Pandolphe, il se fut dressé sur ses pieds, et bien assuré que Léandre était parti, il s'écria d'une voix haletante et comme entrecoupée par la rage :

« De grâce, Scapin, cercle-moi avec des bardes de fer; je crève de fureur, je vais éclater comme une bombe! Et toi, lame perfide, qui trahis ton maître au moment suprême, est-ce ainsi que tu me récompenses de t'avoir toujours abreuvée du sang des plus fiers capitaines et des plus vaillants duellistes! Je ne sais à quoi il tient que je ne te brise en mille morceaux sur mon genou, comme lâche, parjure et félonne; mais tu m'as voulu faire comprendre que le vrai guerrier doit rester sur la brèche, et ne pas s'oublier en des Capoues d'amour. En effet, cette semaine je n'ai défait aucune armée, je n'ai combattu ni orque, ni dragon, je n'ai pas fourni à la mort sa ration de cadavres, et la rouille est venue à mon glaive : rouille de honte, soudure d'oisiveté! Sous les propres yeux de ma belle ce béjaune me nargue, m'insulte et me provoque. Leçon profonde! enseignement philosophique! apologue moral! Désormais je tuerai deux ou trois hommes avant de déjeuner, pour être sûr que ma rapière joue librement. Fais-m'en souvenir.

— Léandre n'aurait qu'à revenir, dit Scapin ; si nous essayions à nous tous de tirer du fourreau cet acier formidable ? »

Matamore, s'arc-boutant contre un pavé, Scapin s'attelant à la coquille, Pandolphe au valet et le tabellion à Pandolphe, après quelques secousses la lame céda à l'effort des trois fantoches, qui allèrent rouler d'un côté les quatre fers en l'air, tandis que le fanfaron tombait de l'autre à jambes rebindaines, tenant encore à pleines mains le fourreau de la colichemarde.

Relevé aussitôt, il reprit la rapière, et dit avec emphase : « Maintenant Léandre a vécu ; il n'a de ressources pour éviter la mort que d'émigrer en quelque planète lointaine. S'enfonçât-il au cœur de la terre, je le ramènerai à la surface pour le transpercer de mon glaive, à moins qu'il ne soit changé en pierre par mon œil horrifique et méduséen. »

Malgré cet échec, aucun doute ne vint à l'obstiné vieillard Pandolphe sur l'héroïsme du Matamore, et il persista dans l'idée saugrenue de donner pour mari à sa fille ce magnifique seigneur. Isabelle se prit à pleurer et à dire qu'elle préférait le couvent à un tel hymen ; Zerbine défendit de son mieux le beau Léandre, et jura par sa vertu, ô le beau serment ! que ce mariage ne se ferait pas. Matamore attribua cet accueil glacé à un excès de pudeur, la passion, chez les personnes bien élevées, n'aimant pas à se laisser voir. D'ailleurs il n'avait pas encore fait sa cour, il ne s'était pas montré dans toute sa gloire, imitant en cela la discrétion de Jupiter envers Sémélé, qui, pour avoir voulu connaître son amant divin avec l'éclat de sa puissance, tomba brûlée et réduite en un petit tas de cendre.

Sans l'écouter davantage, les deux femmes rentrèrent au logis. Matamore, se piquant de galanterie, fit chercher une guitare par son valet, appuya son pied sur une borne, et commença à chatouiller le ventre de son instrument pour le faire rire. Puis il se mit à miauler un couplet de seguidille, en andalou, avec des portements de voix si bizarres, des coups de gosier si étranges, des notes de tête si impossibles, qu'on eût dit la sérénade de Rominagrobis sous la gouttière de la chatte blanche.

Un pot d'eau versé par Zerbine, sous le malicieux prétexte d'arroser des fleurs, n'éteignit pas sa furie musicale.

« Ce sont larmes d'attendrissement tombées des beaux yeux d'Isabelle, dit le Matamore ; le héros chez moi est doublé du virtuose, et je manie la lyre comme l'épée. »

Malheureusement, inquiété par ce bruit de sérénade, Léandre, qui rôdait aux environs, reparut, et, ne souffrant pas que ce faquin fît de la musique sous le balcon de sa maîtresse, arracha la guitare des mains du Matamore, stupide d'épouvante. Puis il lui en donna si fort sur le crâne, que la panse de l'instrument creva, et que le fanfaron, passant la tête au travers, resta pris par le col comme dans une cangue chinoise. Léandre, ne lâchant pas le manche de la guitare se mit à tirer de çà, de là, avec brusques saccades, le pauvre Matamore, le cognant aux coulisses, l'approchant des chandelles à le roussir, ce qui formait des jeux de théâtre aussi ridicules qu'amusants. S'en étant bien diverti, il le lâcha subitement et le laissa tomber sur le ventre. Jugez de l'air qu'avait en cette posture l'infortuné Matamore, qui semblait coiffé d'une poêle à frire.

Ses misères ne se bornèrent pas là. Le valet de Léandre, avec sa fertilité d'imagination bien connue, avait machiné des stratagèmes pour empêcher le mariage d'Isabelle et du Matamore. Apostée par lui, une certaine Doralice fort coquette et galante se produisit accompagnée d'un frère spadassin représenté par le Tyran, armé de sa mine la plus féroce et portant sous le bras deux longues rapières qui dessinaient une croix de Saint-André d'aspect assez terrifiant. La demoiselle se plaignit d'avoir été compromise par le sieur Matamoros et délaissée pour Isabelle la fille de Pandolphe, outrage qui demandait une réparation sanglante.

« Dépêchez vite ce coupe-jarrets, dit Pandolphe à son futur gendre, ce ne sera qu'un jeu pour votre incomparable valeur que n'effrayerait pas tout un camp de Sarrasins. »

Bien à contre-cœur Matamore se mit en garde après mille divertissantes simagrées, mais il tremblait comme un peuplier, et le spadassin, frère de Doralice, lui fit sauter l'épée des mains au premier choc du fer et le chargea du plat de la rapière jusqu'à lui faire crier grâce.

Pour achever le ridicule, dame Leonarde, vêtue en

douegna espagnole, parut épongeant ses yeux do chouette d'un ample mouchoir, poussant des soupirs à fendre le roc et agitant sous le nez de Pandolphe une promesse de mariage paraphée du seing contrefait de Matamore. Un nouvel orage de coups creva sur le misérable convaincu de perfidies si compliquées, et d'une voix unanime il fut condamné à épouser la Léonarde en punition de ses hâbleries, rodomontades et couardises. Pandolphe, dégoûté de Matamore, ne fit plus difficulté d'accorder la main de sa fille à Léandre, gentilhomme accompli.

Cette bouffonnade, animée par le jeu des acteurs, fut vivement applaudie. Les hommes trouvèrent la soubrette charmante, les femmes rendirent justice à la grâce décente d'Isabelle, et Matamore réunit tous les suffrages; il était difficile d'avoir mieux le physique de l'emploi, l'emphâse plus grotesque, le geste plus fantasque et plus imprévu. Léandre fut admiré des belles dames, quoique jugé un peu fat par les cavaliers. C'était l'effet qu'il produisait d'ordinaire, et, à vrai dire, il n'en souhaitait pas d'autre, plus soucieux de sa personne que de son talent. La beauté de Sérafine ne manqua pas d'adorateurs, et plus d'un jeune gentilhomme, au risque de déplaire à sa belle voisine, jura sur sa moustache que c'était là une adorable fille.

Sigognac, caché derrière une coulisse, avait joui délicieusement du jeu d'Isabelle, bien qu'il se fût quelquefois intérieurement senti jaloux de la voix tendre qu'elle prenait en répondant à Léandre, n'étant pas encore habitué à ces feintes amours du théâtre qui cachent souvent des aversions profondes et des inimitiés réelles. Aussi, la pièce finie, il complimenta la jeune comédienne d'un air contraint dont elle s'aperçut et n'eut pas de peine à deviner la cause.

« Vous jouez les amoureuses d'une admirable sorte, Isabelle, et l'on pourrait s'y méprendre.

— N'est-ce pas mon métier? répondit la jeune fille en souriant, et le directeur de la troupe ne m'a-t-il pas engagée pour cela?

— Sans doute, dit Sigognac; mais comme vous aviez l'air sincèrement éprise de ce fat qui ne sait rien que montrer ses dents comme un chien qu'on agace, tendre le jarret et faire parade de sa belle jambe!

— C'était le rôle qui le voulait; fallait-il pas rester là comme une souche avec une mine disgracieuse et revêche? n'ai-je pas d'ailleurs conservé la modestie d'une jeune fille bien née? Si j'ai manqué en cela, dites-le-moi, je me corrigerai.

— Oh! non. Vous sembliez une pudique demoiselle, soigneusement élevée dans la pratique des bonnes mœurs, et l'on ne saurait rien reprendre à votre jeu si juste, si vrai, si décent, qu'il imite, à s'y tromper, la nature même.

— Mon cher Baron, voici que les lumières s'éteignent. La compagnie s'est retirée, et nous allons nous trouver dans les ténèbres. Jetez-moi cette cape sur les épaules et veuillez bien me conduire à ma chambre. »

Sigognac s'acquitta sans trop de gaucherie, quoique les mains lui tremblassent un peu, de ce métier nouveau pour lui de cortejo d'une femme de théâtre, et ils sortirent tous deux de la salle où il ne restait plus personne.

L'orangerie était située à quelque distance du château un peu sur la gauche dans un grand massif d'arbres. La façade qu'on apercevait de ce côté n'était pas moins magnifique que l'autre. Comme le terrain du parc était plus bas de niveau que celui du parterre, elle se déployait par une terrasse garnie d'une rampe à balustres pansus, et coupée de distance en distance par des socles supportant des vases en faïence blanche et bleue qui contenaient des arbustes et des fleurs, les dernières de la saison.

Un escalier à double rampe descendait au parc, faisant saillie sur le mur de soutènement de la terrasse composé de grands panneaux de briques encadrés de pierre. Cette ordonnance était fort majestueuse.

Il pouvait être à peu près neuf heures. La lune s'était levée. Une vapeur légère semblable à une gaze d'argent, tout en adoucissant les contours des objets, n'empêchait point de les discerner. On voyait parfaitement la façade du château, dont quelques fenêtres s'éclairaient d'une lueur rouge, tandis que certaines vitres, frappées par les rayons de l'astre nocturne, scintillaient brusquement comme des écailles de poisson. A cette lueur, les tons roses de la brique prenaient une nuance lilas d'une extrême douceur, et les assises de pierre, des teintes gris-de-perle. Sur l'ardoise neuve des toits, comme sur de l'acier poli, glissaient des reflets blancs, et la dentelle noire de la crête se découpait sur un ciel d'une transparence laiteuse.

Des gouttes de lumière tombaient dans les feuilles des arbustes, rejaillissaient de l'émail des vases, et constellaient de diamants éparpillés la pelouse qui s'étendait devant la terrasse. Si l'on regardait au loin, spectacle non moins enchanteur, on découvrait les allées du parc se perdant, comme les paysages de Breughel de Paradis, en des fuites et brumes d'azur, au bout desquelles brillaient parfois des lueurs argentées provenant d'une statue de marbre ou d'un jet d'eau.

Isabelle et Sigognac montèrent l'escalier, et, charmés par la beauté de la nuit, firent quelques tours sur la terrasse avant de regagner leur chambre. Comme le lieu était découvert, en vue du château, la pudeur de la jeune comédienne ne conçut aucune alarme de cette promenade nocturne. D'ailleurs, la timidité du Baron la rassurait, et bien que son emploi fût celui d'ingénue, elle en savait assez sur les choses d'amour pour ne pas ignorer que le propre de la passion vraie est le respect. Sigognac ne lui avait pas fait d'aveu formel, mais elle se sentait aimée de lui et ne craignait de sa part aucune entreprise fâcheuse à l'endroit de sa vertu.

Avec le charmant embarras des amours qui commencent, ce jeune couple, se promenant au clair de lune côte à côte, le bras sur le bras, dans un parc désert, ne se disait que les choses les plus insignifiantes du monde. Qui les eût épiés, eût été surpris de n'entendre que propos vagues, réflexions futiles, demandes et réponses banales. Mais si les paroles ne trahissaient aucun mystère, le tremblement des voix, l'accent ému, les silences, les soupirs, le ton bas et confidentiel de l'entretien accusaient les préoccupations de l'âme.

L'appartement d'Yolande, voisin de celui de la marquise, donnait sur le parc, et comme, après que ses femmes l'eurent défaite, la belle jeune fille regardait distraitement à travers la croisée la lune briller au-dessus des grands arbres, elle aperçut sur la terrasse Isabelle et Sigognac qui se promenaient sans autre accompagnement que leur ombre.

Certes, la dédaigneuse Yolande, fière comme une déesse qu'elle était, n'avait que mépris pour le pauvre baron Sigognac, devant qui parfois à la chasse elle passait comme un éblouissement dans un tourbillon de lumière et de bruit, et que dernièrement même elle avait presque insulté; mais cela lui déplut de le voir sous sa fenêtre, près d'une jeune femme à laquelle sans doute il parlait d'amour. Elle n'admettait pas qu'on pût ainsi secouer son servage. On devait mourir silencieusement pour elle.

Elle se coucha d'assez mauvaise humeur et eut quelque peine à s'endormir; ce groupe amoureux poursuivait son imagination.

Sigognac remit Isabelle à sa chambre, et comme il allait rentrer dans la sienne, il aperçut au fond du corridor un personnage mystérieux drapé d'un manteau couleur de muraille, dont le pan rejeté sur l'épaule cachait la figure jusqu'aux yeux; un chapeau rabattu dérobait son front, et ne permettait pas de distinguer ses traits non plus que s'il eût été masqué. En voyant Isabelle et le Baron, il s'effaça de son mieux contre le mur; ce n'était aucun des comédiens, retirés déjà dans leur logis. Le Tyran était plus grand, le Pédant plus gros, le Léandre plus svelte; il n'avait la tournure ni du Scapin ni du Matamore, reconnaissable d'ailleurs à sa maigreur excessive que l'ampleur de nul manteau n'eût pu dissimuler.

Ne voulant pas paraître curieux et gêner l'inconnu, Sigognac se hâta de franchir le seuil de son logis, non sans avoir remarqué toutefois que la porte de la chambre des tapisseries où demeurait Zerbine restait discrètement entre-bâillée, comme attendant un visiteur qui ne voulait point être entendu.

Quand il fut enfermé chez lui, un imperceptible craquement de souliers, le faible bruit d'un verrou fermé avec précaution, l'avertirent que le rôdeur, si soigneusement embossé dans sa cape, était arrivé à bon port.

Une heure environ après, le Léandre ouvrit sa porte très-doucement, regarda si le corridor était désert, et, suspendant ses pas comme une bohémienne qui exécute la danse des œufs, gagna l'escalier, le descendit plus léger et plus muet en sa marche que ces fantômes errants dans les châteaux hantés, suivit le mur en profitant de l'ombre, et se dirigea du côté du parc vers un bosquet ou salle de verdure dont le centre était occupé par une statue de l'Amour discret tenant le doigt appliqué sur la bouche. A cet endroit, sans doute désigné d'avance, Léandre s'arrêta et parut attendre.

Nous avons dit que Léandre, interprétant à son

avantage le sourire dont la marquise avait reconnu le salut qu'il lui avait fait, s'était enhardi à écrire à la dame de Bruyères une lettre que Jeanne, séduite par quelques pistoles, devait secrètement poser sur la toilette de sa maîtresse.

Cette lettre était conçue ainsi, et nous la recopions pour donner une idée du style qu'employait Léandre en ces séductions de grandes dames où il excellait, disait-il.

« Madame, ou bien plutôt déesse de beauté, ne vous en prenez qu'à vos charmes incomparables de la mésaventure qu'ils vous attirent. Ils me forcent, par leur éclat, à sortir de l'ombre où j'aurais dû rester enseveli, et à m'approcher de leur lumière, de même que les dauphins viennent du fond de l'Océan aux clartés que jettent les fallots des pêcheurs, encore qu'ils doivent y trouver le trépas et périr, sans pitié, sous les dards aigus des harpons. Je sais trop bien que je rougirai l'onde de mon sang, mais comme aussi bien je ne puis vivre, il m'est égal de mourir. C'est là une audace bien étrange, que d'élever cette prétention, réservée aux demi-dieux, de recevoir au moins le coup fatal de votre main. Je m'y risque, car, étant désespéré d'avance, il ne peut m'arriver rien de pis, et je préfère votre courroux à votre mépris ou dédain. Pour donner le coup de grâce, il faut regarder la victime, et j'aurai, en expirant sous vos cruautés, cette douceur souveraine d'avoir été aperçu. Oui, je vous aime, madame, et si c'est un crime, je ne m'en repens point. Dieu souffre qu'on l'adore; les étoiles supportent l'admiration du plus humble berger ; c'est le sort des hautes perfections comme la vôtre de ne pouvoir être aimées que par des inférieurs, car elles n'ont point d'égales sur la terre : elles en ont à peine aux cieux. Je ne suis, hélas ! qu'un pauvre comédien de province, mais quand même je serais duc ou prince, comblé de tous les dons de la fortune, ma tête n'atteindrait pas vos pieds, et il y aurait tout de même entre votre splendeur et mon néant la distance du sommet à l'abîme. Pour ramasser un cœur, il faudra toujours que vous vous baissiez. Le mien est, j'ose le dire, madame, aussi fier que tendre, et qui ne le repousserait pas trouverait en lui l'amour le plus ardent, la délicatesse la plus parfaite, le respect le plus absolu, et un dévouement sans bornes. D'ailleurs, si une telle félicité m'arrivait, votre indulgence ne descendrait peut-être pas si bas qu'elle se l'imagine. Bien que réduit par le destin adverse et la rancune jalouse d'un grand à cette extrémité de me cacher au théâtre sous le déguisement des rôles, je ne suis pas d'une naissance dont il faille rougir. Si j'osais rompre le secret que m'imposent des raisons d'État, on verrait qu'un sang assez illustre coule en mes veines. Qui m'aimerait ne dérogerait pas. Mais j'en ai déjà trop dit. Je ne serai toujours que le plus humble et le plus prosterné de vos serviteurs, lors même que, par une de ces reconnaissances qui dénouent les tragédies, tout le monde me saluerait comme fils de Roi. Qu'un signe, le plus léger, me fasse comprendre que ma hardiesse n'a pas excité en vous une trop dédaigneuse colère, et j'expirerai sans regret, brûlé par vos yeux, sur le bûcher de mon amour. »

Qu'aurait répondu la marquise à cette brûlante épître, qui peut-être avait servi plusieurs fois? il faudrait connaître bien à fond le cœur féminin pour le savoir. Par malheur, la lettre n'arriva pas à son adresse. Entiché de grandes dames, Léandre ne regardait point les soubrettes et n'était point galant avec elles. En quoi il avait tort, car elles peuvent beaucoup sur les volontés de leurs maîtresses. Si les pistoles eussent été appuyées de quelques baisers et lutineries, Jeanne, satisfaite en son amour-propre de femme de chambre, qui vaut bien celui d'une Reine, eût mis plus de zèle et de fidélité à s'acquitter de sa commission.

Comme elle tenait négligemment la lettre de Léandre à la main, le marquis la rencontra et lui demanda par manière d'acquit, n'étant pas de sa nature un mari curieux, quel était ce papier qu'elle portait ainsi.

« Oh! pas grand'chose, répondit-elle, une missive de M. Léandre à madame la marquise.

— De Léandre, l'amoureux de la troupe, celui qui fait le galant dans les *Rodomontades du capitaine Matamore!* Que peut-il écrire à ma femme? sans doute il lui demande quelque gratification.

— Je ne pense point, répondit la rancunière suivante; en me remettant ce poulet, il poussait des soupirs et faisait des yeux blancs comme un amoureux pâmé.

— Donne cette lettre, fit le marquis, j'y répondrai. N'en dis rien à la marquise. Ces baladins sont parfois impertinents, et, gâtés par les indulgences qu'on a, ne savent point se tenir en leur place. »

En effet, le marquis, qui aimait assez se divertir, fit réponse au Léandre dans le même style avec une grande écriture seigneuriale, sur papier flairant le musc, le tout cacheté de cire d'Espagne parfumée et d'un blason de fantaisie, pour mieux entretenir le pauvre diable en ses imaginations amoureuses.

Quand Léandre rentra dans sa chambre après la représentation, il trouva sur sa table, au lieu le plus apparent, un pli déposé par une main mystérieuse et portant cette suscription : « A monsieur Léandre. » Il l'ouvrit tout tremblant de bonheur et lut les phrases suivantes :

« Comme vous le dites trop bien pour mon repos, les déesses ne peuvent aimer que des mortels. A onze heures, quand tout dormira sur la terre, ne craignant plus l'indiscrétion des regards humains, Diane quittera les cieux et descendra vers le berger Endymion. Ce ne sera pas sur le mont Latmus, mais dans le parc, au pied de la statue de l'Amour discret où le beau berger aura soin de sommeiller pour ménager la pudeur de l'immortelle, qui viendra sans son cortége de nymphes, enveloppée d'un nuage et dépouillée de ses rayons d'argent. »

Nous vous laissons à penser quelle joie folle inonda le cœur du Léandre à la lecture de ce billet, qui dépassait ses plus vaniteuses espérances. Il répandit sur sa chevelure et ses mains un flacon d'essence, mâcha un morceau de macis pour avoir l'haleine fraîche, rebrossa ses dents, tourna la pointe de ses boucles afin de les faire mieux friser et se rendit dans le parc à l'endroit indiqué, où, pour vous raconter ceci, nous l'avons laissé faisant le pied de grue.

La fièvre de l'attente et aussi la fraîcheur nocturne lui causaient des frissons nerveux. Il tressaillait à la chute d'une feuille, et tendait au moindre bruit une oreille exercée à saisir au vol le murmure du souffleur. Le sable criant sous son pied lui semblait faire un fracas énorme qu'on dut entendre du château. Malgré lui, l'horreur sacrée des bois l'envahissait et les grands arbres noirs inquiétaient son imagination. Il n'avait pas peur précisément, mais ses idées prenaient une pente assez lugubre. La marquise tardait un peu, et Diane laissait trop longtemps Endymion les pieds dans la rosée. A un certain instant il lui sembla entendre craquer une branche morte sous un pas assez lourd. Ce ne pouvait être celui de sa déesse. Les déesses glissent sur un rayon et elles touchent terre sans faire ployer la pointe d'une herbe.

« Si la marquise ne se hâte pas de venir, au lieu d'un galant plein d'ardeur, elle ne trouvera plus qu'un amoureux transi, pensait Léandre ; ces attentes où l'on se morfond ne valent rien aux prouesses de Cythère. » Il en était là de ses réflexions, lorsque quatre ombres massives se dégageant d'entre les arbres et de derrière le piédestal de la statue, vinrent à lui d'un mouvement concerté. Deux de ces ombres qui étaient les corps de grands marauds, laquais au service du marquis de Bruyères, saisirent les bras du comédien, les lui maintinrent comme ceux des captifs qu'on veut lier, et les deux autres se mirent à la bâtonner en cadence. Les coups résonnaient sur son dos comme les marteaux sur l'enclume. Ne voulant point par ses cris attirer du monde et faire connaître sa mésaventure, le pauvre fustigé supporta héroïquement sa douleur. Mutius Scévola ne fit pas meilleure contenance le poing dans le brasier, que Léandre sous le bâton.

La correction finie, les quatre bourreaux lâchèrent leur victime, lui firent une profonde salutation et se retirèrent sans avoir sonné mot.

Quelle chute honteuse! Icare tombant du haut du ciel n'en fit pas une plus profonde. Contusionné, brisé, moulu, Léandre, clopin-clopant, regagna le château courbant le dos, se frottant les côtes; mais la vanité chez lui était si grande que l'idée d'une mystification ne lui vint pas. Son amour-propre trouvait plus expédient de donner à l'aventure un tour tragique. Il se disait que, sans doute, la marquise, épiée par un mari jaloux, avait été suivie, enlevée, avant d'arriver au rendez-vous, et forcée, le poignard sur la gorge, à tout avouer. Il se la représentait à genoux, échevelée, demandant grâce au marquis, forcené de colère, répandant des pleurs à foison et promettant pour l'avenir de mieux résister aux surprises de son cœur. Même tout courbaturé de bastonnades, il la plaignait de s'être mise en tel péril à cause de lui, ne se doutant pas qu'elle ignorait l'histoire et reposait à cette heure fort tranquillement entre ses draps de toile de Hollande, bassinés au bois de santal et à la cannelle.

En longeant le corridor, Léandre eut cette contrariété de voir Scapin dont la tête passait par l'hiatus de la porte entre-bâillée et qui ricanait malicieusement. Il se redressa du mieux qu'il put, mais la maligne bête ne prit pas le change.

Le lendemain, la troupe fit ses préparatifs de départ. On abandonna le char à bœufs comme trop lent, et le Tyran, largement payé par le marquis, loua une grande charrette à quatre chevaux pour emmener la bande et ses bagages. Léandre et Zerbine se levèrent tard, pour des raisons qu'il n'est pas besoin d'indiquer davantage, seulement l'un avait la mine dolente et piteuse, quoiqu'il essayât de faire à mauvais jeu bon visage ; l'autre rayonnait d'ambition satisfaite. Elle se montrait même bonne princesse envers ses compagnes, et la duègne, symptôme grave, se rapprochait d'elle avec des obséquiosités patelines qu'elle ne lui avait jamais montrées. Scapin, à qui rien n'échappait, remarqua que la malle de Zerbine avait doublé de poids par quelque sortilége magique. Sérafine se mordait les lèvres en murmurant le mot « créature ! » que la soubrette ne fit pas semblant d'entendre, contente pour le moment de l'humiliation de la grande coquette.

Enfin, la charrette s'ébranla, et l'on quitta cet hospitalier château de Bruyères, que tous regrettaient, excepté Léandre. Le Tyran pensait aux pistoles qu'il avait reçues ; le Pédant, aux excellents vins dont il s'était largement abreuvé ; Matamore aux applaudissements qu'on lui avait prodigués ; Zerbine, aux pièces de taffetas, aux colliers d'or et autres régals ; Sigognac et Isabelle ne pensaient qu'à leur amour, et contents d'être ensemble, ne retournèrent pas même la tête pour voir encore une fois à l'horizon les toits bleus et les murs vermeils du château.

EFFET DE NEIGE

Comme on peut le penser, les comédiens étaient satisfaits de leur séjour au château de Bruyères. De telles aubaines ne leur advenaient pas souvent dans leur vie nomade; le Tyran avait distribué les parts, et chacun remuait avec une amoureuse titillation de doigts quelques pistoles au fond de poches habituées à servir souvent d'auberge au diable. Zerbine, rayonnant d'une joie mystérieuse et contenue, acceptait de bonne humeur les brocards de ses camarades sur la puissance de ses charmes. Elle triomphait, ce dont la Sérafine pensait enrager. Seul, Léandre tout rompu encore de la bastonnade nocturne qu'il avait reçue, ne semblait pas partager la gaieté générale, bien qu'il affectât de sourire, mais ce n'était que ris de chien et du bout des dents, pour ainsi dire. Ses mouvements étaient contraints, et les cahots de la voiture lui arrachaient parfois des grimaces significatives. Quand il jugeait qu'on ne le regardait point, il se frottait de la paume les épaules et les bras; manœuvres dissimulées qui pouvaient donner le change aux autres comédiens, mais n'échappaient pas à la narquoise inquisition de Scapin, toujours à l'affût des mésaventures de Léandre, dont la fatuité lui était particulièrement insupportable.

Un heurt de la roue contre une pierre assez grosse que le charreton n'avait pas vue fit pousser au galant un Aïe! d'angoisse et de douleur, sur quoi Scapin entama la conversation en feignant de le plaindre.

« Mon pauvre Léandre, qu'as-tu donc à geindre et te lamenter de la sorte? Tu sembles tout moulu comme le chevalier de la Triste-Figure, lorsqu'il eut cabriolé tout nu dans la Sierra-Morena par pénitence amoureuse, à l'imitation d'Amadis sur la Roche-Pauvre. On dirait que ton lit était fait de bâtons croisés et non de matelas douillets avec courtes-pointes, oreillers et carreaux, en somme plus propice à rompre les membres qu'à les reposer, tant tu as la mine battue, le teint maladif et l'œil poché. De tout ceci, il appert que le seigneur Morphée ne t'a pas visité cette nuit.

— Morphée peut être resté en sa caverne, mais le petit dieu Cupidon est un rôdeur qui n'a pas besoin de lanterne pour savoir trouver une porte dans un corridor, répondit Léandre, espérant détourner les soupçons de son ennemi Scapin.

— Je ne suis qu'un valet de comédie et n'ai point l'expérience des choses galantes. Jamais je n'ai fait l'amour aux belles dames; mais j'en sais assez pour n'ignorer point que le dieu Cupidon, d'après les poëtes et faiseurs de romans, se sert de ses flèches à l'endroit de ceux qu'il veut navrer, et non pas du bois de son arc.

— Que voulez-vous dire? se hâta d'interrompre

Léandre, inquiet du tour que prenait l'entretien, par ces subtilités et déductions mythologiques.

— Rien, sinon que tu as là sur le col, un peu au-dessus de la clavicule, bien que tu t'efforces de la cacher avec ton mouchoir, une raie noire qui demain sera bleue, après-demain verte, et ensuite jaune, jusqu'à ce qu'elle s'évanouisse en couleur naturelle, raie qui ressemble diantrement au paraphe authentique d'un coup de bâton signé sur une peau de veau ou vélin, si tu aimes mieux ce vocable.

— Sans doute, répondit Léandre, de pâle devenu rouge jusqu'à l'ourlet de l'oreille, ce sera quelque beauté morte, amoureuse de moi pendant sa vie, qui m'aura baisé en songe tandis que je dormais. Les baisers des morts impriment en la chair, comme chacun sait, des meurtrissures dont on s'étonne au réveil.

— Cette beauté défunte et fantasmatique vient bien à point, répondit Scapin, mais j'aurais juré que ce vigoureux baiser avait été appliqué par des lèvres de bois vert.

— Mauvais raillard et faiseur de gausseries que vous êtes, dit Léandre, vous poussez ma modestie à bout. Pudiquement je mets sur le compte des mortes ce qui pourrait être à meilleur droit revendiqué par les vivantes. Tout indocte et rustique que vous affectiez d'être, vous avez sans doute entendu parler de ces jolis signes, taches, meurtrissures, marques de dents, mémoire des folâtres ébats que les amants ont coutume d'avoir ensemble?

— *Memorem dente notam*, interrompit le Pédant, joyeux de citer Horace.

— Cette explication me semble judicieuse, répondit Scapin, et appuyée d'autorités convenables. Pourtant la marque est si longue, que cette beauté nocturne, morte ou vivante, devait avoir en la bouche cette dent unique que les Phorkyades se prêtaient tour à tour. »

Léandre, outré de fureur, voulut se jeter sur Scapin et le gourmer, mais le ressentiment de la bastonnade fut si vif dans ses côtes endolories et sur son dos rayé comme celui d'un zèbre, qu'il se rassit, remettant sa vengeance à un temps meilleur. Le Tyran et le Pédant, accoutumés à ces querelles dont ils se divertissaient, les firent se raccommoder. Scapin promit de ne jamais faire d'allusion à ces sortes de choses. « J'ôterai, dit-il, de mon discours le bois sous toute forme, bois grume, bois marmenteau, bois de lit et même bois de cerf. »

Pendant cette curieuse altercation, la charrette cheminait toujours, et bientôt on arriva à un carrefour. Une grossière croix de bois fendillé par le soleil et la pluie, soutenant un Christ dont un des bras s'était détaché du corps, et, retenu d'un clou rouillé, pendait sinistrement, s'élevait sur un tertre de gazon et marquait l'embranchement de quatre chemins.

Un groupe composé de deux hommes et de trois mules était arrêté à la croisée des routes et semblait attendre quelqu'un qui devait passer. Une des mules, comme impatiente d'être immobile, secouait sa tête empanachée de pompons et de houppes de toutes couleurs avec un frisson argentin de grelots. Quoique des œillères de cuir piquées de broderies l'empêchassent de porter ses regards à droite et à gauche, elle avait senti l'approche de la voiture; les nutations de ses longues oreilles témoignaient d'une curiosité inquiète, et ses lèvres retroussées découvraient ses dents.

« La colonelle remue ses cornets et montre ses gencives, dit l'un des hommes, le chariot ne doit pas être loin maintenant. »

En effet, la charrette des comédiens arrivait au carrefour. Zerbine, assise sur le devant de la voiture, jeta un coup d'œil rapide sur le groupe de bêtes et de gens dont la présence en ce lieu ne parut pas la surprendre.

« Pardieu! voilà un galant équipage, dit le Tyran, et de belles mules d'Espagne à faire leurs quinze ou vingt lieues dans la journée. Si nous étions ainsi montés, nous serions bientôt arrivés devers Paris. Mais qui diable attendent-elles donc là? C'est sans doute quelque relais préparé pour un seigneur.

— Non, reprit la duègne, la mule est harnachée d'oreillers et couvertures comme pour une femme.

— Alors, dit le Tyran, c'est un enlèvement qui se prépare, car ces deux écuyers en livrée grise ont l'air fort mystérieux.

— Peut-être, répondit Zerbine avec un sourire d'une expression équivoque.

— Est-ce que la dame serait parmi nous? fit le Scapin; un des deux écuyers se dirige vers la voiture, comme s'il voulait parlementer avant d'user de violence.

— Oh! il n'en sera pas besoin, ajouta Sérafine jetant sur la Soubrette un regard dédaigneux que celle-ci soutint avec une tranquille impudence; il est des bonnes volontés qui sautent d'elles-mêmes entre les bras des ravisseurs.

— N'est pas enlevée qui veut, répliqua la Soubrette; le désir n'y suffit pas, il faut encore l'agrément. »

La conversation en était là, quand l'écuyer, faisant signe au charretón d'arrêter ses chevaux, demanda, le béret à la main, si mademoiselle Zerbine n'était pas dans la voiture.

Zerbine, vive et preste comme une couleuvre, sortit sa petite tête brune hors du tendelet et répondit elle-même à l'interrogation; puis elle sauta à terre.

« Mademoiselle, je suis à vos ordres, dit l'écuyer d'un ton galant et respectueux. »

La Soubrette fit bouffer ses jupes, passa le doigt autour de son corsage, comme pour donner de l'aisance à sa poitrine, et, se tournant vers les comédiens, leur tint délibérément cette petite harangue :

« Mes chers camarades, pardonnez-moi si je vous quitte ainsi. Parfois l'Occasion vous contraint à la saisir en vous présentant sa mèche de cheveux devant la main, et de façon si opportune, que ce serait sottise pure de ne pas s'y accrocher à pleins doigts; car, lâchée, elle ne revient point. Le visage de la Fortune, qui jusqu'à présent ne s'était montré pour moi que rechigné et maussade, me fait un ris gracieux. Je profite de sa bonne volonté, sans doute passagère. En mon humble état de soubrette, je ne pouvais prétendre qu'à des Mascarilles ou Scapins. Les valets seuls me courtisaient, tandis que les maîtres faisaient l'amour aux Lucindes, aux Léonores et aux Isabelles; c'est à peine si les seigneurs daignaient, en passant, me prendre le menton et appuyer d'un baiser sur la joue le demi-louis d'argent qu'ils glissaient dans la pochette de mon tablier. Il s'est trouvé un mortel de meilleur goût, pensant que, hors du théâtre, la soubrette valait bien la maîtresse, et comme l'emploi de Zerbine n'exige pas une vertu très-farouche, j'ai jugé qu'il ne fallait pas désespérer ce galant homme que mon départ contrarierait fort. Or donc, laissez-moi prendre mes malles au fond de la voiture, et recevez mes adieux. Je vous retrouverai un jour ou l'autre à Paris, car je suis comédienne dans l'âme, et je n'ai jamais fait de bien longues infidélités au théâtre. »

Les hommes prirent les coffres de Zerbine, et les ajustèrent, se faisant équilibre, sur la mule de bât; la Soubrette, aidée par l'écuyer qui lui tint le pied, sauta sur la colonelle aussi légèrement que si elle eût étudié la voltige en une académie équestre, puis frappant du talon le flanc de sa monture, elle s'éloigna faisant un petit geste de main à ses camarades.

« Bonne chance, Zerbine, crièrent les comédiens, à l'exception de Sérafine qui lui gardait rancune.

— Ce départ est fâcheux, dit le Tyran, et j'aurais bien voulu retenir cette excellente soubrette; mais elle n'avait d'autre engagement que sa fantaisie. Il faudra ajuster dans les pièces les rôles de suivante en duègne ou chaperon, chose moins plaisante à l'œil qu'un minois fripon; mais dame Léonarde a du comique et connaît à fond les tréteaux. Nous nous en tirerons tout de même. »

La charrette se remit en marche d'une allure un peu plus vive que celle du char à bœufs. Elle traversait un pays qui contrastait par son aspect avec la physionomie des landes. Aux sables blancs avaient succédé des terrains rougeâtres fournissant plus de sucs nourriciers à la végétation. Des maisons de pierre, annonçant quelque aisance, apparaissaient çà et là, entourées de jardins clos par des haies vives déjà effeuillées où rougissait le bouton de l'églantier sauvage, et bleuissait la baie de la prunelle. Au bord de la route, des arbres d'une belle venue dressaient leurs troncs vigoureux et tendaient leurs fortes branches dont la dépouille jaunie tachetait l'herbe alentour ou courait au caprice de la brise devant Isabelle et Sigognac, qui, fatigués de la pose contrainte qu'ils étaient obligés de garder dans la voiture, se délassaient en marchant un peu à pied. Le Matamore avait pris l'avance, et dans la rougeur du soir on l'apercevait sur la crête de la montée dessinant en lignes sombres son frêle squelette qui, de loin, semblait embroché dans sa rapière.

« Comment se fait-il, disait tout en marchant Sigognac à Isabelle, que vous qui avez toutes les façons d'une demoiselle de haut lignage par la modestie de votre conduite, la sagesse de vos paroles et le bon choix des termes, vous soyez ainsi attachée à cette troupe errante de comédiens, braves gens, sans doute, mais non de même race et acabit que vous?

— N'allez pas, reprit Isabelle, pour quelque bonne grâce qu'on me voit, me croire une princesse infortunée ou reine chassée de son royaume, réduite à cette misérable condition de gagner sa vie sur les planches. Mon histoire est toute simple, et puisque ma vie vous inspire quelque curiosité, je vais vous la conter. Loin d'avoir été amenée à l'état que je fais par catastrophes du sort, ruines inouïes ou aventures romanesques, j'y suis née, étant, comme on dit, enfant de la balle. Le chariot de Thespis a été mon lieu de nativité et ma patrie voyageuse. Ma mère, qui jouait les princesses tragiques, était une fort belle femme. Elle prenait ses rôles au sérieux, et même hors de la scène elle ne voulait entendre parler que de rois, princes, ducs et autres grands, tenant pour véritables ses couronnes de clinquant et ses sceptres de bois doré. Quand elle rentrait dans la coulisse, elle traînait si majestueusement le faux velours de ses robes, qu'on eût dit que ce fût un flot de pourpre ou la propre queue d'un manteau royal. Avec cette superbe elle fermait opiniâtrément l'oreille aux aveux, requêtes et promesses de ces galantins qui toujours volètent autour des comédiennes comme papillons autour de la chandelle. Un soir même, en sa loge, comme un blondin voulait s'émanciper, elle se dressa en pied, et s'écria comme une vraie Thomyris reine de Scythie : « Gardes ! qu'on le saisisse ! » d'un ton si souverain, dédaigneux et solennel, que le galant, tout interdit, se déroba de peur, n'osant pousser sa pointe. Or, ces fiertés et rebuffades étranges en une comédienne toujours soupçonnée de mœurs légères étant venues à la connaissance d'un très-haut et puissant prince, il les trouva de bon goût, et se dit que ces mépris du vulgaire profane ne pouvaient procéder que d'une âme généreuse. Comme son rang dans le monde équipollait à celui de reine au théâtre, il fut reçu plus doucement et d'un sourcil moins farouche. Il était jeune, beau, parlait bien, était pressant et possédait ce grand avantage de la noblesse. Que vous dirai-je de plus? cette fois la reine n'appela pas ses gardes, et vous voyez en moi le fruit de ces belles amours.

« Cela, dit galamment Sigognac, explique à merveille les grâces sans secondes dont on vous voit ornée. Un sang princier coule dans vos veines. Je l'avais presque deviné!

— Cette liaison, continua Isabelle, dura plus longtemps que n'ont coutume les intrigues de théâtre. Le prince trouva chez ma mère une fidélité qui venait de l'orgueil autant que de l'amour, mais qui ne se démentit point. Malheureusement des raisons d'État vinrent à la traverse; il dut partir pour des guerres ou ambassades lointaines. D'illustres mariages qu'il retarda tant qu'il put furent négociés en son nom par sa famille. Il lui fallut céder, car il n'avait pas le droit d'interrompre, à cause d'un caprice amoureux, cette longue suite d'ancêtres remontant à Charlemagne et de finir en lui cette glorieuse race. Des sommes assez fortes furent offertes à ma mère pour adoucir cette rupture devenue nécessaire, la mettre à l'abri du besoin et subvenir à ma nourriture et éducation. Mais elle ne voulut rien entendre, disant qu'elle n'acceptait point la bourse sans le cœur et qu'elle aimait mieux que le prince lui fût redevable que non pas elle redevable au prince; car elle lui avait donné, en sa générosité extrême, ce que jamais il ne lui pourrait rendre. « Rien avant, rien après, » telle était sa devise. Elle continua donc son métier de princesse tragique, mais la mort dans l'âme, et depuis ne fit que languir jusqu'à son trépas, qui ne tarda guère. J'étais alors une fillette de sept ou huit ans; je jouais les enfants et les amours et autres petits rôles proportionnés à ma taille et à mon intelligence. La mort de ma mère me causa un chagrin au-dessus de mon âge, et je me souviens qu'il me fallut fouetter ce jour-là pour me forcer à jouer un des enfants de Médée. Puis cette grande douleur s'apaisa par les cajoleries des comédiens et comédiennes qui me dorlotaient de leur mieux et comme à l'envi, me mettant toujours quelques friandises en mon petit panier. Le Pédant, qui faisait partie de notre troupe et déjà me semblait aussi vieux et ridé qu'aujourd'hui, s'intéressa à moi, m'apprit la récitation, harmonie et mesure des vers, les façons de dire et d'écouter, les poses, les gestes, physionomies congruantes au discours, et tous les secrets d'un art où il excelle, quoique comédien de province, car il a de l'étude, ayant été régent de collège, et chassé pour incorrigible ivrognerie. Au milieu du désordre apparent d'une vie vagabonde, j'ai vécu innocente et pure, car pour mes compagnons qui m'avaient vue au berceau, j'étais une sœur ou une fille, et pour les godelureaux j'ai bien su d'une mine froide, réservée et discrète, les tenir à distance comme il convient, continuant, hors de la scène, mon rôle d'ingénue, sans hypocrisie ni fausse pudeur. »

Ainsi, tout en marchant, Isabelle racontait à Sigognac charmé l'histoire de sa vie et aventures.

« Et le nom de ce grand, dit Sigognac, le savez-vous ou l'avez-vous oublié?

— Il serait peut-être dangereux pour mon repos de le dire, répondit Isabelle, mais il est resté gravé dans ma mémoire.

— Existe-t-il quelque preuve de sa liaison avec votre mère?

— Je possède un cachet armorié de son blason, dit Isabelle, c'est le seul joyau que ma mère ait gardé de lui à cause de sa noblesse et signification héraldique qui effaçait l'idée de valeur matérielle, et si cela vous amuse, je vous le montrerai un jour. »

Il serait par trop fastidieux de suivre étape par étape le chariot comique, d'autant plus que le voyage se faisait à petites journées, sans aventures dont il faille garder mémoire. Nous sauterons donc quelques jours, et nous arriverons aux environs de Poitiers. Les recettes n'avaient pas été fructueuses et les temps durs étaient venus pour la troupe. L'argent du marquis de Bruyères avait fini par s'épuiser, ainsi que les pistoles de Sigognac, dont la délicatesse eût souffert de ne pas soulager, dans les mesures de ses pauvres ressources, ses camarades en détresse. Le chariot, traîné par quatre bêtes vigoureuses au départ, n'avait plus qu'un seul cheval, et quel cheval! une misérable rosse qui semblait s'être nourrie, au lieu de foin et d'avoine, avec des cercles de barriques, tant ses côtes étaient saillantes. Les os de ses hanches perçaient la peau, et les muscles détendus de ses cuisses se dessinaient par de grandes rides flasques ; des éparvins gonflaient ses jambes hérissées de longs poils. Sur son garrot, à la pression d'un collier dont la bourre avait disparu, s'avivaient des écorchures saigneuses et les coups de fouet zébraient comme des hachures les flancs meurtris du pauvre animal. Sa tête était tout un poëme de mélancolie et de souffrance. Derrière ses yeux se creusaient de profondes salières qu'on aurait cru évidées au scalpel. Ses prunelles bleuâtres avaient le regard morne, résigné et pensif de la bête surmenée. L'insouciance des coups produite par l'inutilité de l'effort s'y lisait tristement, et le claquement de la lanière ne pouvait plus en tirer une étincelle de vie. Ses oreilles énervées, dont l'une avait le bout fendu, pendaient piteusement de chaque côté du front et scandaient, par leur oscillation, le rhythme inégal de la marche. Une mèche de la crinière, de blanche devenue jaune, entremêlait ses filaments à la têtière, dont le cuir avait usé les protubérances osseuses des joues mises en relief par la maigreur. Les cartilages des narines laissaient suinter l'eau d'une respiration pénible et les barres fatiguées faisaient la moue comme des lèvres maussades.

Sur son pelage blanc, truité de roux, la sueur avait tracé des filets pareils à ceux dont la pluie raye le plâtre des murailles, agglutiné sous le ventre des flocons de poil, délavé les membres inférieurs et fait avec la crotte un affreux ciment. Rien n'était plus lamentable à voir, et le cheval que monte la Mort dans l'Apocalypse eût paru une bête fringante propre à parader aux carrousels à côté de ce pitoyable et désastreux animal dont les épaules semblaient se disjoindre à chaque pas, et qui, d'un œil douloureux, avait l'air d'invoquer comme une grâce le coup d'assommoir de l'équarrisseur. La température commençant à devenir froide, il marchait au milieu de la fumée qu'exhalaient ses flancs et ses naseaux.

Il n'y avait dans le chariot que les trois femmes. Les hommes allaient à pied pour ne pas surcharger le triste animal, qu'il ne leur était pas difficile de suivre et même de devancer. Tous, n'ayant à exprimer que des pensées désagréables, gardaient le silence et marchaient isolés, s'enveloppant de leur cape du mieux qu'ils pouvaient.

Sigognac, presque découragé, se demandait s'il n'eût pas mieux fait de rester au castel délabré de ses pères, sauf à y mourir de faim à côté de son blason fruste dans le silence et la solitude, que de courir ainsi les hasards des chemins avec des bohèmes.

Il songeait au brave Pierre, à Bayard, à Miraut et à Béelzébuth, les fidèles compagnons de son ennui. Son cœur se serrait quoi qu'il fît, et il lui montait de la poitrine à la gorge ce spasme nerveux qui d'ordinaire se résout en larmes; mais un regard jeté sur Isabelle, pelotonnée dans sa mante et assise sur le devant de la charrette, lui raffermissait le courage.

La jeune femme lui souriait ; elle ne paraissait pas se chagriner de cette misère ; son âme était satisfaite, qu'importaient les souffrances et les fatigues du corps ?

Le paysage qu'on traversait n'était guère propre à dissiper la mélancolie. Au premier plan se tordaient les squelettes convulsifs de quelques vieux ormes tourmentés, contournés, écimés, dont les branches noires aux filaments capricieux se détaillaient sur un ciel d'un gris-jaune très-bas et gros de neige qui ne laissait filtrer qu'un jour livide ; au second, s'étendaient des plaines dépouillées de culture, que bordaient près de l'horizon des collines pelées ou des lignes de bois roussâtres. De loin en loin, comme une tache de craie, quelque chaumine dardant une légère spirale de fumée apparaissait entre les brindilles menues de ses clôtures. La ravine d'une rigole sillonnait la terre d'une longue cicatrice. Au printemps, cette campagne, habillée de verdure, eût pu sembler agréable ; mais, revêtue des grises livrées de l'hiver, elle ne présentait aux yeux que monotonie, pauvreté et tristesse. De temps en temps passait, hâve et déguenillé, un paysan ou quelque vieille courbée sous un fagot de bois mort, qui, loin d'animer ce désert, en faisait au contraire ressortir la solitude. Les pies, sautillant sur la terre brune avec leur queue plantée dans leur croupion comme un éventail fermé, en paraissaient les véritables habitantes. Elles jacassaient à l'aspect du chariot comme si elles se fussent communiqué leurs réflexions sur les comédiens et dansaient devant eux d'une façon dérisoire, en méchants oiseaux sans cœur qu'elles étaient, insensibles à la misère du pauvre monde.

Une bise aigre sifflait, collant leurs minces capes sur le corps des comédiens, et leur souffletant le visage de ses doigts rouges. Aux tourbillons du vent se mêlèrent bientôt des flocons de neige, montant, descendant, se croisant sans pouvoir toucher la terre ou s'accrocher quelque part, tant la rafale était forte. Ils devinrent si pressés, qu'ils formaient comme une obscurité blanche à quelques pas des piétons aveuglés. A travers ce fourmillement argenté, les objets les plus voisins perdaient leur apparence réelle et ne se distinguaient plus.

« Il paraît, dit le Pédant, qui marchait derrière le chariot pour s'abriter un peu, que la ménagère céleste plume des oies là-haut et secoue sur nous le duvet de son tablier. La chair m'en plairait davantage, et je serais bien homme à la manger sans citron ni épices.

— Voire même sans sel, répondit le Tyran; car mon estomac ne se souvient plus de cette omelette dont les œufs piaillaient quand on les cassa sur le bord du poêlon et que j'ai avalée sous le titre fallacieux et sarcastique de déjeuner, malgré les becs qui la hérissaient. »

Sigognac s'était aussi réfugié derrière la voiture, et le Pédant lui dit : « Voilà un terrible temps, monsieur le Baron, et je regrette pour vous de vous voir partager notre mauvaise fortune; mais ce sont traverses passagères, et quoique nous n'allions guère vite, cependant nous nous rapprochons de Paris.

— Je n'ai point été élevé sur les genoux de la mollesse, répondit Sigognac, et je ne suis point homme à m'effrayer pour quelques flocons de neige. Ce sont ces pauvres femmes que je plains, obligées, malgré la débilité de leur sexe, à supporter des fatigues et des privations comme routiers en campagne.

— Elles y sont de longue main habituées, et ce qui serait dur à des femmes de qualité ou à des bourgeoises ne leur semble pas autrement pénible. »

La tempête augmentait. Chassée par le vent, la neige courait en blanches fumées rasant le sol, et ne s'arrêtant que lorsqu'elle était retenue par quelque obstacle, revers de tertre, mur de pierrailles, clôture de haie, talus de fossé. Là, elle s'entassait avec une prodigieuse vitesse, débordant en cascade de l'autre côté de la digue temporaire. D'autres fois elle s'engouffrait dans le tournant d'une trombe et remontait au ciel en tourbillons pour en retomber par masses, que l'orage dispersait aussitôt. Quelques minutes avaient suffi pour poudrer à blanc, sous la toile palpitante de la charrette, Isabelle, Séraphine et Léonarde, quoiqu'elles se fussent réfugiées tout au fond et abritées d'un rempart de paquets.

Ahuri par les flagellations de la neige et du vent, le cheval n'avançait plus qu'à grand'peine. Il soufflait, ses flancs battaient, et ses sabots glissaient à chaque pas. Le Tyran le prit par le bridon, et, marchant à côté de lui, le soutint un peu de sa main vigoureuse.

Le Pédant, Sigognac et Scapin poussaient à la roue. Léandre faisait claquer le fouet pour exciter la pauvre bête : la frapper eût été cruauté pure. Quant au Matamore, il était resté quelque peu en arrière, car, il était si léger, vu sa maigreur phénoménale, que le vent l'empêchait d'avancer, quoiqu'il eût pris une pierre en chaque main et rempli ses poches de cailloux pour se lester.

Cette tempête neigeuse, loin de s'apaiser, faisait de plus en plus rage, et se roulait avec furie dans les amas de flocons blancs qu'elle agitait en mille remous comme l'écume des vagues. Elle devint si violente, que les comédiens furent contraints, bien qu'ils eussent grande hâte d'arriver au village, d'arrêter le chariot et de le tourner à l'opposite du vent. La pauvre rosse qui le traînait n'en pouvait plus ; ses jambes se roidissaient ; des frissons couraient sur sa peau fumante et baignée de sueur. Un effort de plus, et elle tombait morte ; déjà une goutte de sang perlait dans ses naseaux largement dilatés par l'oppression de la poitrine, et des lueurs vitrées passaient sur le globe de l'œil.

Le terrible dans le sombre n'est pas difficile à concevoir. Les ténèbres logent aisément les épouvantes, mais l'horreur blanche se fait moins comprendre. Cependant, rien de plus sinistre que la position de nos pauvres comédiens, pâles de faim, bleus de froid, aveuglés de neige et perdus en pleine grande route au milieu de ce vertigineux tourbillon de grains glacés les enveloppant de toutes parts. Tous s'étaient blottis sous la toile de la bâche pour laisser passer la rafale, et se pressaient les uns contre les autres afin de profiter de leur chaleur mutuelle. Enfin l'ouragan tomba, et la neige, suspendue en l'air, put descendre moins tumultueusement sur le sol. Aussi loin que l'œil pouvait s'étendre, la campagne disparaissant sous un linceul argenté.

« Où donc est Matamore, dit Blazius, est-ce que par hasard le vent l'aurait emporté dans la lune ?

— En effet, ajouta le Tyran, je ne le vois point. Il s'est peut-être blotti sous quelque décoration au fond de la voiture. Hohé ! Matamore ! secoue tes oreilles si tu dors, et réponds à l'appel. »

Matamore n'eut garde de sonner mot. Aucune forme ne s'agita sous le monceau de vieilles toiles.

« Hohé ! Matamore, beugla itérativement le Tyran de sa plus grosse voix tragique et d'un ton à réveiller dans leur grotte les sept dormants avec leur chien.

— Nous ne l'avons pas vu, dirent les comédiennes, et comme les tourbillons de neige nous aveuglaient, nous ne nous sommes point autrement inquiétées de son absence, le pensant à quelques pas de la charrette.

— Diantre ! fit Blazius, voilà qui est étrange ! pourvu qu'il ne lui soit point arrivé malheur.

— Sans doute, dit Sigognac, il se sera, pendant le plus fort de la tourmente, abrité derrière quelque tronc d'arbre, et il ne tardera pas à nous rejoindre. »

On résolut d'attendre quelques minutes, lesquelles

passées, on irait à sa recherche. Rien n'apparaissait sur le chemin, et de ce fond de blancheur, quoique le crépuscule tombât, une forme humaine se fût aisément détachée même à une assez grande distance. La nuit qui descend si rapide aux courtes journées de décembre était venue, mais sans amener avec elle une obscurité complète. La réverbération de la neige combattait les ténèbres du ciel, et par un renversement bizarre il semblait que la clarté vînt de la terre. L'horizon s'accusait en lignes blanches et ne se perdait pas dans les fuites du lointain. Les arbres enfarinés se dessinaient comme les arborisations dont la gelée étame les vitres, et de temps en temps des flocons de neige secoués d'une branche tombaient pareils aux larmes d'argent des draps mortuaires, sur la noire tenture de l'ombre. C'était un spectacle plein de tristesse; un chien se mit à hurler au perdu comme pour donner une voix à la désolation du paysage et en exprimer les navrantes mélancolies. Parfois il semble que la nature, se lassant de son mutisme, confie ses peines secrètes aux plaintes du vent ou aux lamentations de quelque animal.

On sait combien est lugubre dans le silence nocturne cet aboi désespéré qui finit en râle et que semble provoquer le passage de fantômes invisibles pour l'œil humain. L'instinct de la bête, en communication avec l'âme des choses, pressent le malheur et le déplore avant qu'il soit connu. Il y a dans ce hurlement mêlé de sanglots l'effroi de l'avenir, l'angoisse de la mort et l'effarement du surnaturel. Le plus ferme courage ne l'entend pas sans en être ému, et ce cri fait dresser le poil sur la chair comme ce petit souffle dont parle Job.

L'aboi, d'abord lointain, s'était rapproché, et l'on pouvait distinguer au milieu de la plaine, assis le derrière dans la neige, un grand chien noir qui, le museau levé vers le ciel, semblait se gargariser avec ce gémissement lamentable.

« Il doit être arrivé quelque chose à notre pauvre camarade, s'écria le Tyran, cette maudite bête hurle comme pour un mort. »

Les femmes, le cœur serré d'un pressentiment sinistre, firent avec dévotion le signe de la croix. La bonne Isabelle murmura un commencement de prière.

« Il faut l'aller chercher sans plus attendre, dit Blazius, avec la lanterne dont la lumière lui servira de guide et d'étoile polaire s'il s'est égaré du droit chemin et vague à travers champs ; car en ces temps neigeux qui recouvrent les routes de blancs linceuls, il est facile d'errer. »

On battit le fusil, et le bout de chandelle allumé au ventre de la lanterne jeta bientôt à travers les minces vitres de corne une lueur assez vive pour être aperçue de loin.

Le Tyran, Blazius et Sigognac se mirent en quête. Scapin et Léandre restèrent pour garder la voiture et rassurer les femmes, que l'aventure commençait à inquiéter. Pour ajouter au lugubre de la scène, le chien noir hurlait toujours désespérément, et le vent roulait sur la campagne ses chariots aériens, avec de sourds murmures, comme s'il portait des esprits en voyage.

L'orage avait bouleversé la neige de façon à effacer toute trace ou du moins à en rendre l'empreinte incertaine. La nuit rendait d'ailleurs la recherche difficile, et quand Blazius approchait la lanterne du sol, il trouvait parfois le grand pied du Tyran moulé en creux dans la poussière blanche, mais non le pas de Matamore, qui, fût-il venu jusque-là, n'eût marqué non plus que celui d'un oiseau.

Ils firent ainsi près d'un quart de lieue, élevant la lanterne pour attirer le regard du comédien perdu et criant de toute la force de leurs poumons : « Matamore, Matamore, Matamore! »

A cet appel semblable à celui que les anciens adressaient aux défunts avant de quitter le lieu de sépulture, le silence seul répondait ou quelque oiseau peureux s'envolait en glapissant avec une brusque palpitation d'ailes pour s'aller perdre plus loin dans la nuit. Parfois un hibou offusqué de la lumière piaulait d'une façon lamentable. Enfin, Sigognac, qui avait la vue perçante, crut démêler à travers l'ombre, au pied d'un arbre, une figure d'aspect fantasmatique, étrangement roide et sinistrement immobile. Il en avertit ses compagnons, qui se dirigèrent avec lui de ce côté en toute hâte.

C'était bien, en effet, le pauvre Matamore. Son dos s'appuyait contre l'arbre et ses longues jambes étendues sur le sol disparaissaient à demi sous l'amoncellement de la neige. Son immense rapière, qu'il ne quittait jamais, faisait avec son buste un angle bizarre, et qui eût été risible en toute autre circonstance. Il ne bougea pas plus qu'une souche à l'approche de ses camarades. Inquiété de cette fixité d'attitude, Blazius dirigea le rayon de la lanterne sur le visage de Matamore, et il faillit la laisser choir, tant ce qu'il vit lui causa d'épouvante.

Le masque ainsi éclairé n'offrait plus les couleurs de la vie. Il était d'un blanc de cire. Le nez pincé aux ailes par les doigts noueux de la mort luisait comme un os de seiche; la peau se tendait sur les tempes. Des flocons de neige s'étaient arrêtés aux sourcils et aux cils, et les yeux dilatés regardaient comme deux yeux de verre. A chaque bout des moustaches scintillait un glaçon dont le poids les faisait courber. Le cachet de l'éternel silence scellait ces lèvres d'où s'étaient envolées tant de joyeuses rodomontades, et la tête de mort sculptée par la maigreur apparaissait déjà à travers ce visage pâle, où l'habitude des grimaces avait creusé des plis horriblement comiques, que le cadavre même conservait, car c'est une misère du comédien, que chez lui le trépas ne puisse garder sa gravité.

Nourrissant encore quelque espoir, le Tyran essaya de secouer la main de Matamore, mais le bras déjà roide retomba tout d'une pièce avec un bruit sec comme le bras de bois d'un automate dont on abandonne le fil. Le pauvre diable avait quitté le théâtre de la vie pour celui de l'autre monde. Cependant, ne pouvant admettre qu'il fût mort, le Tyran demanda à Blazius s'il n'avait pas sur lui sa gourde. Le Pédant ne se séparait jamais de ce précieux meuble. Il y restait encore quelques gouttes de vin, et il en introduisit le goulot entre les lèvres violettes du Matamore; mais les dents restèrent obstinément serrées, et la liqueur cordiale rejaillit en gouttes rouges par les coins de la bouche. Le souffle vital avait abandonné à jamais cette frêle argile, car la moindre respiration eût produit une fumée visible dans cet air froid.

« Ne tourmentez pas sa pauvre dépouille, dit Sigognac, ne voyez-vous pas qu'il est mort?

— Hélas! oui, répondit Blazius, aussi mort que Chéops sous la grande pyramide. Sans doute, étourdi par le chasse-neige et ne pouvant lutter contre la fureur de la tempête, il se sera arrêté près de cet arbre, et comme il n'avait pas deux onces de chair sur les os, il aura bientôt eu les moelles gelées. Afin de produire de l'effet à Paris, il diminuait chaque jour sa ration, et il était efflanqué de jeûne plus qu'un lévrier après les chasses. Pauvre Matamore, te voilà désormais à l'abri des nasardes, croquignoles, coups de pieds et de bâton à quoi t'obligeaient tes rôles! Personne ne te rira plus au nez.

— Qu'allons-nous faire de ce corps? interrompit le Tyran, nous ne pouvons le laisser là sur le revers de ce fossé pour que les loups, les chiens et les oiseaux le déchiquètent, encore que ce soit une piteuse viande où les vers mêmes ne trouveront pas à déjeuner.

— Non certes, dit Blazius; c'était un bon et loyal camarade, et comme il n'est pas bien lourd, tu vas lui prendre la tête, moi je lui prendrai les pieds, et nous le porterons tous deux jusqu'à la charrette.

Demain il fera jour, et nous l'inhumerons en quelque coin le plus décemment possible ; car, à nous autres histrions, l'Église marâtre nous ferme l'huis du cimetière, et nous refuse cette douceur de dormir en terre sainte. Il nous faut aller pourrir aux gémonies comme chiens crevés ou chevaux morts, après avoir en notre vie amusé les plus gens de bien. Vous, monsieur le Baron, vous nous précéderez et tiendrez le fallot. »

Sigognac acquiesça d'un signe de tête à cet arrangement. Les deux comédiens se penchèrent, déblayèrent la neige qui recouvrait déjà Matamore comme un linceul prématuré, soulevèrent le léger cadavre qui pesait moins que celui d'un enfant, et se mirent en marche précédés du Baron, qui faisait tomber sur leur route la lumière de la lanterne.

Heureusement personne à cette heure ne passait par le chemin, car c'eût été pour le voyageur un spectacle assez effrayant et mystérieux que ce groupe funèbre éclairé bizarrement par le reflet rougeâtre du fallot, et laissant après lui de longues ombres difformes sur la blancheur de la neige. L'idée d'un crime ou d'une sorcellerie lui fût venue sans doute.

Le chien noir, comme si son rôle d'avertisseur était fini, avait cessé ses hurlements. Un silence sépulcral régnait au loin dans la campagne, car la neige a cette propriété d'amortir les sons.

Depuis quelque temps Scapin, Léandre et les comédiens avaient aperçu la petite lumière rouge se balançant à la main de Sigognac et envoyant aux objets des reflets inattendus qui les tiraient de l'ombre sous des aspects bizarres ou formidables, jusqu'à ce qu'ils se fussent évanouis de nouveau dans l'obscurité. Montré et caché tour à tour, à cette lueur incertaine, le groupe du Tyran et de Blazius, reliés par le cadavre horizontal du Matamore, comme deux mots par un trait d'union, prenait une apparence énigmatiquement lugubre. Scapin et Léandre, mus d'une inquiète curiosité, allèrent au-devant du cortége.

« Eh bien! qu'y a-t-il? dit le valet de comédie, lorsqu'il eut rejoint ses camarades; est-ce que Matamore est malade que vous le portez de la sorte, tout brandi comme s'il eût avalé sa rapière?

— Il n'est pas malade, répondit Blazius, et jouit même d'une santé inaltérable. Goutte, fièvre, catarrhe, gravelle, n'ont plus prise sur lui. Il est guéri à tout jamais d'une maladie pour laquelle aucun médecin, fût-ce Hippocrate, Galien ou Avicenne, n'ont trouvé de remède, je veux dire la vie, dont on finit toujours par mourir.

— Donc il est mort! fit le Scapin avec une intonation de surprise douloureuse en se penchant sur le visage du cadavre.

— Très-mort, on ne peut plus mort, s'il y a des degrés en cet état, car il ajoute au froid naturel du trépas le froid de la gelée, répondit Blazius d'une voix troublée qui trahissait plus d'émotion que n'en comportaient les paroles.

— Il a vécu! comme s'exprime le confident du prince au récit final des tragédies, ajouta le Tyran. Mais relayez-nous un peu, s'il vous plaît. C'est votre tour. Voilà assez longtemps que nous portons le cher camarade sans espoir de bonne-manche ou de paraguante. »

Scapin se substitua au Tyran, Léandre à Blazius, quoique cette besogne de corbeau ne fût guère de son goût, et le cortége reprit sa marche. En quelques minutes on eut rejoint le chariot arrêté au milieu de la route. Malgré le froid, Isabelle et Sérafine étaient sautées à bas de la voiture, où la seule Duègne accroupie ouvrait tout grands ses yeux de chouette. A l'aspect de Matamore pâle, roidi, glacé, ayant sur le visage ce masque immobile à travers lequel l'âme ne regarde plus, les comédiennes poussèrent un cri d'épouvante et de douleur. Deux larmes jaillirent même des yeux purs d'Isabelle, promptement gelées par l'âpre bise nocturne. Ses belles mains rouges de froid se joignirent pieusement, et une fervente prière pour celui qui venait de s'engloutir si subitement dans la trappe de l'éternité, monta sur les ailes de la foi dans les profondeurs du ciel obscur.

Qu'allait-on faire? La position ne laissait pas d'être embarrassante. Le bourg où l'on devait coucher était encore éloigné d'une ou deux lieues, et quand on y arriverait toutes les maisons seraient fermées depuis longtemps et les paysans couchés; d'autre part, on ne pouvait rester au milieu du chemin, en pleine neige, sans bois pour allumer du feu, sans vivres pour se réconforter, dans la compagnie fort sinistre et maussade d'un cadavre, à attendre le jour qui ne se lève que très-tard pendant cette saison.

On résolut de partir. Cette heure de repos et une musette d'avoine donnée par Scapin avaient rendu un peu de vigueur au pauvre vieux cheval fourbu. Il paraissait ragaillardi et capable de fournir la traite. Matamore fut couché au fond du chariot, sous une toile. Les comédiennes, non sans un certain frisson de peur, s'assirent sur le devant de la voiture, car la mort fait un spectre de l'ami avec lequel on causait tout à l'heure, et celui qui vous égayait vous épouvante comme une larve ou une lémure.

Les hommes cheminèrent à pied, Scapin éclairant la route avec la lanterne dont on avait renouvelé la chandelle, le Tyran tenant le bridon du cheval pour l'empêcher de butter. On n'allait pas bien vite, car le chemin était difficile; cependant au bout de deux heures on commença à distinguer, au bas d'une descente assez rapide, les premières maisons du village. La neige avait mis des chemises blanches aux toits, qui les faisaient se détacher, malgré la nuit, sur le fond sombre du ciel. Entendant sonner de loin les ferrailles du chariot, les chiens inquiets firent vacarme, et leurs abois en éveillèrent d'autres dans les fermes isolées, au fond de la campagne. C'était un concert de hurlements, les uns sourds, les autres criards, avec solos, répliques et chœurs où toute la chiennerie de la contrée faisait sa partie. Aussi, quand la charrette y arriva, le bourg était-il en éveil. Plus d'une tête embéguinée de ses coiffes de nuit se montrait encadrée par une lucarne ou le vantail supérieur d'une porte entr'ouverte, ce qui facilita au Pédant les négociations nécessaires pour procurer un gîte à la troupe. L'auberge lui fut indiquée, ou du moins une maison qui en tenait lieu, l'endroit n'étant pas très-fréquenté des voyageurs, qui d'ordinaire poussaient plus avant. C'était à l'autre bout du village, et il fallut que la pauvre rosse donnât encore un coup de collier; mais elle sentait l'écurie, et dans un effort suprême, ses sabots, à travers la neige, arrachèrent des étincelles aux cailloux. Il n'y avait pas à s'y tromper; une branche de houx, assez semblable à ces rameaux qui trempent dans les eaux lustrales, pendait au-dessus de la porte, et Scapin, en haussant sa lanterne, constata la présence de ce symbole hospitalier. Le Tyran tambourina de ses gros poings sur la porte, et bientôt un clappement de savates descendant un escalier se fit entendre à l'intérieur. Un rayon de lumière rougeâtre filtra par les fentes du bois. Le battant s'ouvrit, et une vieille, protégeant d'une main sèche qui semblait prendre feu la flamme vacillante d'un suif, apparut dans toute l'horreur d'un négligé peu galant. Ses deux mains étant occupées, elle tenait entre les dents ou plutôt entre les gencives les bords de sa chemise en grosse toile, dans l'intention pudique de dérober aux regards libertins des charmes qui eussent fait fuir d'épouvante les boucs du sabbat. Elle introduisit les comédiens dans la cuisine, planta la chandelle sur la table, fouilla les cendres de l'âtre pour y réveiller quelques braises assoupies qui bientôt firent pétiller une poignée de broussailles; puis elle remonta dans sa chambre pour revêtir un jupon et un casaquin. Un gros garçon, se frottant les yeux de ses mains crasseuses, alla ouvrir les portes de la cour, y fit entrer la voiture, ôta le harnais du cheval et le mit à l'écurie.

« Nous ne pouvons cependant pas laisser ce pauvre matamore dans la voiture comme un daim qu'on rapporte de la chasse, dit Blazius ; les chiens de basse-cour n'auraient qu'à le gâter. Il a reçu le baptême, après tout, et il faut lui faire sa veille mortuaire comme à un bon chrétien qu'il était. »

On prit le corps du comédien défunt, qui fut étendu sur la table et respectueusement recouvert d'un manteau. Sous l'étoffe se sculptait à grands plis la rigidité cadavérique et se découpait le profil aigu de la face, peut-être plus effrayante ainsi que dévoilée. Aussi, lorsque l'hôtelière rentra, faillit-elle tomber à la renverse de frayeur à l'aspect de ce mort qu'elle prit pour un homme assassiné dont les comédiens étaient les meurtriers. Déjà, tendant ses vieilles mains tremblottantes, elle suppliait le Tyran, qu'elle jugeait le chef de la troupe, de ne point la faire mourir, lui promettant un secret absolu, même fût-elle mise à la question. Isabelle la rassura, et lui apprit en peu de mots ce qui était arrivé. Alors la vieille alla chercher deux autres chandelles et les disposa symétriquement autour du mort, s'offrant de veiller avec dame Léonarde, car souvent dans le village elle avait enseveli des cadavres, et savait ce qu'il y avait à faire en ces tristes offices.

Ces arrangements pris, les comédiens se retirèrent dans une autre pièce, où, médiocrement mis en appétit par ces lugubres scènes, et touchés de la perte de ce brave Matamore, ils ne soupèrent que du bout des lèvres. Pour la première fois peut-être de sa vie, quoique le vin fût bon, Blazius laissa son verre demi-plein, oubliant de boire. Certes, il fallait qu'il fût bien navré dans l'âme, car il était de ces biberons qui souhaitaient d'être enterrés sous le baril, afin que la cannelle leur dégoutte dans la bouche, et il se fût relevé du cercueil pour crier « rasse » à un rouge-bord.

Isabelle et Sérafine s'arrangèrent d'un grabat dans la chambre voisine. Les hommes s'étendirent sur des bottes de paille que le garçon d'écurie leur apporta. Tous dormirent mal, d'un sommeil entrecoupé de rêves pénibles, et furent sur pied de bonne heure, car il s'agissait de procéder à la sépulture de Matamore.

Faute de drap, Léonarde et l'hôtesse l'avaient enseveli dans un lambeau de vieille décoration représentant une forêt, linceul digne d'un comédien, comme un manteau de guerre d'un capitaine. Quelques restes de peinture verte simulaient, sur la trame usée, des guirlandes et feuillages, et faisaient l'effet d'une jonchée d'herbes semée pour honorer le corps, cousu et paqueté en la forme de momie égyptienne.

Une planche posée sur deux bâtons, dont le Tyran, Blazius, Scapin et Léandre tenaient les bouts, forma la civière. Une grande simarre de velours noir, constellée d'étoiles et demi-lunes de paillon, servant pour les rôles de pontife ou de nécroman, fit l'office de drap mortuaire avec assez de décence.

Ainsi disposé, le cortège sortit par une porte de derrière donnant sur la campagne, pour éviter les regards et commérages des curieux, et pour gagner un terrain vague que l'hôtesse avait désigné comme pouvant servir de sépulture au Matamore sans que personne s'y opposât, la coutume étant de jeter là les bêtes mortes de maladie, lieu bien indigne et malpropre à recevoir une dépouille humaine, argile modelée à la ressemblance de Dieu; mais les canons de l'Église sont formels, et l'histrion excommunié ne peut gésir en terre sainte, à moins qu'il n'ait renoncé au théâtre, à ses œuvres et à ses pompes, ce qui n'était pas le cas de Matamore.

Le Matin, aux yeux gris, commençait à s'éveiller, et les pieds dans la neige descendait le revers des collines. Une lueur froide s'étalait sur la plaine, dont la blancheur faisait paraître livide la teinte pâle du ciel. Étonnés par l'aspect bizarre du cortége que ne précédaient ni croix ni prêtre, et qui ne se dirigeait point du côté de l'église, quelques paysans allant ramasser du bois mort s'arrêtaient et regardaient les comédiens de travers, les soupçonnant hérétiques, sorciers ou parpaillots, mais cependant ils n'osaient rien dire. Enfin, on arriva à une place assez dégagée, et le garçon d'écurie, qui portait une bêche pour creuser la fosse, dit qu'on ferait bien de s'arrêter là. Des carcasses de bêtes à demi recouvertes de neige bossuaient le sol tout alentour. Des squelettes de chevaux, anatomisés par les vautours et les corbeaux, allongeaient au bout d'un chapelet de vertèbres leurs longues têtes décharnées aux orbites creuses, et ouvraient leurs côtes dépouillées de chair comme les branches d'un éventail dont on a déchiré le papier. Des touches de neige fantasquement posées ajoutaient encore à l'horreur de ce spectacle charogneux en accusant les saillies et les articulations des os. On eût dit ces animaux chimériques que chevauchent les Aspioles ou les Goules aux cavalcades du Sabbat.

Les comédiens déposèrent le corps à terre, et le garçon d'auberge se mit à bêcher vigoureusement le sol, rejetant les mottes noires parmi la neige, chose particulièrement lugubre, car il semble aux vivants que les pauvres défunts, encore qu'ils ne sentent rien, doivent avoir plus froid sous ces frimas pour leur première nuit de tombeau.

Le Tyran relayait le garçon, et la fosse se creusait rapidement. Déjà elle ouvrait les mâchoires assez largement pour avaler d'une bouchée le mince cadavre, lorsque les manants attroupés commencèrent à crier au huguenot et firent mine de charger les comédiens. Quelques pierres même furent lancées, qui n'atteignirent heureusement personne. Outré de colère contre cette canaille, Sigognac mit flamberge au vent et courut sus à ces malotrus, les frappant du plat de sa lame et les menaçant de la pointe. Au bruit de l'algarade, le Tyran avait sauté hors de la fosse, saisi un des bâtons du brancard, et s'en escrimait sur le dos de ceux que renversait le choc impétueux du Baron. La troupe se dispersa en poussant des cris et des malédictions, et l'on put achever les obsèques de Matamore.

Couché au fond du trou, le corps cousu dans son morceau de forêt avait plutôt l'air d'une arquebuse enveloppée de serge verte qu'on enfouit pour la cacher que d'un cadavre humain qu'on enterre. Quand les premières pelletées roulèrent sur la maigre dépouille du comédien, le Pédant, ému et ne pouvant retenir une larme qui, du bout de son nez rouge, tomba dans la fosse comme une perle du cœur, soupira d'une voix dolente, en manière d'oraison funèbre, cette exclamation qui fut toute la nénie et myriologie du défunt : « Hélas ! pauvre Matamore ! »

L'honnête Pédant, en disant ces mots, ne se doutait pas qu'il répétait les expresses paroles d'Hamlet, prince de Danemark, maniant le test d'Yorick, ancien bouffon de cour, ainsi qu'il appert de la tragédie du sieur Shakspeare, poëte fort connu en Angleterre, et protégé de la reine Élisabeth.

En quelques minutes la fosse fut comblée. Le Tyran éparpilla de la neige dessus pour dissimuler l'endroit, de peur qu'on ne fît quelque affront au cadavre, et, cette besogne terminée :

« Or çà, dit-il, quittons vivement la place, nous n'avons plus rien à faire ici ; retournons à l'auberge. Attelons la charrette et prenons du champ, car ces maroufles, revenant en nombre, pourraient bien nous affronter. Votre épée et mes poings n'y sauraient suffire. Un ost de pygmées vient à bout d'un géant. La victoire même serait inglorieuse et de nul profit. Quand vous auriez éventré cinq ou six de ces bélîtres, votre los n'en augmenterait point et ces morts nous mettraient dans l'embarras. Il y aurait lamentation de veuves, criaillement d'orphelins, chose ennuyeuse et pitoyable dont les avocats tirent parti pour influencer les juges. »

Le conseil était bon et fut suivi. Une heure après, la dépense soldée, le chariot se remettait en route.

VII

OÙ LE ROMAN JUSTIFIE SON TITRE

On marcha d'abord aussi vite que le permettaient les forces du vieux cheval restaurées par une bonne nuit d'écurie et l'état de la route couverte de la neige, tombée la veille. Les paysans malmenés par Sigognac et le Tyran pouvaient revenir à la charge en plus grand nombre, et il s'agissait de mettre entre soi et le village un espace suffisant pour rendre la poursuite inutile. Deux bonnes lieues furent parcourues en silence, car la triste fin de Matamore ajoutait de funèbres pensées à la mélancolie de la situation. Chacun songeait qu'un beau jour il pourrait ainsi être enterré sur le bord du chemin, parmi les charognes, et abandonné aux profanations fanatiques. Ce chariot poursuivant son voyage symbolisait la vie, qui avance toujours sans s'inquiéter de ceux qui ne peuvent suivre et restent mourants ou morts dans les fossés. Seulement le symbole rendait plus visible le sens caché, et Blazius, à qui la langue démangeait, se mit à moraliser sur ce thème avec force citations, apophthegmes et maximes que ses rôles de pédant lui suppéditaient en la mémoire.

Le Tyran l'écoutait sans sonner mot et d'un air refrogné. Ses préoccupations suivaient un autre cours, si bien que Blazius remarquant la mine distraite du camarade lui demanda à quoi il songeait.

« Je songe, répondit le Tyran, à Milo Crotoniate qui tua un bœuf d'un coup de poing et le mangea dans une seule journée. Cet exploit me plaît, et je me sens capable de le renouveler.

— Par malheur il manque le bœuf, fit Scapin en s'introduisant dans la conversation.

— Oui, répliqua le Tyran, je n'ai que le poing... et l'estomac. Oh! bienheureuses les autruches qui se sustentent de cailloux, tessons, boutons de guêtres, manches de couteaux, boucles de ceinture et telles autres victuailles indigestes pour les humains. En ce moment, j'avalerais tous les accessoires du théâtre. Il me semble qu'en creusant la fosse de ce pauvre Matamore, j'en ai creusé une en moi-même tant large, longue et profonde que rien ne la saurait combler. Les anciens étaient fort sages, qui faisaient suivre les funérailles de repas abondants en viandes, copieux en vins pour la plus grande gloire des morts et meilleure santé des vivants. J'aimerais en ce moment accomplir ce rite philosophique très-idoine à sécher les pleurs.

— En d'autres termes, dit Blazius, tu voudrais manger. Polyphème, ogre, Gargantua, Gouliaf, tu me dégoûtes.

— Et toi, tu voudrais bien boire, répliqua le Tyran. Sable, éponge, outre, entonnoir, barrique, siphon, sac à vin, tu excites ma pitié.

— Qu'une fusion à table des deux principes serait douce et profitable! dit Scapin d'un air conciliateur.

Voici sur le bord de la route un petit bois taillis merveilleusement propre à une halte. On y pourrait détourner le chariot, et s'il y reste encore quelques provisions de bouche, déjeuner tant bien que mal, abrités de la bise, derrière ce paravent naturel. Cet arrêt donnera au cheval le temps de se reposer et nous permettra de confabuler, tout en grignotant nos bribes, sur les résolutions à prendre pour l'avenir de la troupe, qui me paraît diablement chargé de nuages.

— Tu parles d'or, ami Scapin, dit le Pédant, et nous allons exhumer des entrailles du bissac, hélas ! plus plat et dégonflé que la bourse d'un prodigue, quelques reliefs, restes des splendeurs d'autrefois : murailles de pâtés, os de jambon, pelures de saucisses et croûtes de pain. Il y a encore dans le coffre deux ou trois flacons de vin, les derniers d'une vaillante troupe. Avec cela on peut non pas satisfaire, mais bien tromper sa faim et sa soif. Quel dommage que la terre de ce canton inhospitalier ne soit pas comme cette glaise dont certains sauvages d'Amérique se lestent le jabot lorsque la chasse et la pêche ont été malheureuses ! »

On détourna la voiture, on la remisa dans le fourré, et le cheval dételé se mit à chercher sous la neige de rares brins d'herbe qu'il arrachait avec ses longues dents jaunes. Un tapis fut étendu sur une place découverte. Les comédiens s'assirent autour de cette nappe improvisée à la mode turque, et Blazius y disposa symétriquement les rogatons tirés de la voiture, comme s'il se fût agi d'un festin sérieux.

« O la belle ordonnance ! fit le Tyran réjoui de cet

aspect. Un majordome de prince n'eût pas mieux disposé les choses. Blazius, bien que tu sois un merveilleux Pédant, ta véritable vocation était celle d'officier de bouche.

— J'ai bien eu cette ambition, mais la fortune adverse l'a contrariée, répondit le Pédant d'un air modeste. Surtout, mes petits bedons, n'allez pas vous jeter gloutonnement sur les mets. Mastiquez avec lenteur et componction. D'ailleurs je vais vous tailler les parts, comme cela se pratique sur les radeaux dans les naufrages. A toi, Tyran, cet os jambonique auquel pend encore un lambeau de chair. De tes fortes dents tu le briseras et en extrairas philosophiquement la moelle. A vous, mesdames, ce fond de pâté enduit de farce en ses encoignures et bastionné intérieurement d'une couche de lard fort substantielle. C'est un mets délicat, savoureux et nutritif à n'en pas vouloir d'autre. A vous, baron de Sigognac, ce bout de saucisson ; prenez garde seulement d'avaler la ficelle qui en noue la peau comme cordons de bourse. Il faut la mettre à part pour le souper, car le dîner est un repas indigeste, abusif et superflu que nous supprimerons. Léandre, Scapin et moi, nous nous contenterons avec ce vénérable morceau de fromage, sourcilleux et barbu comme un ermite en sa caverne. Quant au pain, ceux qui le trouveront trop dur auront la faculté de le tremper dans l'eau et d'en retirer les bûchettes pour se tailler des cure-dents. Pour le vin, chacun a droit à un gobelet, et comme sommelier je vous prie de faire rubis sur l'ongle afin qu'il n'y ait déperdition de liquide. »

Sigognac était accoutumé de longue main à cette frugalité plus qu'espagnole, et il avait fait dans son château de la Misère plus d'un repas dont les souris eussent été embarrassées de grignoter les miettes, car il était lui-même la souris. Cependant il ne pouvait s'empêcher d'admirer la bonne humeur et verve comique du Pédant, qui trouvait à rire là où d'autres eussent gémi comme veaux et pleuré comme vaches. Ce qui l'inquiétait, c'était Isabelle. Une pâleur marbrée couvrait ses joues, et, dans l'intervalle des morceaux, ses dents claquaient en manière de castagnettes avec un mouvement fiévreux qu'elle cherchait en vain à réprimer. Ses minces vêtements la défendaient mal contre l'âpre froidure, et Sigognac, assis près elle, lui jeta, bien qu'elle s'en défendît, la moitié de sa cape sur les épaules, l'attirant près de son corps pour la refociller et lui communiquer un peu de chaleur vitale. Près de ce foyer d'amour, Isabelle se réchauffa, et une faible rougeur reparut sur son visage pudique.

Pendant que les comédiens mangeaient, un bruit assez singulier s'était fait entendre, auquel d'abord ils n'avaient prêté nulle attention, le prenant pour un effet du vent qui sifflait à travers les branches dépouillées du taillis. Bientôt le bruit devint plus distinct. C'était une espèce de râle enroué et strident, à la fois bête et colère, dont il eût été difficile d'expliquer la nature.

Les femmes manifestèrent quelque frayeur. « Si c'était un serpent! s'écria Séraphine; j'en mourrais, tant ces affreuses bêtes m'inspirent d'aversion.

— Par cette température, dit Léandre, les serpents sont engourdis et dorment plus roides que bâtons au fond de leurs repaires.

— Léandre a raison, fit le Pédant, ce doit être autre chose; quelque bestiole bocagère que notre présence effraye ou dérange. N'en perdons pas un coup de dent. »

A ce sifflement, Scapin avait dressé son oreille de renard, qui pour être rouge de froid n'en était pas moins fine, et il regardait avec un œil émerillonné du côté d'où venait le son. Des brins d'herbe bruissaient en se déplaçant comme sur le passage de quelque animal. Scapin fit signe de la main aux comédiens de rester immobiles, et bientôt du fourré déboucha un magnifique jars, le col tendu, la tête haute, et se dandinant avec une stupidité majestueuse sur ses larges pattes palmées. Deux oies, ses épouses, le suivaient confiantes et naïves.

« Voici un rôt qui s'offre de lui-même à la broche, dit Scapin à mi-voix, et que le ciel touché de nos affres faméliques nous envoie fort à propos. »

Le rusé drôle se leva et s'écarta de la troupe, décrivant un demi-cercle si légèrement que la neige ne fit pas entendre un seul craquement sous ses pieds. L'attention du jars était fixée par le groupe des comédiens qu'il regardait avec une défiance mêlée de curiosité, et dont, dans son obscur cerveau d'oison, il ne s'expliquait pas la présence en ce lieu ordinairement désert. Le voyant si occupé en cette contemplation, l'histrion, qui semblait avoir l'habitude de ces maraudes, s'approcha du jars par derrière et le coiffa de sa cape d'un mouvement si juste, si dextre et si rapide, que son action dura moins de temps qu'il n'en faut pour la décrire.

La bête encapuchonnée, il s'élança sur elle, la saisit par le col sous la cape que les palpitations d'ailes du pauvre animal qui suffoquait eurent vitement fait envoler. Scapin, en cette pose, ressemblait à ce groupe antique tant admiré qu'on appelle l'*Enfant à l'oie*. Bientôt le jars étranglé cessa de se débattre. Sa tête retomba flasquement sur le poing crispé de Scapin. Ses ailes ne donnèrent plus de saccades. Ses pattes bottées de maroquin orange s'allongèrent avec une trépidation suprême. Il était mort. Les oies, ses veuves, redoutant un sort pareil, poussèrent en manière d'oraison funèbre un gloussement lamentable et rentrèrent dans le bois.

« Bravo, Scapin, voilà un tour bien joué, exclama le Tyran, et qui vaut tous ceux que tu pratiques au théâtre. Les oies sont plus difficiles à surprendre que les Gérontes et les Truffaldins, étant de leur nature fort vigilantes et sur leurs gardes, comme il appert de l'histoire où l'on voit que les oies du Capitole sentirent l'approche nocturne des Gaulois et par ainsi sauvèrent Rome. Ce maître oison nous sauve d'une autre manière, il est vrai, mais qui n'en est pas moins providentielle. »

L'oison fut saigné et plumé par la vieille Léonarde. Pendant qu'elle arrachait de son mieux le duvet, Blazius, le Tyran et Léandre, éparpillés dans le taillis, ramassaient du bois mort, en secouaient la neige et le disposaient en tas sur une place sèche. Scapin taillait de son couteau une baguette qu'il dépouillait d'écorce et qui devait servir de broche. Deux branches fourchues coupées au-dessus du nœud furent plantées en terre en guise de supports et de landiers. Grâce à une poignée de paille prise au chariot, sur laquelle on battit le fusil, le feu s'alluma vite et brilla bientôt joyeusement, colorant de ses flammes l'oison embroché et ranimant par sa chaleur vivifiante la troupe assise en cercle autour du foyer.

Scapin, d'un air modeste et comme il convient au héros de la situation, se tenait à sa place, l'œil baissé, la mine confite, retournant de temps à autre l'oison, qui, à l'ardeur des braises, prenait une belle couleur dorée, très-appétissante à voir, et répandait une odeur d'une succulence à faire tomber en extase ce Cataligirone qui, de Paris la grand'ville, n'admirait rien tant que les rôtisseries de la rue aux Oües.

Le Tyran s'était levé et marchait à grands pas pour se distraire, disait-il, de la tentation de se jeter sur le rôt à moitié cuit et de l'avaler avec la broche. Blazius était allé au chariot retirer d'un coffre un grand plat d'étain qui servait aux festins de théâtre. L'oie y fut solennellement déposée, répandant autour d'elle, sous le couteau, un jus sanguinolent du plus délicieux fumet.

Le volatile fut dépecé en parts égales, et le déjeuner recommença sur de nouveaux frais. Cette fois ce n'était plus une nourriture chimérique et fallacieuse. Personne, la faim faisant taire la conscience, n'eut de scrupule sur la manière dont Scapin avait agi. Le Pédant, qui était un homme ponctuel en cuisine, s'excusa de n'avoir pas de bigarades à mettre coupées en tranches sous l'oison, ce qui est un condiment obligatoire et régulier, mais on lui pardonna de grand cœur ce solécisme culinaire.

« Maintenant que nous voilà rassasiés, dit le Tyran en s'essuyant la barbe de la main, il serait à propos de ratiociner quelque peu sur ce que nous allons faire. Il me reste à peine trois ou quatre pistoles au fond de mon escarcelle et mon emploi de trésorier est bien près de devenir une sinécure. Notre troupe a perdu deux sujets précieux, Zerbine et le Matamore, et d'ailleurs nous ne pouvons donner la comédie en plein champ pour l'agrément des corbeaux, des corneilles et des pies. Ils ne payeraient pas leur place, ne possédant pas d'argent, à l'exception peut-être des pies, qui, dit-on, volent les monnaies, bijoux, cuillères et timbales. Mais il ne serait pas sage de compter sur une telle recette. Avec le cheval de l'Apocalypse qui agonise entre les brancards de notre charrette, il est impossible d'arriver à Poitiers avant deux jours. Ceci est fort tragique, car d'ici là nous courons risque de crever de faim ou de froid au rebord de quelque fossé. Les oies ne sortent pas tous les jours des buissons toutes rôties.

— Tu exposes fort bien le mal, fit le Pédant, mais tu n'en dis pas le remède.

— M'est avis, répondit le Tyran, de nous arrêter au premier village que nous rencontrerons; les travaux des champs sont terminés. C'est le temps des longues veillées nocturnes. On nous prêtera bien quelque grange ou quelque étable. Scapin battra la caisse devant la porte promettant un spectacle extraordinaire et mirifique aux patauds ébahis avec cette facilité de payer leur place en nature. Un poulet, un quartier de jambon ou de viande, un broc de vin donneront droit aux premières banquettes. On acceptera pour les secondes un couple de pigeons, une douzaine d'œufs, une botte de légumes, un pain de ménage ou toute autre victuaille analogue. Les paysans, avaricieux d'argent, ne le sont pas de provisions qu'ils ont en leur huche et qui ne leur coûtent rien, suppéditées par la bonne mère nature. Cela ne nous remplira pas la bourse, mais bien le ventre, chose importante, car de Gaster dépend toute l'économie et santé du corps, comme le faisait sagement remarquer Ménénius. Ensuite il ne nous sera pas difficile de gagner Poitiers, où je sais un aubergiste qui nous fera crédit.

— Mais quelle pièce jouerons-nous, dit Scapin, au cas où le village se rencontrerait à propos? Notre répertoire est fort détraqué. Les tragédies et tragi-comédies seraient du pur hébreu pour ces rustiques ignorants de l'histoire et de la fable, et n'entendant pas même le beau langage français. Il faudrait quelque bonne farce réjouissante, saupoudrée non de sel attique, mais de sel gris, avec force bastonnades, coups de pied au cul, chutes ridicules et scurrilités bouffonnes à l'italienne. *Les rodomontades du capitaine Matamore* eussent merveilleusement convenu. Par malheur Matamore a vécu, et ce n'est plus qu'aux vers qu'il débitera ses tirades. »

Lorsque Scapin eut dit, Sigognac fit signe de la main qu'il voulait parler. Une légère rougeur, dernière bouffée envoyée du cœur aux joues par l'orgueil nobiliaire, colorait son visage pâle ordinairement, même sous l'âpre morsure de la bise. Les comédiens restèrent silencieux et dans l'attente.

« Si je n'ai pas le talent de ce pauvre Matamore, j'en ai presque la maigreur. Je prendrai son emploi et le remplacerai de mon mieux. Je suis votre camarade et veux l'être tout à fait. Aussi bien j'ai honte d'avoir profité de votre bonne fortune et de vous être inutile en l'adversité. D'ailleurs, qui se soucie des Sigognac au monde? Mon manoir croule en ruine sur la tombe de mes aïeux. L'oubli recouvre mon nom jadis glorieux, et le lierre efface mon blason sur mon porche désert. Peut-être un jour les trois cigognes secoueront-elles joyeusement leurs ailes argentées et la vie reviendra-t-elle avec le bonheur à cette triste masure où se consumait ma jeunesse sans espoir. En attendant, vous qui m'avez tendu la main pour sortir de ce caveau, acceptez-moi franchement pour l'un des vôtres. Je ne m'appelle plus Sigognac. »

Isabelle posa sa main sur le bras du Baron comme pour l'interrompre; mais Sigognac ne prit pas garde à l'air suppliant de la jeune fille et il continua :

« Je plie mon titre de baron et le mets au fond de mon porte-manteau, comme un vêtement qui n'est plus de mise. Ne me le donnez plus. Nous verrons si, déguisé de la sorte, je serai reconnu par le malheur. Donc je succède à Matamore et prends pour nom de guerre : le capitaine Fracasse !

— Vive le capitaine Fracasse ! s'écria toute la troupe en signe d'acceptation, que les applaudissements le suivent partout ! »

Cette résolution, qui d'abord étonna les comédiens, n'était pas si subite qu'elle en avait l'air. Sigognac la méditait depuis longtemps déjà. Il rougissait d'être le parasite de ces honnêtes baladins qui partageaient si généreusement avec lui leurs propres ressources, sans lui faire jamais sentir qu'il fût importun, et il jugeait moins indigne d'un gentilhomme de monter sur les planches pour gagner bravement sa part que de l'accepter en paresseux, comme aumône ou sportule. La pensée de retourner à Sigognac s'était bien présentée à lui, mais il l'avait repoussée comme lâche et vergogneuse. Ce n'est pas au temps de la déroute que le soldat doit se retirer. D'ailleurs, eût-il pu s'en aller, son amour pour Isabelle l'eût retenu, et puis, quoi, qu'il n'eût point l'esprit facile aux chimères, il entrevoyait dans de vagues perspectives toutes sortes d'aventures surprenantes, de revirements et de coups de fortune auxquels il eût fallu renoncer en se confinant de nouveau dans sa gentilhommière.

Les choses ainsi réglées, on attela le cheval au chariot et l'on se remit en route. Ce bon repas avait ranimé la troupe, et tous, à l'exception de la Duègne et de Sérafine, qui ne marchaient pas volontiers, suivaient la voiture à pied, soulageant d'autant la pauvre rosse.

Isabelle s'appuyait sur le bras de Sigognac, vers qui furtivement elle tournait parfois ses yeux attendris, ne doutant pas que ce ne fût pour l'amour d'elle qu'il eût pris cette décision de se faire comédien, chose si contraire à l'orgueil d'une personne bien née. Elle eût voulu lui en faire reproche, mais elle ne se sentit pas la force de le gronder de cette preuve de dévouement qu'elle l'aurait empêché de donner si elle eût pu la prévoir, car elle était de ces femmes qui s'oublient en aimant et ne voient que l'intérêt de l'aimé. Au bout de quelque temps, se trouvant un peu lasse, elle remonta dans le chariot et se pelotonna sous une couverture à côté de la Duègne.

De chaque côté du chemin, la campagne blanche de neige s'étendait déserte à perte de vue; aucune apparence de bourg, village ou hameau.

« Voilà notre représentation bien aventurée, dit le Pédant après avoir promené ses regards autour de l'horizon, les spectateurs n'ont pas l'air d'affluer beaucoup, et la recette de petit salé, de volailles et de bottes d'oignons dont le Tyran allumait notre appétit me paraît fort compromise. Je ne vois pas fumer une cheminée. Aussi loin que ma vue porte, pas un traître clocher qui montre son coq.

— Un peu de patience, Blazius, répondit le Tyran, les habitations pressées vicient l'air et il est salubre d'espacer les villages.

— A ce compte, les gens de ce pays n'ont pas à craindre les épidémies, pestes noires, caquesangues, trousse-galants, fièvres malignes et confluentes, qui, au dire des médecins, proviennent de l'entassement du populaire en mêmes lieux. J'ai bien peur, si cela continue, que notre capitaine Fracasse ne débute pas de sitôt. »

Pendant ces propos, le jour baissait rapidement, et sous un épais rideau de nuages plombés on distinguait à peine une faible lueur rougeâtre indiquant la place où le soleil se couchait, ennuyé d'éclairer ce paysage livide et maussade ponctué de corbeaux.

Un vent glacial avait durci et miroité la neige. Le pauvre vieux cheval n'avançait qu'avec une peine extrême; à la moindre pente ses sabots glissaient, et il avait beau roidir comme des piquets ses jambes couronnées, s'affaisser sur sa croupe maigre, le poids de la voiture le poussait en avant, bien que Scapin, marchant près de lui le soutînt de la bride. Malgré le froid, la sueur ruisselait sur ses membres débiles et ses côtes décharnées, battue en écume blanche par le frottement des harnais. Ses poumons haletaient comme des soufflets de forge. Des effarements mystérieux dilataient ses yeux bleuâtres qui semblaient voir des fantômes, et parfois il essayait de se détourner comme arrêté par un obstacle invisible. Sa carcasse vacillante et comme prise d'ivresse donnait tantôt contre un brancard, tantôt contre l'autre. Il élevait la tête découvrant ses gencives, puis il la baissait comme s'il eût voulu mordre la neige. Son heure était arrivée, il agonisait debout en brave cheval qu'il avait été. Enfin il s'abattit, et lançant une faible ruade défensive à l'adresse de la Mort, il s'allongea sur le flanc pour ne plus se relever.

Effrayées par cette secousse subite qui faillit les précipiter à terre, les femmes se mirent à pousser des cris de détresse. Les comédiens accoururent à leur aide et les eurent bientôt dégagées. Léonarde et Sérafine n'avaient aucune blessure, mais la violence du choc et la frayeur avaient fait s'évanouir Isabelle, que Sigognac enleva inerte et pâmée entre ses bras, tandis que Scapin, se baissant, tâtait les oreilles du cheval aplati sur le sol comme une découpure de papier.

« Il est bien mort, dit Scapin se relevant d'un air découragé, l'oreille est froide et le pouls de la veine auriculaire ne bat plus.

— Nous allons donc être obligés, s'écria piteusement Léandre, de nous atteler à des cordages comme bêtes de somme ou mariniers qui halent une barque, et de tirer nous-mêmes notre chariot. Oh! la maudite fantaisie que j'eus de me faire comédien!

— C'est bien le temps de geindre et de se lamenter! beugla le Tyran ennuyé de ces jérémiades intempestives, avisons plus virilement et en gens que la fortune ne saurait étonner, à ce qu'il faut faire, et d'abord regardons si cette bonne Isabelle est grièvement navrée; mais non, la voici qui rouvre l'œil et reprend ses esprits, grâce aux soins de Sigognac et de dame Léonarde. Donc, il faut que la troupe se divise en deux bandes. L'une restera près du chariot avec les femmes, l'autre se répandra par la campagne en quête de secours. Nous ne sommes pas des Russiens accoutumés aux frimas scythiques pour hiverner ici jusqu'à demain matin, le derrière dans la neige. Les fourrures nous manquent pour cela, et l'aurore nous trouverait tous perclus, gelés et blancs de givre, comme fruits confits de sucre. Allons, capitaine Fracasse, Léandre et toi Scapin, qui êtes les plus légers et avez des pieds rapides comme Achille Péliade; haut la patte! courez en chats maigres et ramenez-nous vivement du renfort. Blazius et moi, nous ferons sentinelle à côté du bagage. »

Les trois hommes désignés se disposaient à partir, quoique n'augurant pas grand succès de leur expédition, car la nuit était noire comme la bouche d'un four, et la seule réverbération de la neige permettait de se guider; mais l'ombre, si elle éteint les objets, fait ressortir les lumières, et une petite étoile rougeâtre se mit à scintiller au pied d'un coteau à une assez grande distance de la route.

« Voilà, dit le Pédant, l'astre sauveur, l'étoile terrestre aussi agréable aux voyageurs perdus que l'étoile polaire aux nautoniers *in periculo maris*. Cette étoile aux rayons bénins est une chandelle ou une lampe placée derrière une vitre; ce qui suppose une chambre bien close et bien chaude faisant partie d'une maison habitée par des êtres humains et civilisés plutôt que par des Lestrygons sauvages. Sans doute il y a en la cheminée un feu flambant clair, et sur ce feu une marmite où cuit une grasse soupe; ô plaisante imagination dont ma fantaisie se pourlèche les babines et que j'arrose, en idée, avec deux ou trois bouteilles tirées de derrière les fagots et drapées à l'antique de toiles d'araignée!

— Tu radotes, mon vieux Blazius, fit le Tyran, et le froid congelant ta pulpe cérébrale sous ton crâne chauve te fait danser des mirages devant les yeux. Cependant il y a cela de vrai dans ton délire, que cette lumière suppose une maison habitée. Ceci change notre plan de campagne. Nous allons nous diriger tous vers ce phare de salut. Il n'est guère probable qu'il passe des voleurs, cette nuit, sur cette route déserte pour dérober notre forêt, notre place publique et notre salon. Prenons chacun nos hardes. Le paquet n'est pas bien lourd. Nous reviendrons demain chercher le chariot. Aussi bien, je commence à transir et à ne plus sentir le bout de mon nez. »

Les comédiens se mirent en marche, Isabelle appuyée au bras de Sigognac, Léandre soutenant Sérafine, Scapin traînant la Duègne, Blazius et le Tyran formant l'avant-garde. Ils coupèrent à travers champs, droit à la lumière, empêchés quelquefois par des buissons ou fossés, et s'enfonçant dans la neige jusqu'au jarret. Enfin, après plus d'une chute, la troupe parvint à une sorte de grand bâtiment entouré de longs murs, avec porte charretière qui avait l'apparence d'une ferme, autant qu'on pouvait en juger à travers l'ombre.

Dans le mur noir la lampe découpait un carré lumineux et faisait voir les vitres d'une petite fenêtre dont le volet n'était pas encore fermé.

Ayant senti l'approche d'étrangers, les chiens de garde se mirent à s'agiter et à donner de la voix. On les entendait, au milieu du silence nocturne, courir, sauter et se tracasser derrière la muraille. Des pas et des voix d'homme se mêlèrent à leurs clabauderies. Bientôt toute la ferme fut en éveil.

« Restez là, vous autres, à quelque distance, fit le Pédant, notre nombre effrayerait peut-être ces bonnes gens qui nous prendraient pour une bande de malandrins voulant envahir leurs pénates rustiques. Comme je suis vieux et de mine paterne et débonnaire, je vais seul heurter à l'huis et entamer les négociations. On n'aura point peur de moi. »

Le conseil était sage et fut suivi. Blazius avec le doigt index recroquevillé frappa contre la porte qui s'entre-bâilla, puis s'ouvrit toute grande. Alors, de la place où ils étaient plantés, les pieds dans la neige, les comédiens virent un spectacle assez inexplicable et surprenant. Le Pédant et le fermier qui haussait sa lampe pour éclairer au visage l'homme qui le dérangeait ainsi, se mirent, après quelques mots échangés que les acteurs ne pouvaient entendre, à gesticuler d'une manière bizarre et à se ruer en accolades, comme cela se pratique au théâtre pour les reconnaissances.

Encouragés par cette réception à laquelle ils ne comprenaient rien, mais que d'après sa pantomime chaleureuse ils jugeaient favorable et cordiale, les comédiens s'étaient rapprochés timidement, prenant une contenance piteuse et modeste, comme il convient à des voyageurs en détresse qui implorent l'hospitalité.

« Holà, vous autres! s'écria le Pédant d'une voix joyeuse, arrivez sans crainte; nous sommes chez un enfant de la balle, un mignon de Thespis, un favori de

Thalia, muse comique, en un mot chez le célèbre Bellombre, naguère tant applaudi de la cour et de la ville, sans compter la province. Vous connaissez tous sa gloire insigne. Bénissez le hasard qui nous adresse juste à la retraite philosophique où ce héros du théâtre se repose sur ses lauriers.

— Entrez, mesdames et messieurs, dit Bellombre en s'avançant vers les comédiens avec une courtoisie pleine de grâce et sentant un homme qui n'a pas oublié les belles manières sous ses habits à la paysanne. Le vent froid de la nuit pourrait enrouer vos précieux organes, et quelque modeste que soit ma demeure, vous y serez toujours mieux qu'en plein air. »

Comme on le pense bien, les compagnons de Blazius ne se firent pas prier et ils entrèrent dans la ferme fort charmés de l'aventure, qui, du reste, n'avait d'extraordinaire que l'à-propos de la rencontre. Blazius avait fait partie d'une troupe où se trouvait Bellombre, et comme leurs emplois ne les mettaient pas en rivalité, ils s'appréciaient et étaient devenus fort amis, grâce à un goût commun pour la dive bouteille. Bellombre, qu'une vie fort agitée avait jeté dans le théâtre, s'en était retiré, ayant hérité à la mort de son père de cette ferme et de ses dépendances. Les rôles qu'il jouait exigeant de la jeunesse, il n'avait pas été fâché de disparaître avant que les rides vinssent écrire son congé sur son front. On le croyait mort depuis longtemps et les vieux amateurs décourageaient les jeunes comédiens avec son souvenir.

La salle où pénétrèrent les acteurs était assez vaste

et, comme dans la plupart des fermes, servait à la fois de chambre à coucher et de cuisine. Une cheminée à large hotte, dont une pente de serge verte jaunie festonnait le manteau, occupait une des parois. Un arc de brique s'arrondissant dans la muraille bistrée et vernissée indiquait la gueule du four fermée en ce moment d'une plaque de tôle. Sur d'énormes chenets de fer dont les demi-boules creuses pouvaient contenir des écuelles, brûlaient avec une crépitation réjouissante quatre ou cinq énormes bûches ou plutôt troncs d'arbre. La lueur de ce beau feu éclairait la chambre d'une réverbération si vive que la lumière de la lampe eût été inutile; les reflets du brasier allaient chercher dans l'ombre un lit de forme gothique paisiblement endormi derrière ses rideaux, glissaient en filets brillants sur les poutres rembrunies du plafond, faisaient projeter aux pieds de la table placée au milieu de la chambre de longues ombres d'un dessin bizarre, et allumaient de brusques paillettes aux saillies des vaisselles et des ustensiles rangés sur le dressoir ou accrochés aux murailles.

Dans le coin près de la fenêtre, deux ou trois volumes jetés sur un guéridon de bois sculpté montraient que le maître du logis n'était pas devenu tout à fait paysan et qu'il occupait à des lectures, souvenirs de son ancienne profession, les loisirs des longues soirées d'hiver.

Réchauffée par cette tiède amosphère et cet accueil hospitalier, toute la troupe éprouvait un profond sentiment de bien-être. Les roses couleurs de la vie reparaissaient sur les visages pâles et les lèvres gercées de froid. La gaieté illuminait les yeux naguère atones, et l'espoir relevait la tête. Ce dieu louche, boiteux et taquin qu'on appelle le Guignon, se lassait enfin de persécuter la compagnie errante, et, apaisé sans doute par le trépas de Matamore, il voulait bien se contenter de cette maigre proie.

Bellombre avait appelé ses valets, qui couvrirent la nappe d'assiettes et de pots à large panse, à la grande jubilation de Blazius altéré de naissance, dont la soif était toujours éveillée, même aux heures nocturnes.

« Tu vois, dit-il au Tyran, combien mes prévisions à propos de la petite lumière rouge étaient logiquement déduites. Ce n'étaient point mirages ni fantômes. Une grasse fumée s'élève en tourbillonnant du potage abondamment garni de choux, navets et autres légumes. Le vin rouge et clair, tiré de frais, pétille dans les brocs couronné de mousse rose. Le feu flambe d'autant plus vif qu'il fait froid dehors. Et, de plus, nous avons pour hôte le grand, l'illustre, le jamais assez loué Bellombre, fleur et crème des comédiens passés, présents et futurs, soit dit sans vouloir rabaisser le talent de personne.

— Notre bonheur serait parfait si le pauvre Matamore était là, soupira Isabelle.

— Que lui est-il donc survenu de fâcheux ? dit Bellombre qui connaissait Matamore de réputation. »

Le Tyran lui raconta l'aventure tragique du capitaine resté dans la neige.

« Sans la rencontre heureuse que nous avons faite d'un ancien et brave camarade, il nous en pendait autant cette nuit au bout du nez, dit Blazius. On nous eût trouvés gelés comme matelots dans les ténèbres et frimas cimmériens.

— C'eût été dommage, reprit galamment Bellombre en lançant une œillade à Isabelle et à Sérafine ; mais ces jeunes déesses eussent sans nul doute fait fondre la neige et dégelé la nature aux feux de leurs prunelles.

— Vous attribuez trop de pouvoir à nos yeux, répondit Sérafine ; ils eussent été incapables même d'échauffer un cœur en cette obscurité lugubre et glaciale. Les larmes du froid y eussent éteint les flammes de l'amour. »

Tout en soupant, Blazius informa Bellombre de l'état où se trouvait la troupe. Il n'en parut nullement surpris.

« La fortune théâtrale est encore plus femme et plus capricieuse que la fortune mondaine, répondit-il ; sa roue tourne si vite qu'à peine s'y peut-elle tenir debout quelques instants. Mais si elle en tombe souvent, elle y remonte d'un pied adroitement léger et retrouve bientôt son équilibre. Demain, avec des chevaux de labour, j'enverrai chercher votre chariot et nous dresserons un théâtre dans la grange. Il y a, non loin de la ferme, un assez gros bourg qui nous fournira de spectateurs assez. Si la représentation ne suffit pas, au fond de ma vieille bourse de cuir dorment quelques pistoles de meilleur aloi que les jetons de comédie et, par

Apollon ! je ne laisserai pas mon vieux Blazius et ses amis dans l'embarras.

— Je vois, dit le Pédant, que tu es toujours le généreux Bellombre, et que tu ne t'es pas rouillé en ces occupations rurales et bucoliques.

— Non, répondit Bellombre, tout en cultivant mes terres je ne laisse pas mon cerveau en friche; je relis les vieux auteurs, au coin de cette cheminée, les pieds sur les chenets, et je feuillète les pièces des beaux esprits du jour que je puis me procurer du fond de cet exil. J'étudie par manière de passe-temps les rôles à ma convenance, et je m'aperçois que je n'étais qu'un grand fat au temps où l'on m'applaudissait sur les planches parce que j'avais la voix sonore, le port galant et la jambe belle. Alors je ne me doutais pas de mon art et j'allais à travers tout, sans réflexion, comme une corneille qui abat des noix. La sottise du public fit mon succès.

— Le grand Bellombre seul peut parler ainsi de lui-même, dit le Tyran avec courtoisie.

— L'art est long, la vie est courte, continua l'ancien acteur, surtout pour le comédien obligé de traduire ses conceptions au moyen de sa personne. J'allais avoir du talent, mais je prenais du ventre, chose ridicule en mon emploi de beau ténébreux et d'amoureux tragique. Je ne voulus point attendre que deux garçons de théâtre me vinssent lever sous les bras lorsque la situation me forcerait de me jeter à genoux devant la princesse pour lui déclarer ma flamme avec un hoquet asthmatique et des roulements d'yeux larmoyants.

Je saisis l'occasion de cet héritage, et je me retirai dans ma gloire, ne voulant point imiter ces obstinations qui se font chasser des tréteaux à grand renfort de trognons de pomme, d'écorces d'orange et d'œufs durs.

— Tu fis sagement, Bellombre, fit Blazius, bien que ta retraite ait été prématurée et que tu eusses pu rester dix ans encore au théâtre. »

En effet, Bellombre, quoique hâlé par l'air de la campagne, avait gardé fort grande mine ; ses yeux accoutumés à exprimer les passions s'animaient et se remplissaient de lumière au feu de l'entretien. Ses narines palpitaient larges et bien coupées. Ses lèvres en s'entr'ouvrant laissaient voir une denture dont une coquette se fût fait honneur. Son menton frappé d'une fossette se relevait avec fierté ; une chevelure abondante où brillaient quelques rares filets d'argent se jouait en boucles épaisses jusque sur ses épaules. C'était encore un fort bel homme.

Blazius et le Tyran continuèrent à boire en compagnie de Bellombre. Les comédiennes se retirèrent en une chambre où les valets avaient fait un grand feu. Sigognac, Léandre et Scapin se couchèrent en un coin de l'étable sur quelques fourchées de paille fraîche, bien chaudement garantis du froid par l'haleine des bêtes et le poil des couvertures à chevaux.

Pendant que les uns boivent et que les autres dorment, retournons vers la charrette abandonnée, et voyons un peu ce qu'elle devient.

Le cheval gisait toujours entre ses brancards. Seulement ses jambes s'étaient roidies comme des piquets et sa tête s'allongeait à plat sur le sol parmi les mèches d'une crinière dont la sueur, au vent froid de la nuit, s'était figée en cristaux de glace. La salière enchâssant l'œil vitreux s'approfondissait de plus en plus et la joue maigre semblait disséquée.

L'aube commençait à poindre ; le soleil d'hiver montrait entre deux longues bandes de nuages sa moitié de disque d'un blanc plombé et versait sa lumière pâle sur la lividité du paysage où se dessinaient en lignes d'un noir funèbre les squelettes des arbres. Dans la blancheur de la neige sautillaient quelques corbeaux qui, guidés par le flair, se rapprochaient prudemment de la bête morte, redoutant quelque danger, embûche ou piège, car la masse immobile et sombre du chariot les alarmait, et ils se disaient en leur langue croassante que cette machine pouvait bien cacher un chasseur à l'affût, un corbeau ne faisant mauvaise figure dans un pot-au-feu. Ils avançaient en sautant enfiévrés de désir ; ils reculaient chassés en arrière par la crainte, exécutant une sorte de pavane bizarre. Un plus hardi se détacha de l'essaim, secoua deux ou trois fois ses lourdes ailes, quitta la terre et vint s'abattre sur la tête du cheval. Il penchait déjà le bec pour piquer et vider les yeux du cadavre lorsqu'il s'arrêta tout à coup, hérissa ses plumes et parut écouter.

Un pas lourd faisait craquer la neige au loin sur la route, et ce bruit que l'oreille humaine n'eût peut-être pas saisi résonnait distinctement à l'ouïe fine du corbeau. Le péril n'était pas pressant et l'oiseau noir ne quitta pas la place, mais il se tint aux aguets. Le pas se rapprochait et bientôt la forme vague d'un homme portant quelque chose s'ébaucha dans la brume matinale. Le corbeau jugea prudent de se retirer et il prit son vol en poussant un long croassement pour avertir ses compagnons du péril.

Toute la bande s'envola vers les arbres voisins avec des cris rauques et stridents. L'homme était arrivé près de la voiture, et, surpris de rencontrer au milieu de la route un chariot sans maître attelé d'une bête qui, comme la jument de Roland, avait pour principal défaut d'être morte, il s'arrêta, jetant autour de lui un regard furtif et circonspect.

Pour mieux examiner la chose, il déposa son fardeau à terre. Le fardeau se tint debout tout seul et se mit à marcher, car c'était une fillette d'une douzaine d'années environ, que la longue mante qui l'enveloppait des pieds à la tête pouvait, lorsqu'elle était ployée sur l'épaule de son compagnon, faire prendre pour une valise ou bissac de voyage. Des yeux noirs et fiévreux brillaient d'un feu sombre sous le pli de l'étoffe dont elle était coiffée, des yeux absolument pareils à ceux de Chiquita. Un fil de perles mettait quelques points lumineux dans l'ombre fauve de son col, et des chiffons tortillés en cordelettes, formant contraste avec cet essai de luxe, s'enroulaient autour de ses jambes nues.

C'était, en effet, Chiquita elle-même, et le compagnon n'était autre qu'Agostin, le bandit aux mannequins : las d'exercer sa noble profession sur des chemins déserts, il se rendait à Paris où tous les talents trouvent leur emploi, marchant la nuit et se cachant le jour, comme font toutes les bêtes de meurtre et de rapine. La petite, harassée de fatigue et saisie du froid, n'avait pu, malgré tout son courage, aller plus loin, et Agostin, cherchant un abri quelconque, la portait comme Homérus ou Bélisaire leur guide, à cette différence près en la comparaison, qu'il n'était point aveugle et jouissait au contraire d'une vue de lynx, lequel, à ce que prétend Pline l'Ancien, voit les objets à travers les murs.

« Que signifie ceci? dit Agostin à Chiquita, ordinairement nous arrêtons les voitures, et c'est maintenant une voiture qui nous arrête; prenons garde qu'elle ne soit pleine de voyageurs qui nous demandent la bourse ou la vie.

— Il n'y a personne, répondit Chiquita qui avait glissé sa tête sous la banne du chariot.

— Peut-être y aura-t-il quelque chose, continua le bandit; nous allons procéder à la visite; et, fouillant dans les plis de sa ceinture, il en tira un briquet, une pierre et de l'amadou; s'étant procuré du feu, il alluma une lanterne sourde qu'il portait toujours avec lui pour ses explorations nocturnes, car le jour n'éclairait pas encore l'intérieur sombre de la voiture. Chiquita, à qui l'espoir du butin faisait oublier sa fatigue, s'introduisit dans le chariot, dirigeant le jet de lumière sur les paquets dont il était encombré; mais elle ne vit que de vieilles toiles peintes, que des accessoires en carton, et quelques guenilles de nulle valeur.

— Cherche bien, ma bonne Chiquita, disait le brigand tout en faisant le guet, fouille les poches et les musettes pendues aux ridelles.

— Il n'y a rien, absolument rien qui vaille la peine d'être emporté. Ah! si : voilà un sac qui bruit avec un son de métal.

— Donne-le vite, fit Agostin, et approche la lanterne, que j'examine la trouvaille. Par les cornes et la queue de Lucifer! nous jouons de malheur! j'avais espéré monnaie de bon aloi et ce ne sont que jetons de cuivre et de plomb doré. A tout le moins, tirons de notre rencontre ce profit de nous reposer un peu, abrités du vent de bise par le tendelet du chariot. Tes pauvres chers pieds tout saignants ne peuvent plus te porter, tant le chemin est rude et le voyage long. Couchée sous les toiles, tu dormiras une heure ou deux. Pendant ce temps je veillerai, et s'il survient quelque alerte, nous serons vitement prêts. »

Chiquita se blottit de son mieux au fond de la voiture, ramenant sur elle les vieux décors pour se procurer un peu de chaleur, et bientôt elle s'endormit. Agostin resta sur le devant, sa navaja ouverte près de lui et à portée de sa main, inspectant les alentours avec ce long regard du bandit auquel n'échappe aucun objet suspect. Le plus profond silence régnait dans la campagne solitaire. Sur la pente des coteaux lointains des touches de neige se détachaient et brillaient aux rayons blafards de l'aube, comme des fantômes blancs ou des marbres dans un cimetière. Mais tout cela gardait l'immobilité la plus rassurante. Agostin, malgré sa volonté et sa constitution de fer, sentait le sommeil lui venir. Plusieurs fois déjà ses paupières s'étaient abaissées, et il les avait relevées avec une résolution brusque; les objets commençaient à se brouiller entre ses cils, et il perdait la notion des choses, lorsqu'à travers une ébauche incohérente de rêve il lui sembla qu'un souffle humide et tiède lui donnait au visage. Il se réveilla; et ses yeux en s'ouvrant rencontrèrent deux prunelles phosphorescentes.

« Les loups ne se mangent pas entre eux, mon petit, murmura le bandit, tu n'as pas la mâchoire assez bien endentée pour me mordre. »

Et d'un mouvement plus prompt que la pensée, il étreignit la gorge de l'animal avec sa main gauche, et de la droite ramassant sa navaja, il la lui plongea dans le cœur jusqu'au manche.

Cependant Agostin, malgré sa victoire, ne jugea pas la place bonne, et il éveilla Chiquita qui ne témoigna nulle frayeur à la vue du loup mort, étendu sur la route.

« Il vaut mieux, dit le brigand, gagner au pied. Cette charogne attire les loups, lesquels sont principalement enragés de faim en temps de neige où ils ne trouvent rien à manger. J'en tuerai bien quelques-uns, comme j'ai fait de celui-ci; mais ils peuvent venir par douzaines et, si je m'endormais, il me serait désagréable de me réveiller dans l'estomac d'une bête carnassière. Moi croqué, ils ne feraient qu'une bouchée de toi, mauviette, qui as les os tendres. Sus donc, détalons au plus vite. Cette carcasse les occupera. Tu peux marcher à présent, n'est-ce pas?

— Oui, répondit Chiquita qui n'était pas un enfant gâté élevé dans du coton, ce court sommeil m'a rendu mes forces. Pauvre Agostin, tu ne seras plus obligé de me porter comme un paquet embarrassant. D'ailleurs, quand mes pieds refuseront le service, ajouta-t-elle avec une énergie sauvage, coupe-moi le col de ton grand couteau et jette-moi au fossé, je te dirai merci. »

Le bandit aux mannequins et la petite fille s'éloignèrent d'un pas rapide, et au bout de quelques minutes ils s'étaient perdus dans l'ombre. Rassurés par leur départ, les corbeaux descendirent des arbres voisins, s'abattirent sur la rosse crevée et commencèrent leur festin charogneux. Deux ou trois loups arrivèrent bientôt pour prendre leur part de cette franche lippée, sans s'étonner des battements d'aile, des croassements, et des coups de bec de leurs noirs commensaux. En peu d'heures, tant ils travaillaient de bon courage, quadrupèdes et volatiles, le cheval, nettoyé jusqu'aux os, apparut aux clartés du matin, à l'état de squelette préparé comme par des chirurgiens vétérinaires. Il n'en restait que la queue et les sabots.

Le Tyran vint, quand il fit grand jour, avec un garçon de ferme pour chercher le chariot. Il heurta du pied la carcasse du loup à demi rongée et vit entre les brancards, sous les harnais, que les crocs ni les becs n'avaient entamés, l'anatomie de la pauvre bête. Le sac de jetons répandait sa fausse monnaie sur la route, et la neige montrait soigneusement moulées des empreintes, les unes grandes, les autres petites, qui aboutissaient à la charrette, puis s'en éloignaient.

« Il paraît, dit le Tyran, que le chariot de Thespis a reçu cette nuit des visites de plus d'un genre. O bienheureux accident qui nous a forcés d'interrompre notre odyssée comique, je ne saurais trop te bénir ! Grâce à toi, nous avons évité les loups à deux pieds et à quatre pattes, non moins dangereux, sinon davantage. Quel régal eût été pour eux la chair tendre de ces poulettes, Isabelle et Sérafine, sans compter notre vieille peau coriace ! »

Pendant que le Tyran syllogisait à part lui, le valet de Bellombre dégageait le chariot et y attelait le cheval qu'il avait amené, quoique l'animal renâclât de peur à l'aspect terrifiant pour lui du squelette et à l'odeur fauve du loup dont le sang tachait la neige.

La charrette fut remisée dans la cour de la ferme sous un hangar. Il n'en manquait rien, et même il s'y trouvait quelque chose de plus : un petit couteau, de ceux qu'on fabrique à Albacete, tombé de la poche de Chiquita pendant son court sommeil, et qui portait sur sa lame aiguë cette menaçante devise en espagnol :

    Cuando esta vivora pica,
    No hay remedio en la botica.

Cette trouvaille mystérieuse intrigua beaucoup le Tyran et fit tomber en rêverie Isabelle, qui était un peu superstitieuse et tirait volontiers des présages, bons ou funestes, d'après ces petits incidents inaperçus des autres ou sans valeur à leurs yeux. La jeune femme hâblait le castillan comme toutes les personnes un peu instruites à cette époque, et le sens alarmant de l'inscription ne lui échappait point.

Scapin était parti pour le bourg revêtu de son beau costume zébré de rose et de blanc, sa grande fraise dûment tuyautée et godronnée, la toque sur les yeux, la cape au coin de l'épaule, l'air superbe et triomphant. Il marchait repoussant sa caisse du genou avec un mouvement automatique et rhythmé qui sentait fort son soldat ; en effet, Scapin l'avait été devant qu'il se fût rendu comédien. Quand il eut gagné la place de l'Église, déjà escorté de quelques polissons qu'émerveillait son accoutrement bizarre, il assura sa toque, se piéta et, attaquant la peau d'âne de ses baguettes, il produisit un roulement si bref, si magistral, si impératif, qu'il eût éveillé les morts aussi bien que la trompette du jugement dernier. Jugez de l'effet qu'il fit sur les vivants. Toutes les fenêtres et les portes s'ouvrirent comme mues par un même ressort. Des têtes embéguinées s'y montrèrent plongeant des regards curieusement effarés sur la place. Un second roulement, pétillant comme une mousquetade et grave comme un tonnerre, vida les maisons, où ne demeurèrent que les malades, les grabataires et femmes en gésine. Au bout de quelques minutes, tout le village réuni formait un large cercle autour de Scapin. Pour mieux fasciner son public, le rusé drôle exécuta sur sa caisse plusieurs batteries et contre-batteries d'une façon si vive, si juste et si dextre que les baguettes disparaissaient dans la rapidité, quoique les poignets ne semblassent point bouger. Dès qu'il vit les bouches ouvertes toutes grandes des bons villageois affecter cette forme d'O qui, d'après les maîtres peintres, en leurs cahiers de caractères, est la suprême expression de l'étonnement, il arrêta tout d'un coup son vacarme; puis, après un court silence, il commença d'une voix glapissante, dont il variait fantasquement les intonations, cette harangue emphatique et burlesque :

« Ce soir, occasion unique! grand spectacle! représentation extraordinaire! les illustres comédiens de la troupe déambulatoire, dirigée par le sieur Hérode, qui ont eu l'honneur de jouer devant des têtes couronnées et des princes du sang, se trouvant de passage dans ce pays, donneront pour cette fois seulement, car ils sont attendus à Paris, où la cour les désire, une pièce merveilleusement amusante et comique, intitulée *les Rodomontades du capitaine Fracasse!* avec costumes neufs, jeux de scène inédits et bastonnades réglées, les plus divertissantes du monde. A la fin du spectacle, mademoiselle Sérafine dansera la morisque, augmentée de passe-pieds, tordions et cabrioles au dernier goût du jour, en s'accompagnant du tambour de basque dont elle joue mieux qu'aucune gitana d'Espagne. Ce sera très-plaisant à voir. La représentation aura lieu dans la grange de maître Bellombre, disposée à cet effet et abondamment pourvue de banquettes et luminaires. Travaillant plutôt pour la gloire que pour le profit, nous accepterons non-seulement l'argent, mais encore les denrées et provisions de bouche en faveur de ceux qui n'auraient pas de monnaie. Qu'on se le dise ! »

Ayant terminé son discours, Scapin tambourina si furieusement, par manière de péroraison, que les vitres de l'église en tremblèrent dans leur réseau de plomb et que plusieurs chiens s'enfuirent en hurlant, plus effrayés que s'ils eussent eu des poêlons d'airain attachés à la queue.

A la ferme, les comédiens, aidés par Bellombre et ses valets, avaient déjà travaillé. Dans le fond de la grange, des planches posées sur des tonneaux formaient le théâtre. Trois ou quatre bancs empruntés au cabaret remplissaient l'office de banquettes; mais, pour le prix, on ne pouvait exiger qu'elles fussent rembourrées et couvertes de velours. Les araignées filandières s'étaient chargées de décorer le plafond, et les larges rosaces de leurs toiles se suspendaient d'une poutre à l'autre. Quel tapissier, fût-il de la cour, eût pu produire une tenture plus fine, plus délicate et aériennement élaborée, même en satin de Chine? Ces toiles pendantes ressemblaient à ces bannières armoriées qu'on voit aux chapitres des chevaleries et ordres royaux. Spectacle fort noble pour qui eût pu jouir, en imaginative, de ce rapprochement.

Les bœufs et vaches, dont on avait proprement relevé la litière, s'étonnaient de ce remue-ménage insolite et souvent détournaient la tête de leur crèche, jetant de longs regards vers le théâtre où les comédiens s'agitaient, répétant la pièce, afin de montrer à Sigognac les entrées et les sorties.

« Mes premiers pas sur la scène, dit en riant le Baron, ont pour spectateurs des veaux et bêtes à cornes ; il y aurait de quoi humilier mon amour-propre, si j'en avais.

— Et ce ne sera pas, répondit Bellombre, la dernière fois que vous aurez un tel public ; il y a toujours dans la salle des imbéciles et des maris. »

Pour un novice Sigognac ne jouait point trop mal, et l'on sentait qu'il se formerait vite. Il avait la voix bonne, la mémoire sûre, et l'imagination assez lettrée pour ajouter à son rôle ces répliques qui naissent de l'occasion et donnent de la vivacité au jeu. La pantomime le gênait davantage, étant fort entremêlée de coups de bâton, lesquels révoltaient son courage, encore qu'ils ne vinssent que de bourrelets de toile peinte remplis d'étoupe ; ses camarades, sachant sa qualité, le ménageaient autant que possible, et cependant il se courrouçait malgré lui, faisant terribles grimaces, horrifiques froncements de sourcils et regards torves.

Puis, se rappelant tout à coup l'esprit de son rôle, il reprenait une physionomie lâche, effarée, et subitement couarde.

Bellombre, qui le regardait avec l'attention perspicace d'un vieux comédien expert et passé maître, lui cria de sa place : « Gardez de corriger en vous ces mouvements qui viennent de nature ; ils sont très-bons et produiront une variété nouvelle de matamore. Quand vous n'éprouverez plus ces bouillons colérés et indignations furieuses, feignez-les par artifice : Fracasse, qui est le personnage que vous avez à créer, car qui marche derrière les autres n'est jamais que le second, voudrait bien être brave; il aime le courage, les vaillants lui plaisent, et il s'indigne lui-même d'être si poltron. Loin du danger, il ne rêve qu'exploits héroïques, entreprises surhumaines et gigantesques; mais, quand vient le péril, son imagination trop vive lui représente la douleur des blessures, le visage camard de la mort, et le cœur lui manque; il se rebiffe d'abord à l'idée de se laisser battre, et la rage lui enfielle l'estomac, mais le premier coup abat sa résolution. Cette méthode vaut mieux que ces titubations de jambes, écarquillements d'yeux et autres grimaces plus simiesques qu'humaines par lesquelles les mauvais comédiens sollicitent le rire du public et perdent l'art. »

Sigognac suivit les conseils de Bellombre et régla son jeu d'après cette idée, si bien que les acteurs l'applaudirent et lui prophétisèrent un succès.

La représentation devait avoir lieu à quatre heures du soir. Une heure avant, Sigognac revêtit le costume de Matamore que Léonarde avait élargi en défaisant les remplis nécessités par les amaigrissements successifs du défunt.

En s'introduisant dans cette défroque, le Baron se disait qu'il eût été sans doute plus glorieux de se barder de buffle et de fer comme ses ancêtres que de se travestir à l'histrionne pour représenter un faux brave, lui qui était un véritable vaillant capable de prouesses et de coups de main héroïques; mais la fortune adverse le réduisait en ces extrémités fâcheuses, et il n'avait pas d'autre moyen d'existence.

Déjà le populaire affluait et s'entassait dans la grange. Quelques lanternes suspendues aux poutrelles soutenant le toit jetaient une lumière rougeâtre sur toutes ces têtes brunes, blondes, grisonnantes, parmi lesquelles se détachaient quelques blanches coiffes de femme.

D'autres lanternes avaient été placées en guise de chandelles sur le bord du théâtre, car il fallait prendre garde de mettre le feu à la paille et au foin.

La pièce commença et fut attentivement écoutée. Derrière les acteurs, car le fond de la scène n'était pas éclairé, se projetaient de grandes ombres bizarres qui semblaient jouer la pièce en parodie, et contrefaire tous leurs mouvements avec des allures disloquées et fantasques; mais ce détail grotesque ne fut pas remarqué par ces spectateurs naïfs, tout occupés de l'affabulation de la comédie et du jeu des personnages, lesquels ils tenaient pour véritables.

Quelques vaches, que le tumulte empêchait de dormir, regardaient la scène avec ces grands yeux dont Homérus, le poëte grégeois, fait une épithète louangeuse à la beauté de Junon, et même, un veau, dans un moment plein d'intérêt, poussa un gémissement lamentable qui ne détruisit pas la robuste illusion de ces braves patauds, mais qui faillit faire éclater de rire les comédiens sur leurs planches.

Le capitaine Fracasse fut applaudi à plusieurs reprises, car il remplissait fort bien son rôle, n'éprouvant pas devant ce public vulgaire l'émotion qu'il eût ressentie ayant affaire à des spectateurs plus difficiles et plus lettrés. D'ailleurs il était sûr que, parmi ces manants, nul ne le connaissait. Les autres comédiens, aux bons endroits, furent vigoureusement claqués par ces mains calleuses qui ne se ménageaient point, et avec beaucoup d'intelligence, selon Bellombre.

Sérafine exécuta sa morisque avec une fierté voluptueuse, des poses cambrées et provocantes, entremêlées de sauts pleins de souplesse, de changements de pieds rapides et d'agréments de toutes sortes qui eussent fait pâmer d'aise même des personnes de qualité et des courtisans. Elle était charmante surtout lorsque, agitant au-dessus de sa tête son tambour de basque, elle en faisait bruire les plaquettes de cuivre, ou bien encore quand, frottant du pouce la peau brunie, elle en tirait un sourd ronflement avec autant de dextérité qu'une *panderera* de profession.

Cependant, le long des murailles, dans le manoir délabré de Sigognac, les vieux portraits d'ancêtres prenaient des airs plus rébarbatifs et refrognés que de coutume. Les guerriers poussaient des soupirs qui soulevaient leurs plastrons de fer, et ils hochaient mélancoliquement la tête ; les douairières faisaient une moue dédaigneuse sur leurs fraises tuyautées, et se roidissaient dans leurs corps de baleine et leurs vertugadins. Une voix basse, lente, sans timbre, une voix d'ombre, s'échappait de leurs lèvres peintes et murmurait : « Hélas ! le dernier des Sigognac a dérogé ! »

A la cuisine, assis tristement entre Béelzébuth et Miraut, qui attachaient sur lui de longs regards interrogateurs, Pierre songeait. Il se disait : « Où est maintenant mon pauvre maître?... » et une larme, essuyée par la langue du vieux chien, coulait sur la joue brune du vieux serviteur.

VIII

LES CHOSES SE COMPLIQUENT

Bellombre, le lendemain de la représentation, tira Blazius à part, et desserrant les cordons d'une longue bourse de cuir, en fit couler dans sa main comme d'une corne d'abondance cent belles pistoles qu'il rangea en pile à la grande admiration du Pédant, qui restait contemplatif devant ce trésor étalé, roulant des yeux pleins de lubricité métallique.

Avec un geste superbe, Bellombre enleva les pistoles d'un seul coup et les plaqua dans la paume de son vieil ami. « Tu penses bien, dit-il, que je ne déploie pas cette monnaie pour irriter et titiller tes convoitises à la mode de Tantale. Prends cet argent sans scrupule. Je te le donne ou te le prête si tes fiertés se hérissent à l'idée de recevoir un régal d'un ancien camarade. L'argent est le nerf de la guerre, de l'amour et du théâtre. D'ailleurs ces pièces étant faites pour rouler, vu qu'elles sont rondes, s'ennuient de rester couchées à plat dans l'ombre de cette escarcelle où, à la longue, elles se couvriraient de barbe, rouille et fongosités. Ici je ne dépense rien, vivant à la rustique et tétant à la mamelle de la terre, nourrice des humains. Donc cette somme ne me fera pas faute. »

Ne trouvant rien à répondre à cette rhétorique, Blazius empocha les pistoles et donna une cordiale accolade à Bellombre. L'œil vairon du Pédant brillait plus que de coutume entre ses paupières clignotantes. La lumière s'y baignait dans une larme, et les efforts que le vieil histrion faisait pour retenir cette perle de reconnaissance imprimaient à ses sourcils en broussailles les mouvements les plus comiques. Tantôt ils remontaient jusqu'au milieu du front parmi un reflux de rides plissées, tantôt ils s'abaissaient presque jusqu'à voiler le regard. Ces manœuvres n'empêchèrent cependant pas la larme de se détacher et de rouler le long d'un nez chauffé au rouge cerise par les libations de la veille, sur la paroi duquel elle s'évapora.

Décidément, le vent de mauvaise fortune qui soufflait sur la troupe avait changé. La recette de la représentation, jointe aux pistoles de Bellombre, formait un total assez rondelet, car aux victuailles se trouvaient mêlées une certaine quantité de monnaies, et le chariot de Thespis, si dénué naguère, était maintenant grassement avitaillé. Pour ne pas faire les choses à demi, le généreux Bellombre prêta aux comédiens deux robustes chevaux de labour harnachés fort proprement, avec colliers peinturlurés et clarinés de grelots qui tintinnabulaient le plus agréablement du monde au pas ferme et régulier de ces braves bêtes.

Nos comédiens réconfortés et gaillards firent donc à Poitiers une entrée non pas si magnifique que celle d'Alexandre en Babylone, mais assez majestueuse encore. Le garçon qui devait ramener les chevaux se tenait à leur tête et modérait leur allure, car ils hâtaient le pas, subodorant de loin le chaud parfum de l'écurie. A travers les rues tortueuses de la ville, sur le pavé raboteux les roues grondaient, les fers sonnaient avec un bruit gai qui attirait le monde aux fenêtres et devant la porte de l'auberge; pour se faire ouvrir, le conducteur exécuta une joyeuse mousquetade de coups de fouet, à laquelle les bêtes répondirent par de brusques frissons qui mirent en branle le carillon de leurs sonnettes.

Cela ne ressemblait pas à la façon piteuse, misérable et furtive dont les comédiens abordaient naguère les plus maussades bouchons. Aussi l'hôtelier des *Armes de France* comprit-il, à ce triomphant vacarme, que les nouveaux venus avaient de l'argent, et courut-il lui-même ouvrir à deux battants la porte charretière.

L'Hôtel des *Armes de France* était la plus belle auberge de Poitiers et celle où s'arrêtaient volontiers les voyageurs bien nés et riches. La cour où pénétra le chariot avait fort bon air. Des bâtiments très-propres l'entouraient, ornés sur les quatre façades d'un balcon couvert ou corridor en applique et soutenu par des potences de fer, disposition commode permettant d'accéder aux chambres dont les fenêtres prenaient jour à l'extérieur et facilitant le service des laquais. Au fond de la cour une arcade s'ouvrait, donnant passage sur les communs, cuisines, écuries et hangars.

Un air de prospérité régnait sur tout cela. Récemment crépies, les murailles égayaient l'œil; le bois des rampes, les balustres des galeries n'avaient pas un grain de poussière. Les tuiles neuves, dont les cannelures conservaient encore quelques minces filets de neige, brillaient gaiement au soleil d'hiver avec leur teinte d'un rouge vif. Des cheminées montaient en spirale des fumées de bon augure. Au bas du perron, son bonnet à la main, se tenait l'aubergiste, gaillard de vaste corpulence, faisant l'éloge de sa cuisine par les trois plis de son menton, et celui de son cellier par la belle teinte pourpre de sa face, qui semblait frottée de mûres comme le masque de Silène, ce bon ivrogne, précepteur de Bacchus. Un sourire qui allait de l'une à l'autre oreille ballonnait ses joues grasses et rapetissait ses yeux narquois dont l'angle externe disparaissait dans une patte d'oie de rides facétieuses. Il était si frais, si gras, si vermeil, si ragoûtant, si bien à point, qu'il donnait envie de le mettre à la broche et de le manger arrosé de son propre jus!

Quand il vit le Tyran, qu'il connaissait de longue date et savait bonne paye, sa belle humeur redoubla, car les comédiens attirent du monde, et les jeunes gens de la ville se mettent en dépense de collations, festins, soupers et autres régals pour traiter les actrices et gagner les bonnes grâces de ces coquettes par friandises, vins fins, dragées, confitures et telles menues délicatesses.

« Quelle bonne chance vous amène? seigneur Hérode, dit l'hôtelier; il y a longtemps qu'on ne vous a vu aux *Armes de France*.

—C'est vrai, répondit le Tyran, mais il ne faut pas

toujours faire ses singeries sur la même place. Les spectateurs finissent par connaître tous vos tours et les exécuteraient eux-mêmes. Un peu d'absence est nécessaire. L'oublié vaut le neuf. Y a-t-il en ce moment beaucoup de noblesse à Poitiers?

— Beaucoup, seigneur Hérode, les chasses sont finies et l'on ne sait que faire. On ne peut pas toujours manger et boire. Vous aurez du monde.

—Alors, dit le Tyran, faites apporter les clefs de sept ou huit chambres, ôter de la broche trois ou quatre chapons, retirer de derrière les fagots une douzaine de bouteilles de ce petit vin que vous savez, et répandez par la ville ce bruit : que l'illustre troupe du seigneur Hérode est débarquée aux *Armes de France* avec un nouveau répertoire, se proposant de donner plusieurs représentations. »

Pendant que le Tyran et l'aubergiste dialoguaient de la sorte, les comédiens étaient descendus de voiture. Des valets s'emparèrent de leurs bagages et les portèrent aux chambres désignées. Celle d'Isabelle se trouva un peu écartée des autres, les plus proches se trouvant occupées. Cet éloignement ne déplut point à cette pudique jeune personne qu'embarrassait parfois cette promiscuité bohémienne à quoi force la vie errante des comédiens.

Bientôt toute la ville, grâce à la faconde de maître Bilot, sut que des comédiens étaient arrivés, qui devaient jouer les pièces des plus beaux esprits du temps aussi bien qu'à Paris, sinon mieux. Les muguets et les raffinés s'informèrent de la beauté des actrices, en retroussant le bout de leur moustache avec un air de gloire et de fatuité parfaitement ridicule. Bilot leur faisait, en les accompagnant de grimaces significatives, des réponses discrètes et mystérieuses propres à tourner la cervelle et à enrager la curiosité de ces jeunes veaux.

Isabelle avait fait ranger ses hardes sur les planches de l'armoire, qui formait, avec un lit à pentes, une table à pieds tors, deux fauteuils et un coffre à bois, le mobilier de sa chambre, vaqua à ces soins de toilette que nécessite pour une jeune femme délicate et soignée de sa personne une longue route accomplie en compagnie d'hommes. Elle déploya ses longs cheveux plus fins que soie, les démêla, les peigna, y versa quelques gouttes d'essence à la bergamote, et les rattacha avec des non-pareilles bleues, couleur bienséante à son teint de rose pâle. Puis elle changea de linge. Qui l'eût vue ainsi aurait cru apercevoir une nymphe de Diane s'apprêtant, ses vêtements déposés sur la rive, à mettre le pied dans l'eau, en quelque vallon bocager de la Grèce. Mais ce ne fut qu'un éclair. Sur sa blanche nudité s'abattit subitement un jaloux nuage de toile, car Isabelle était chaste et pudibonde même en la solitude. Ensuite elle revêtit une robe grise ornée d'agréments bleus, et se regardant au miroir elle sourit de ce sourire que s'accorde la femme la moins coquette qui se trouve à son avantage.

Sous l'influence d'une température plus douce, la neige avait fondu et il n'en restait de trace que dans les endroits exposés au nord. Un rayon de soleil brillait. Isabelle ne put résister à la tentation d'ouvrir la fenêtre et de mettre un peu son joli nez dehors pour examiner la vue qu'on découvrait de sa chambre, fantaisie d'autant plus innocente que la croisée donnait sur une ruelle déserte, formée d'un côté par l'auberge et de l'autre par un long mur de jardin que dépassaient les cimes dépouillées des arbres. Le regard plongeait dans le jardin et pouvait y suivre le dessin d'un parterre marqué par des ramages de buis; au fond s'élevait un hôtel dont les murailles noircies attestaient l'ancienneté.

Deux cavaliers s'y promenaient le long d'une charmille, jeunes tous deux et de bonne mine, mais non égaux de condition, à voir la déférence dont l'un faisait montre à l'endroit de l'autre, se tenant un peu en arrière et cédant le haut de l'allée toutes les fois qu'il fallait revenir sur ses pas. En ce couple amical le premier était Oreste et le second Pylade. Oreste, donnons lui ce nom puisque nous ne connaissons pas encore le véritable, pouvait avoir de vingt à vingt-deux ans. Il avait le teint pâle, les yeux et les cheveux fort noirs. Son pourpoint de velours tanné faisait valoir sa taille souple et svelte : un manteau court de même couleur et de même étoffe que le pourpoint, bordé d'un triple galon d'or, lui pendait de l'épaule, retenu par une ganse dont les glands retombaient sur la poitrine; des bottes molles en cuir blanc de Russie chaussaient ses pieds, que plus d'une femme eût jalousés pour leur petitesse et leur cambrure que faisait ressortir encore le talon haut de la botte. A l'aisance hardie de ses mouvements, à l'altière sécurité de son maintien, on devinait un grand seigneur, sûr d'être bien reçu partout et devant qui la vie s'ouvrait sans obstacles. Pylade, roux de cheveux et de barbe, vêtu de noir de la tête aux pieds, n'avait pas à beaucoup près, quoique assez joli garçon de sa personne, la même certitude triomphante.

« Je te dis, mon cher, que Corisande m'assomme, fit Oreste en retournant au bout de l'allée et continuant une conversation commencée avant qu'Isabelle n'eût ouvert la fenêtre ; je lui ai fait défendre ma porte et je vais lui renvoyer son portrait aussi maussade que sa personne, avec ses lettres plus ennuyeuses encore que sa conversation.

— Cependant Corisande vous aime, objecta timidement Pylade.

— Qu'est-ce que cela me fait si je ne l'aime point? répliqua Oreste avec une sorte d'emportement. Il s'agit bien de cela! Dois-je la charité d'amour à toutes les pécores et donzelles qui ont la fantaisie de s'en amourer de moi? Je suis trop bon. Je me laisse aller à ces yeux de carpe pâmée, à ces pleurnicheries, à ces soupirs, à ces jérémiades, et je finis par être embéguiné, tout en maugréant de ma débonnaireté et couardise. Désormais je serai d'une férocité hyrcanienne, froid comme Hippolyte et fuyard des femmes, ainsi que Joseph. Adroite la Putiphar qui mettra la griffe sur le bord de mon manteau! Je me déclare d'ores et en avant, misogyne, c'est-à-dire ennemi du cotillon, qu'il soit de camelot ou de taffetas. Foin des duchesses et des courtisanes, des bourgeoises et des bergères ! qui dit femme dit tracasseries, mécomptes ou aventures maussades. Je les hais de la coiffe au patin, et je vais me confire en chasteté comme un moinillon en sa capuce. Cette Corisande maudite m'a dégoûté de son sexe à tout jamais. J'y renonce... »

Oreste en était là de son discours, lorsque, levant la tête comme pour prendre le ciel à témoin de sa résolution, il aperçut par hasard Isabelle à la fenêtre. Il poussa le coude à son compagnon et lui dit :

« Avise là-bas, à cette croisée, fraîche comme l'Aurore à son balcon d'Orient, cette adorable et délicieuse créature qui semble déité plutôt que femme, avec ses cheveux châtain-cendré, son clair visage et ses doux yeux. Qu'elle a bonne grâce, ainsi accoudée et un peu penchée en avant, ce qui fait voir à l'avantage, sous la gaze de la chemisette, les rondeurs de sa gorge ivoirine ! Je gage qu'elle a le meilleur caractère et ne ressemble point aux autres femelles. Son esprit doit être modeste, aimable et poli, son entretien agréable et charmant !

— Malpeste ! répondit Pylade en riant, quels bons yeux vous avez de découvrir tout cela d'ici ! moi, je ne vois rien, sinon une femme à sa fenêtre, assez gentille pour dire vrai, mais qui n'a sans doute pas les incomparables perfections dont vous la dotez si libéralement.

— Oh ! je l'aime déjà tout plein. J'en suis féru ; il me la faut et je l'aurai, dussé-je pour y parvenir user des inventions les plus subtiles, vider mes coffres et pourfendre cent rivaux.

— Là, là, ne vous échauffez pas ainsi dans votre arnois, dit Pylade, vous pourriez en gagner une pleurésie. Mais qu'est devenue cette belle haine du sexe que vous affichiez tout à l'heure avec tant de jactance? Il a suffi du premier minois pour la mettre en déroute.

— Quand je parlais et invectivais de la sorte, je ne savais point que cet ange de beauté existât, et tout ce que j'ai dit n'est que blasphème damnable, hérésie pure et monstruosité, que je supplie Vénus, déesse des amours, de me vouloir bien pardonner.

— Elle vous pardonnera, n'en doutez pas, car elle est indulgente aux amoureux fols dont vous êtes digne de porter la bannière.

— Je vais ouvrir la campagne, fit Oreste, et déclarer courtoisement la guerre à ma belle ennemie. »

Cela disant, il s'arrêta, planta son regard droit sur Isabelle, ôta d'une façon aussi galante que respectueuse son feutre, dont la longue plume balaya la terre, et envoya du bout des doigts un baiser dans la direction de la fenêtre.

La jeune comédienne, qui vit l'action, prit un air froid et composé comme pour faire comprendre à cet insolent qu'il se trompait, referma la fenêtre et rabattit le rideau.

« Voilà l'Aurore cachée par un nuage, dit Pylade, cela n'est pas de bon augure pour le reste de la journée.

— Je regarde, au contraire, comme un signe favorable que la belle se soit retirée. Quand le soldat se dérobe derrière le créneau de la tour, cela veut dire que la flèche de l'assiégeant a porté. Elle en a dans l'aile, te dis-je, et ce baiser la forcera de penser à moi toute la nuit, ne fût-ce que pour m'injurier et me taxer d'effronterie, défaut qui ne déplait pas aux femmes. Il y a maintenant quelque chose entre moi et cette inconnue. C'est un fil bien ténu, mais que j'enforcerai de manière à faire une corde pour monter au balcon de l'infante.

— Vous savez à merveille les théories et stratagèmes d'amour, dit Pylade respectueusement.

— Je m'en pique quelquefois, répondit Oreste, et maintenant rentrons, la belle effarouchée ne reparaîtra pas de sitôt. Ce soir, je mettrai mes grisons en campagne. »

Les deux amis remontèrent lentement les marches du vieil hôtel et disparurent. Revenons maintenant à nos acteurs.

Il y avait non loin de l'auberge un jeu de paume merveilleusement propre à établir une salle de spectacle. Les comédiens le louèrent, et un maître menuisier de la ville, sous la direction du Tyran, l'eut bientôt accommodé à sa nouvelle destination. Un peintre-vitrier, qui se mêlait de barbouiller des enseignes et de blasonner des armoiries sur les carrosses, rafraîchit les décorations fatiguées et déteintes, et même en peignit une nouvelle avec assez de bonheur. La chambre où se déshabillaient et se réhabillaient les joueurs de paume, fut disposée en foyer pour les comédiens avec des paravents qui entouraient les toilettes des actrices et formaient des espèces de loges. Toutes les places arquées étaient retenues d'avance, et la recette promettait d'être bonne.

« Quel dommage, disait le Tyran à Blazius en énumérant les pièces qu'il serait bon de jouer, quel dommage que Zerbine nous manque! Une soubrette est à vrai dire le grain de sel, *mica salis*, et le piment des comédies. Sa gaieté étincelante illumine la scène ; elle ravive les endroits languissants, et force le rire qui ne veut point se décider, en montrant ses trente deux perles orlées de carmin vif. Par son caquetage, son impertinence et sa lasciveté, elle fait valoir les afféteries pudiques, mollesses de langage et roucoulements de l'amoureuse. Les couleurs tranchées de sa cotte hardie amusent l'œil, et elle peut découvrir jusqu'aux jarretières, ou peu s'en faut, une jambe fine moulée dans un bas rouge à coins d'or, perspective agréable aux jeunes comme aux vieux, aux vieux surtout dont elle réveille la salacité endormie.

— Certes, répondit Blazius, la soubrette est un condiment précieux, une boîte aux épices qui saupoudre à propos la fadeur des comédies du temps. Mais il faut bien nous en passer. Ni Isabelle, ni Séraphine ne peuvent remplir ce rôle. D'ailleurs nous avons besoin d'une amoureuse et d'une grande coquette. Le diable soit de ce marquis de Bruyères qui nous a enlevé la perle, le phénix et le parangon des soubrettes en la personne de l'incomparable Zerbine ! »

La conversation entre les deux comédiens en était

là, quand une sonnerie argentine de grelots se fit entendre devant le porche de l'hôtel ; bientôt des pas vifs et cadencés tintèrent sur le pavé de la cour, et les causeurs s'accoudant à la balustrade de la galerie où ils se promenaient, aperçurent trois mules harnachées à l'espagnole, avec plumets sur la tête, broderies, houppes de laine, grappes de clochettes et couvertures rayées. Le tout fort propre et magnifique, ne sentant en rien la bête de louage.

Sur la première était monté un maraud de laquais, en livrée grise, portant le couteau de chasse à la ceinture et l'arquebuse en travers de l'arçon, l'air insolent comme un grand seigneur et qui autrement vêtu eût bien pu passer pour maître. Il tirait après lui par une longe entortillée autour de son bras la seconde mule chargée de deux énormes paquets équilibrés de chaque côté du bât et recouverts d'une cape de muestra valencienne.

La troisième mule, de meilleure mine et de plus fière allure encore que les deux autres, portait une jeune femme chaudement embossée dans un manteau garni de fourrures et coiffée d'un chapeau de feutre gris à plume rouge rabattu sur les yeux.

« Hé, dit Blazius au Tyran, ce cortége ne te rappelle-t-il point quelque chose ? Il me semble que ce n'est pas la première fois que j'entends tinter ces grelots.

— Par saint Alipantin ! répondit le Tyran, ce sont les propres mules qui vinrent enlever Zerbine au carrefour de la Croix. Quand on parle du loup...

— On en voit la plume, interrompit Blazius; ô jour trois et quatre fois heureux, notable à la craie blanche! C'est bien la señora Zerbine elle-même; elle saute à bas de sa monture avec ce mouvement coquin de hanches qui n'appartient qu'à elle et jette sa mante au bras du laquais. La voilà qui ôte son feutre et secoue ses cheveux comme un oiseau ses plumes. Allons au-devant d'elle et dégringolons les montées quatre à quatre. »

Blazius et le Tyran descendirent dans la cour et rencontrèrent Zerbine au bas du perron. La joyeuse fille sauta au col du Pédant et lui prenant la tête :

« Il faut, s'écria-t-elle en joignant l'action à la parole, que je t'accole et baise ton vieux masque à pleine bouche avec le même cœur que si tu étais un joli garçon, pour la joie que j'ai de te revoir. Ne sois pas jaloux, Hérode, et ne fronce pas tes gros sourcils noirs comme si tu allais ordonner la massacre des Innocents. Je vais t'embrasser aussi. J'ai commencé par Blazius parce que c'est le plus laid. »

Zerbine accomplit loyalement sa promesse, car c'était une fille de parole et qui avait de la probité à sa manière. Donnant une main à chacun des deux acteurs, elle monta dans la galerie où maître Bilot lui fit préparer une chambre. A peine entrée, elle se jeta sur un fauteuil et se mit à respirer bruyamment comme une personne débarrassée d'un grand poids.

« Vous ne sauriez imaginer, dit-elle aux deux comédiens, après un moment de silence, le plaisir que j'éprouve à me retrouver avec vous ; n'allez pas croire pour cela que je sois amoureuse de vos vieux museaux usés par la céruse et le rouge. Je n'aime personne, Dieu merci! Ma joie tient à ce que je rentre dans mon élément, et l'on est toujours mal hors de son élément. L'eau ne convient pas aux oiseaux non plus que l'air aux poissons. Les uns s'y noient et les autres y étouffent. Je suis comédienne de nature et le théâtre est mon atmosphère. Là, seulement, je respire à mon aise; l'odeur des chandelles fumeuses me vaut mieux que civette, benjoin, ambre gris, musc et peau d'Espagne. Le relent des coulisses flaire à mon nez comme baume. Le soleil m'ennuie et la vie réelle me semble plate. Il me faut des amours imaginaires à servir et pour déployer mon activité le monde d'aventures romanesques qui s'agite dans les comédies. Depuis que les poëtes ne me prêtent plus leurs voix, je me fais l'effet d'être muette. Donc, je viens reprendre mon emploi. J'espère que vous n'avez engagé personne pour me remplacer. On ne me remplace pas d'ailleurs. Si cela était, j'aurais bientôt mis les griffes au visage de la gaupe et je lui casserais les quatre dents de devant sur le rebord des tréteaux. Quand on empiète sur mes privilèges, je suis méchante comme un diable.

— Tu n'auras besoin, dit le Tyran, de te livrer à aucun carnage. Nous n'avons pas de soubrette. C'était Léonarde qui jouait tes rôles envieillis et tournés à la duègne, métamorphose assez triste et maussade, à quoi nous obligeait la nécessité. Si par quelqu'un de ces onguents magiques dont parle Apulée tu t'étais muée tout à l'heure en oiseau et fusses venue, te posant au bord du toit, écouter la conversation que je tenais avec Blazius, il te serait arrivé cette chose rare pour les absents, d'entendre ton éloge sur le mode lyrique, pindarique et dithyrambique.

— A la bonne heure, répondit Zerbine, je vois que vous êtes toujours les bons compagnons d'autrefois et que votre petite Zerbinette vous manquait. »

Des garçons d'auberge entrèrent dans la chambre et y déposèrent des paquets, des boîtes, des valises, dont la comédienne fit la revue et qu'elle ouvrit, en présence de ses deux camarades, avec plusieurs petites clefs passées dans un anneau d'argent.

C'étaient de belles nippes, du fin linge, des guipures, des dentelles, des bijoux, des pièces de velours et de satin de la Chine : tout un trousseau aussi galant que riche. Il y avait, en outre, un sac de peau long, large, lourd, bourré de pécune jusqu'à la gueule, dont Zerbine dénoua les cordons et qu'elle fit ruisseler sur la table. On eût dit le Pactole monnayé. La Soubrette plongeait ses petites mains brunes dans le tas d'or, comme une vanneuse dans un tas de blé, en soulevait ce que pouvaient contenir ses paumes réunies en coupes, puis les ouvrait et laissait retomber les louis en pluie brillante, plus épaisse que celle dont fut séduite Danaé fille d'Acrise en sa tour d'airain. Les yeux de Zerbine scintillaient d'un éclat aussi vif que celui des pièces d'or, ses narines se dilataient et un rire nerveux découvrait ses dents blanches.

« Sérafine crèverait de male rage si elle me voyait tant d'argent, dit la soubrette à Hérode et à Blazius;

je vous le montre pour vous prouver que ce n'est pas la misère qui me ramène au bercail, mais le pur amour de l'art. Quant à vous, mes vieux, si vous êtes bas percés, plongez vos pattes là-dedans et prenez-en tant que vos cinq doigts en pourront tenir, et même mettez-y le pouce, à la mode d'Allemagne. »

Les comédiens la remercièrent de sa générosité, affirmant qu'ils n'avaient besoin de rien.

« Eh bien! dit Zerbine, ce sera pour une autre fois, je vous le garderai en ma cassette comme fidèle trésorière.

— Tu as donc abandonné ce pauvre marquis, dit Blazius d'un air de componction; car tu n'es pas de celles qu'on délaisse. Le rôle d'Ariane ne te va point, mais bien celui de Circé. C'était pourtant un magnifique seigneur, bien fait de sa personne, ayant l'air de la cour, spirituel et digne en tout point d'être aimé plus longtemps.

— Mon intention, répondit Zerbine, est bien de le garder comme une bague à mon doigt et le plus précieux joyau de mon écrin. Je ne l'abandonne nullement, et si je l'ai quitté, c'est afin qu'il me suivît.

— *Fugax sequax, sequax fugax*, reprit le Pédant; ces quatres mots latins à consonnance cabalistique, qui semblent un coassement de batraciens emprunté à la comédie des *Grenouilles* du sieur Aristophane, poëte athénien, contiennent la moelle des théories amoureuses et peuvent servir de règle de conduite pour le sexe tant viril que féminin.

— Et que chante ton latin, vieux Pédant, fit Zerbine, tu as négligé de le translater en français, oubliant que tout le monde n'a pas été comme toi régent de collége et distributeur de férules.

— On le pourrait traduire, répondit Blazius, par deux carmes ou versiculets en cette teneur :

> Fuyez, on vous suivra ;
> Suivez, on vous fuira.

— Voilà, dit Zerbine en riant, de la vraie poésie pour la flûte à l'oignon et les cornets en pâte sucrée qu'on enfonce dans les biscuits. Cela doit aller sur l'air de Robin et Robine. »

Et la folle créature se mit à chanter les vers du Pédant à pleine gorge, d'une voix si claire, si argentine et si perlée, que c'était plaisir de l'entendre. Elle accompagnait son chant de mines tellement expressives, tantôt riantes, tantôt fâchées, qu'on croyait voir la poursuite et la retraite de deux amants, l'un enflammé, l'autre dédaigneux.

Quand elle eut bien lâché la bride à sa folâtrerie, elle se rasséréna et devint sérieuse.

« Écoutez mon histoire. Le marquis m'avait fait conduire par ce valet et ce garçon de mules qui me vinrent prendre au carrefour de la Croix à un petit castel ou pavillon de chasse qu'il possède en un de ses bois, fort retiré et difficile à découvrir, à moins de savoir qu'il existe, car une noire rangée de sapins le masque. C'est là que ce bon seigneur va faire la débauche avec quelques amis francs compagnons. On y peut crier *tope* et *masse* sans que personne vous entende autre qu'un vieux domestique qui renouvelle les flacons. C'est là aussi qu'il abrite ses amours et fantaisies galantes. Il s'y trouve un appartement fort propre tapissé en verdures de Flandre; meublé d'un lit à l'antiquaille, mais large, moelleux, bien garni de coussins et rideaux; d'une toilette dressée où ne manque rien de ce qui est nécessaire à une femme, fût-elle duchesse, peignes, éponges, flacons d'essence, opiats, boîtes à mouches, pommades pour les lèvres, pâtes d'amande; de fauteuils, chaises et pliants rembourrés à souhait, et d'un tapis turc si épais qu'on peut tomber partout sans se faire mal. Ce retrait occupe mystérieusement le second étage du pavillon. Je dis mystérieusement, car du dehors il est impossible d'en soupçonner les magnificences. Le temps a noirci les murs qui sembleraient près de tomber en ruines sans un lierre qui les embrasse et les soutient. En passant devant le castel on le croirait inhabité; les volets et tentures des fenêtres empêchent, le soir, la lumière des cires et du feu de se répandre sur la campagne.

— Ce serait là, interrompit le Tyran, une belle décoration pour un cinquième acte de tragi-comédie. On pourrait s'égorger à loisir en une telle maison.

— L'habitude des rôles tragiques, dit Zerbine, te rembrunit l'imagination. C'est au contraire un logis fort joyeux, car le marquis n'est rien moins que féroce.

— Poursuis ton récit, Zerbine, dit Blazius avec un geste d'impatience.

— Quand j'arrivai près de ce manoir sauvage, continua Zerbine, je ne pus me défendre d'une certaine appréhension. Je n'avais pas à craindre pour ma vertu, mais j'eus un instant l'idée que le marquis voulait me claquemurer là dans une espèce d'oubliette, d'où il me tirerait de temps à autre au gré de son caprice. Je n'ai aucun goût pour les donjons à soupiraux grillés et ne souffrirais pas la captivité, même pour être sultane favorite de Sa Hautesse le Grand Seigneur; mais je me dis, je suis soubrette de mon métier, et j'ai, en ma vie, tant fait évader d'Isabelles, de Léonores et de Doralices, que je saurai bien trouver une ruse pour m'échapper moi-même, si, toutefois, on me veut retenir. Il serait beau qu'un jaloux fît Zerbine prisonnière! J'entrai donc bravement, et fus surprise de la plus agréable manière du monde, en voyant que ce logis refrogné qui faisait la grimace aux passants, souriait aux hôtes. Délabrement en dehors, luxe en dedans. Un bon feu flambait dans la cheminée. Des bougies roses reflétaient leurs clartés aux miroirs des appliques, et sur la table avec forces cristaux, argenterie et flacons, un souper aussi abondant que délicat était servi. Au bord du lit, négligemment jetées, des pièces d'étoffes fripaient dans leurs plis des reflets de lumière. Des bijoux posés sur la toilette, bracelets, colliers, pendants d'oreilles, lançaient de folles bluettes et de brusques scintillements d'or. Je me sentais tout à fait rassurée. Une jeune paysanne, soulevant la portière, vint m'offrir ses services et me débarrassa de mon habit de voyage pour m'en faire prendre un plus convenable qui se trouvait tout préparé dans la garde-robe; bientôt arriva le marquis. Il me trouva charmante en mon déshabillé de taffetas flambé de blanc et de cerise, et il jura que vraiment il m'aimait à la folie. Nous soupâmes, et quoiqu'il en coûte à ma modestie, je dois avouer que je fus éblouissante. Je me sentais un esprit du diable; les saillies me jaillissaient, les rencontres me venaient, parmi d'étincelantes fusées de rire; c'était un entrain, une verve, une furie joyeuse qu'on n'imagine pas. Il y avait de quoi faire danser les morts et flamber les cendres du vieux roi Priam. Le marquis ébloui, fasciné, enivré, m'appelait tantôt ange et tantôt démon; il me proposait de tuer sa femme et de m'épouser. Le cher homme! il l'aurait fait comme il le disait, mais je ne voulus point, disant que ces tueries étaient choses fades, bourgeoises et communes. Je ne crois pas que Laïs, la belle Impéria et madame Vannoza qui fut maîtresse d'un pape, aient jamais plus galamment égayé une médianoche. Ce fut ainsi pendant plusieurs jours. Peu à peu cependant le marquis devint rêveur, il semblait chercher quelque chose dont il ne se rendait pas compte et qui lui manquait. Il fit quelques courses à cheval, et, même il invita deux ou trois amis comme pour se distraire. Le sachant vaniteux, je m'attifai à mon avantage et redoublai de gentillesses, grâces et minauderies devant ces hobereaux qui jamais ne s'étaient trouvés à pareille fête : au dessert, me faisant des castagnettes avec une assiette de porcelaine de Chine cassée, j'exécutai une sarabande si folle, si lascive, si enragée, qu'elle eût damné un saint. C'était des brapâmés au-dessus de la tête, des jambes luisant comme un éclair dans le tourbillon des jupes, des hanches plus frétillantes que vif-argent, des reins cambrés à toucher le parquet des épaules, une gorge qui battait la campagne, le tout incendié de regards et de sourires à mettre le feu à une salle si jamais je pouvais danser un tel pas sur un théâtre. Le marquis rayonnait, en sa gloire, fier comme un roi, d'avoir une pareille maîtresse; mais le lendemain il fut morne, languissant, désœuvré. J'essayai de mes philtres les plus forts, hélas! ils n'avaient plus de puissance sur lui. Cet état paraissait l'étonner lui-même. Parfois, il me regardait fort attentivement comme étudiant sous mes traits la ressemblance d'une autre personne. M'aurait-il prise, pensais-je, pour servir de corps à un souvenir et lui rappellerais-je un amour perdu? Non, me répondais-je, ces fantaisies mélancoliques ne sont pas dans sa nature. De telles rêvasseries conviennent aux bilieux hypocondriaques et non point à ces joyeux qui ont la joue vermeille et l'oreille rouge.

— N'était-ce point satiété? dit Blazius, car d'ambroisie même on se dégoûte, et les dieux viennent manger sur terre le pain bis des humains.

— Apprenez, monsieur le sot, répondit Zerbine en donnant une petite tape sur les doigts du Pédant, qu'on n'est jamais las de moi, vous me l'avez dit tout à l'heure.

— Pardonne-moi, Zerbine, et dis-nous ce que fantaisiait l'humeur de M. le marquis; je grille de l'apprendre.

— Enfin, reprit la Soubrette, à force d'y rêver je compris ce qui chagrinait le marquis dans son bonheur, et je découvris quel était le pli de rose dont soupirait ce Sybarite sur sa couche de volupté. Il avait la femme, mais il regrettait la comédienne. Cet aspect brillant que donnent les lumières, le fard, les costumes, la diversité et l'action des rôles s'était évanoui comme s'éteint la splendeur factice de la scène quand le moucheur souffle les chandelles. En rentrant dans la coulisse j'avais perdu pour lui une partie de mes séductions. Il ne lui restait plus que Zerbine; ce qu'il aimait en moi c'était Lisette, c'était Marton, c'était Marinette, l'éclair du sourire et de l'œil, la réplique alerte, le minois effronté, l'ajustement fantasque, le désir et l'admiration du public. Il cherchait, à travers mon visage de ville, mon visage de théâtre, car nous autres actrices, quand nous ne sommes pas laides, nous possédons deux beautés, l'une composée et l'autre naturelle; un masque et une figure. Souvent c'est le masque qu'on préfère, encore que la figure soit jolie. Ce que souhaitait le marquis, c'était la soubrette qu'il avait vue dans les *Rodomontades du capitaine Matamore,* et que je ne lui représentais qu'à demi. Le caprice qui attache certains seigneurs à des comédiennes est beaucoup moins sensuel qu'on ne pense. C'est une passion d'esprit plutôt que de corps. Ils croient atteindre l'idéal en étreignant le réel, mais l'image qu'ils poursuivent leur échappe; une actrice est comme un tableau qu'il faut contempler à distance et sous le jour propice. Si vous approchez, le prestige se dissipe. Moi-même je commençais à m'ennuyer. J'avais bien souvent désiré d'être aimée d'un grand, d'avoir de riches toilettes, de vivre sans souci dans les recherches et les délicatesses du luxe, et souvent il m'était arrivé de maudire ce sort rigoureux qui me forçait d'errer de bourg en ville, sur une charrette, suant l'été, gelant l'hiver, pour faire mon métier de baladine. J'attendais une occasion d'en finir avec cette vie misérable, ne me doutant pas que c'était ma vie propre, ma raison d'être, mon talent, ma poésie, mon charme et mon lustre particulier. Sans ce rayon d'art qui me dore un peu, je ne serais qu'une drôlesse vulgaire comme tant d'autres. Thalie, déesse vierge, me sauvegarde de sa livrée, et les vers des poëtes, charbons de feu, touchant mes lèvres, les purifient de plus d'un baiser lascif et mignard. Mon séjour dans le pavillon du marquis m'éclaira. Je compris que ce brave gentilhomme n'était pas épris seulement de mes yeux, de mes dents, de ma peau, mais bien de cette petite étincelle qui brille en moi et me fait applaudir. Un beau matin je lui signifiai tout net que je voulais reprendre ma volée et que cela ne me convenait point d'être à perpétuité la maîtresse d'un seigneur : que la première venue pouvait bien le faire et qu'il m'octroyât gracieusement mon congé, lui affirmant d'ailleurs que je l'aimais bien et que j'étais parfaitement reconnaissante de ses bontés. Le marquis parut d'abord surpris mais non fâché, et après avoir réfléchi quelque peu, il dit : « Qu'allez-vous faire, mignonne ? » Je lui répondis : » Rattraper en route la troupe d'Hérode ou la rejoindre à Paris si elle y est déjà. Je veux reprendre mon emploi de soubrette, il y a longtemps que je n'ai dupé de Géronte. » Cela fit rire le marquis. « Eh bien! dit-il, partez en avant avec l'équipage de mules que je mets à votre disposition. Je vous suivrai sous peu. J'ai quelques affaires négligées qui exigent ma présence à la cour, et il y a longtemps que je me rouille en province. Vous me permettrez bien de vous applaudir, et si je gratte à la porte de votre loge, vous m'ouvrirez, je pense. » Je pris un petit air pudibond mais qui n'avait rien de désespérant. « Ah! monsieur le marquis, que me demandez-vous là! » Bref, après les adieux les plus tendres, j'ai sauté sur ma mule et me voici aux *Armes de France.*

— Mais, dit Hérode, d'un ton de doute, si le marquis ne venait pas, tu serais furieusement attrapée. »

Cette idée parut si bouffonne à Zerbine qu'elle se renversa dans son fauteuil et se mit à rire à gorge déployée, en se tenant les côtes. Le marquis ne pas venir! s'écria-t-elle lorsqu'elle eut repris son sang-froid, tu peux faire retenir son appartement d'avance. Toute ma crainte était qu'en son ardeur il ne m'eût dépassée. Ah çà! tu doutes de mes charmes, Tyran aussi imbécile que cruel. Décidément les tragédies t'abrutissent. Tu avais plus d'esprit autrefois. »

Léandre, Scapin, qui avait appris par les valets l'arrivée de Zerbine, entrèrent dans la chambre et la complimentèrent. Bientôt parut dame Léonarde dont les yeux de chouette flamboyèrent à la vue de l'or et des bijoux étalés sur la table. Elle se montra auprès de

Zerbine de l'obséquiosité la plus basse. Isabelle vint aussi et la Soubrette lui fit cadeau gracieusement d'une pièce de taffetas. Sérafine seule resta renfermée chez elle. Son amour-propre n'avait pu pardonner à sa rivale l'inexplicable préférence du marquis.

On dit à Zerbine que Matamore avait été gelé en route, mais qu'il était remplacé par le baron de Sigognac, lequel prenait pour nom de théâtre le titre, bien accommodé à l'emploi, de capitaine Fracasse.

« Ce me sera un grand honneur de jouer avec un gentilhomme dont les aïeux allèrent aux croisades, dit Zerbine, et je tâcherai que le respect n'étouffe point en moi la verve. Heureusement que je suis maintenant habituée aux personnes de qualité. »

Sur ce, Sigognac entra dans la chambre.

Zerbine pliant le jarret de manière à faire bouffer amplement ses jupes, lui adressa une belle révérence de cour bien proportionnée et cérémonieuse.

« Ceci, dit-elle, est pour monsieur le baron de Sigognac, et voici pour le capitaine Fracasse mon camarade, » ajouta-t-elle en le baisant fort vivement sur les deux joues, ce qui faillit décontenancer Sigognac peu accoutumé encore à ces libertés de théâtre et que troublait d'ailleurs la présence d'Isabelle.

Le retour de Zerbine permettait de varier agréablement le répertoire, et toute la troupe, à l'exception de Sérafine, était on ne peut plus satisfaite de la revoir.

Maintenant que la voilà bien installée dans sa chambre, au milieu de ses joyeux camarades, informonsnous d'Oreste et de Pylade que nous avons laissés rentrant chez eux après leur promenade au jardin.

Oreste, c'est-à-dire le jeune duc de Vallombreuse, car tel était son titre, ne mangea que du bout des dents et plus d'une fois oublia sur la table le verre que le laquais venait de remplir, tant il avait l'imagination préoccupée de la belle femme aperçue à la fenêtre. Le chevalier de Vidalinc son confident essayait vainement de le distraire; Vallombreuse ne répondait que par monosyllabes aux plaisanteries amicales de son Pylade.

Dès que le dessert fut enlevé, le chevalier dit au duc :

« Les plus courtes folies sont les meilleures; pour que vous ne pensiez plus à cette beauté, il ne s'agit que de vous en assurer la possession. Elle sera bientôt à l'état de Corisande. Vous avez le naturel de ces chasseurs qui du gibier n'aiment que la poursuite et la pièce tuée, ne la ramassent même point. Je vais aller faire faire une battue pour vous rabattre l'oiseau vers vos filets.

— Non pas, reprit Vallombreuse, j'irai moi-même; comme tu l'as dit, la poursuite seule m'amuse et je suivrais jusqu'au bout du monde la plus chétive bête de poil ou de plume, de remise en remise jusqu'à tomber mort de fatigue. Ne m'ôte pas ce plaisir. Oh! si j'avais le bonheur de trouver une cruelle, je crois que je l'adorerais, mais il n'en existe pas sur le globe terraqué.

— Si l'on ne savait vos triomphes, dit Vidalinc,

on pourrait sur ce propos vous taxer de fatuité, mais vos cassettes pleines de billets doux, portraits, nœuds de rubans, fleurs séchées, mèches de cheveux noirs, blonds ou roux, et tels autres gages d'amour, montrent bien que vous êtes modeste en parlant ainsi. Peut-être allez-vous être servi à souhait, car la dame de la fenêtre me semble sage, pudique et froide à merveille.

— Nous verrons bien. Maître Bilot cause volontiers ; il écoute aussi et sait l'histoire des personnes qui logent en son auberge. Allons boire chez lui un flacon de vin des Canaries. Je le ferai causer, et il nous renseignera sur cette infante en voyage.

Quelques minutes après, les deux jeunes gens entraient aux *Armes de France* et demandaient maître Bilot. Le digne aubergiste, connaissant la qualité de ses hôtes, les conduisit lui-même en une chambre basse bien tendue où brillait dans une cheminée à large manteau un feu pétillant et clair. Il prit des mains du sommelier la bouteille grise de poussière et tapissée de toile d'araignée, la décoiffa de son casque de cire avec des précautions infinies, extirpa du goulot, sans secousse, le bouchon tenace, et d'une main aussi ferme que si elle eût été coulée en bronze versa un fil de liqueur blond comme la topaze dans les verres de Venise à pied en spirale que lui tendaient le duc et le chevalier. En faisant ce métier d'échanson, Bilot affectait une religieuse gravité ; on eût dit un prêtre de Bacchus officiant et célébrant les mystères de la dive bouteille ; il ne lui manquait que d'être couronné de lierre ou de pampre. Ces cérémonies augmentaient la valeur du vin qu'il servait, lequel était réellement fort bon et plus digne d'une table royale que d'un cabaret.

Il allait se retirer quand Vallombreuse d'un clin d'œil mystérieux l'arrêta sur le seuil :

« Maître Bilot, lui dit-il, prenez un verre au dressoir et buvez à ma santé une rasade de ce vin. »

Le ton n'admettait pas de réplique, et d'ailleurs Bilot ne se faisait pas prier pour aider un hôte à consommer les trésors de son cellier. Il éleva son verre en saluant et en vida le contenu jusqu'à la dernière perle. « Bon vin, » dit-il avec un friand clappement de langue contre le palais, puis il resta debout la main appuyée au rebord de la table, les yeux fixés sur le duc, attendant ce qu'on voulait de lui.

« As-tu beaucoup de monde dans ton auberge? dit Vallombreuse, et de quelle sorte?... » Bilot allait répondre, mais le jeune duc prévint la phrase de l'hôtelier et continua. « A quoi bon finasser avec un vieux mécréant tel que toi? Quelle est la femme qui habite cette chambre dont la fenêtre donne sur la ruelle en face l'hôtel Vallombreuse, la troisième croisée en partant de l'angle du mur? Réponds vite, tu auras une pièce d'or par syllabe.

— A ce prix, dit Bilot avec un large rire, il faudrait être bien vertueux pour employer le style laconique tant estimé des anciens. Cependant comme je suis tout dévoué à Votre Seigneurie, je n'userai que d'un seul mot : Isabelle!

— Isabelle! nom charmant et romanesque, dit Vallombreuse; mais n'use pas de cette sobriété lacédémonienne. Sois prolixe et raconte-moi par le menu tout ce que tu sais de cette infante.

— Je vais me conformer aux ordres de Sa Seigneurie, répondit maître Bilot en s'inclinant. Mon cellier, ma cuisine, ma langue sont à sa disposition. Isabelle est une comédienne qui appartient à la troupe du seigneur Hérode présentement logé à l'hôtel des *Armes de France*.

— Une comédienne, dit le jeune duc avec un air de désappointement, je l'aurais plutôt prise à sa mine discrète et réservée pour une dame de qualité ou bourgeoise cossue que pour une baladine errante.

— On peut s'y tromper, continua Bilot, la demoiselle a des façons fort décentes. Elle joue le rôle d'ingénue au théâtre et le continue à la ville. Sa vertu, quoique fort exposée, car elle est jolie, n'a reçu aucune brèche et aurait le droit de se coiffer du chapeau virginal. Nulle ne sait mieux éconduire un galant par une politesse exacte et glacée qui ne laisse pas d'espoir.

— Ceci me plaît, fit Vallombreuse, je ne hais rien tant que ces facilités trop ouvertes et ces places qui battent la chamade, demandant à capituler devant même qu'on ait donné l'assaut.

— Il en faudra plus d'un pour emporter cette citadelle, dit Bilot, quoique vous soyez un hardi et brillant capitaine peu habitué à rencontrer de résistance, d'autant qu'elle est gardée par la sentinelle vigilante d'un pudique amour.

— Elle a donc un amant, cette sage Isabelle, s'écria le jeune duc d'un ton à la fois triomphant et dépité, car d'une part il ne croyait guère à la vertu des femmes, et de l'autre cela le contrariait d'apprendre qu'il avait un rival.

— J'ai dit amour et non pas amant, continua l'aubergiste avec une respectueuse insistance, ce n'est pas la même chose. Votre Seigneurie est trop experte en matière de galanterie pour ne point apprécier cette différence bien qu'elle ait l'air subtil. Une femme qui a un amant peut en avoir deux, comme dit la chanson, mais une femme qui a un amour est impossible ou du moins fort malaisée à vaincre. Elle possède ce que vous lui offrez.

— Tu raisonnes là-dessus, dit Vallombreuse, comme si tu eusses étudié les cours d'amour et les sonnets de Pétrarque. Je ne te croyais docte qu'en fait de sauces et de vins. Et quel est l'objet de cette platonique tendresse?

— Un comédien de la troupe, répondit Bilot, que j'imaginerais volontiers engagé par amourette, car il ne me semble pas avoir les allures d'un histrion vulgaire.

— Eh bien, dit le chevalier de Vidalinc à son ami, vous devez être content. Voilà des obstacles imprévus qui se présentent. Une comédienne vertueuse, cela ne se rencontre pas tous les jours, et c'est affaire à vous. Cela vous reposera des grandes dames et des courtisanes.

— Tu es sûr, continua le jeune duc poursuivant sa pensée, que cette chaste Isabelle n'accorde aucune privauté à ce fat que je déteste déjà de toute mon âme.

— On voit bien que vous ne la connaissez point, reprit maître Bilot ; c'est une hermine qui aimerait mieux mourir qu'avoir une tache en son blanc pelage. Quand la comédie exige des embrassades, on la voit rougir à travers son fard et parfois s'essuyer la joue avec le dos de la main.

— Vivent les beautés altières, farouches et rebelles au montoir ! s'écria le duc, je la cravacherai si bien qu'il faudra qu'elle prenne le pas, l'amble, le trot, le galop, et fasse toutes les courbettes à ma volonté.

— Vous n'en obtiendrez rien de cette manière, monsieur le duc, permettez-moi de vous le dire, fit maître Bilot en faisant un salut empreint de la plus profonde humilité, comme il convient à un inférieur qui contredit un supérieur séparé de lui par tant de degrés de l'échelle sociale.

— Si je lui envoyais dans un bel étui de chagrin des pendeloques à grosses perles, un collier d'or à plusieurs rangs avec fermoirs en pierreries, un bracelet en forme de serpent ayant deux gros rubis balais pour yeux !

— Elle vous renverrait toutes ces richesses en répondant que vous la prenez sans doute pour une autre. Elle n'est point intéressée comme la plupart de ses compagnes, et ses yeux, chose rare pour une femme, ne s'allument pas aux feux de la joaillerie. Elle regarde les diamants les mieux enchâssés comme si c'étaient nèfles sur paille.

— Que voilà un étrange et fantasque échantillon de sexe féminin! dit le duc de Vallombreuse un peu étonné; sans doute, elle veut par ces semblants de sagesse se faire épouser de ce maraud, lequel doit être abondamment pourvu de biens. Le caprice prend quelquefois à ces créatures de faire souche d'honnêtes gens et de s'asseoir aux assemblées parmi les prudes femmes, l'œil baissé sur la modestie, avec un air de Sainte N'y touche.

— Eh bien, épousez-la, fit Vidalinc en riant, s'il n'y a pas d'autre moyen. Ce titre de duchesse humanise les plus revêches.

— Tout beau! tout beau! reprit Vallombreuse, n'allons pas si vite en besogne; il faut d'abord parlementer. Cherchons pour aborder la belle quelque stratagème qui ne l'effarouche pas trop.

— Cela est plus facile que de s'en faire aimer, dit maître Bilot; il y a ce soir au jeu de paume répétition de la pièce qu'on doit jouer demain; quelques amateurs de la ville seront admis, et vous n'avez qu'à vous nommer pour que la porte s'ouvre à deux battants devant vous. D'ailleurs j'en toucherai deux mots au seigneur Hérode, qui est fort de mes amis et n'a rien à me refuser; mais, selon ma petite science, vous auriez mieux fait d'adresser vos vœux à mademoiselle Séraphine, qui n'est pas moins jolie qu'Isabelle et dont la vanité se fût pâmée de plaisir à cette recherche.

— C'est d'Isabelle que je suis affolé, fit le duc d'un petit ton sec qu'il savait prendre admirablement et qui tranchait tout, d'Isabelle et non d'une autre, maître Bilot, et, plongeant la main dans sa poche, il répandit négligemment sur la table une assez longue traînée de pièces d'or : Payez-vous de votre bouteille et gardez le reste de la monnaie. »

L'hôtelier ramassa les louis avec componction et les fit glisser l'un après l'autre au fond de son escarcelle. Les deux gentilshommes se levèrent, enfoncèrent leur feutre jusqu'au sourcil, jetèrent leur manteau sur le coin de leur épaule et quittèrent la salle. Vallombreuse fit plusieurs tours dans la ruelle, levant le nez chaque fois qu'il passait devant la bienheureuse fenêtre, mais ce fut peine perdue. Isabelle, désormais sur ses gardes, ne se montra point. Le rideau était baissé, et l'on eût pu croire qu'il n'y avait personne en la chambre. Las de faire le pied-de-grue dans cette ruelle déserte fort rafraîchie du vent de bise, posture à laquelle il n'était pas accoutumé, le duc de Vallombreuse se lassa bientôt d'une attente vaine et reprit le chemin de sa demeure, maugréant contre l'impertinente pruderie de cette pecque assez assurée pour faire languir ainsi un duc jeune et bien fait. Il pensa même, avec quelque complaisance, à cette bonne Corisande naguère si dédaignée, mais l'amour-propre bientôt lui dit à l'oreille qu'il n'aurait qu'à paraître pour triompher comme César. Quant au rival, s'il le gênait trop, il le supprimerait au moyen de quelques estafiers ou coupe-jarrets à gages ; la dignité ne permettant pas de se commettre avec un pareil drôle.

Il est vrai, Vallombreuse n'avait pas aperçu Isabelle

retirée au fond de son appartement, mais pendant sa faction dans la ruelle un œil jaloux l'épiait à travers la vitre d'une autre fenêtre, celui de Sigognac à qui les allures et menées du personnage déplaisaient fort. Dix fois le Baron fut tenté de descendre et d'attaquer le galant l'épée haute, mais il se contint. Il n'y avait rien d'assez formel dans l'action de se promener le long d'une muraille pour justifier une semblable agression, qu'on eût taxée de folle et ridicule. L'éclat en eût pu nuire à la renommée d'Isabelle, tout innocente de ces regards levés en haut toujours au même endroit. Il se promit toutefois de surveiller de près le galantin et en grava les traits dans sa mémoire pour le reconnaître quand besoin serait.

Hérode avait choisi pour la représentation du lendemain, annoncée et tambourinée par toute la ville, *Lygdamon et Lydias, ou la Ressemblance*, tragi-comédie d'un certain Georges de Scudéry, gentilhomme, qui, après avoir servi aux gardes françaises, quittait l'épée pour la plume et ne se servait pas moins bien de l'une que de l'autre, et *les Rodomontades du capitaine Fracasse*, où Sigognac devait débuter devant un véritable public, n'ayant encore joué que pour les veaux, les bêtes à cornes et les paysans, dans la grange de Bellombre. Tous les comédiens étaient fort affairés à apprendre leurs rôles ; la pièce du sieur de Scudéry étant nouvellement mise en lumière, ils ne la connaissaient point. Rêveurs et brochant des babines comme singes disant leurs patenôtres, ils se promenaient sur la galerie, tantôt marmottant, tantôt poussant de grands éclats de voix. Qui les eût vus les eût pris pour gens forcenés et hors de sens. Ils s'arrêtaient tout court, puis repartaient à grands pas, agitant les bras comme moulins démanchés. Léandre surtout, qui devait jouer Lygdamon, cherchait des poses, essayait des effets et se démenait comme un diable dans un bénitier. Il comptait sur ce rôle pour réaliser son rêve d'inspirer de l'amour à une grande dame et prendre sa revanche des coups de bâton reçus au château de Bruyères, coups de bâton qui lui étaient restés plus longtemps encore sur le cœur que sur le dos. Ce rôle d'amant langoureux et transi, poussant les beaux sentiments aux pieds d'une inhumaine, en vers d'un assez bon tour, prêtait à des clins d'yeux, à des soupirs, à des pâleurs et à toutes sortes d'afféteries attendrissantes, à quoi excellait principalement le sieur Léandre, un des meilleurs amoureux de la province, malgré ses prétentions et ses ridicules.

Sigognac, dont Blazius s'était institué le professeur, étudiait dans sa chambre avec le vieux comédien et se façonnait à cet art difficile du théâtre. Le type qu'il représentait par son caractère extravagamment outré s'éloignait du naturel, et cependant il fallait que sous l'exagération on sentît la vérité et qu'on démêlât l'homme à travers le fantoche. Blazius lui donnait des conseils en ce sens et lui enseignait à commencer par un ton simple et vrai pour arriver à des intonations bizarres, ou bien à rentrer dans la diction ordinaire après des cris de paon plumé vif, car il n'est personnage si affecté qui le soit toujours.

D'ailleurs cette inégalité est le propre des lunatiques et dévoyés de cervelle ; elle existe aussi dans leurs gestes détraqués qui ne concordent pas exactement au sens des paroles, désaccord dont l'artiste habile peut tirer des effets comiques. Blazius était d'avis que Sigognac prît le demi-masque, c'est-à-dire cachant le front et le nez, pour garder la tradition de la figure et mêler sur son visage le fantasque au réel, grand avantage en ces sortes de rôles moitié faux, moitié vrais, caricatures générales de l'humanité dont elle ne se fâche point comme d'un portrait. Entre les mains d'un comédien vulgaire un tel rôle peut n'être qu'une plate bouffonnade propre à divertir la canaille et à faire hausser les épaules aux honnêtes gens, mais un acteur de mérite peut y introduire des traits de naturel et représentant mieux la vie que s'ils étaient concertés.

L'idée du demi-masque souriait assez à Sigognac. Le masque lui assurait l'incognito et lui donnait le courage d'affronter la foule. Ce mince carton lui faisait l'effet d'un heaume à visière baissée à travers laquelle il parlerait d'une voix de fantôme. Car le visage est la personne même, le corps n'a pas de nom, et la face cachée ne se peut connaître : cet arrangement conciliait le respect de ses aïeux et les nécessités de sa position. Il ne s'exposait plus devant les chandelles d'une façon matérielle et directe. Il n'était ainsi que l'âme inconnue vivifiant une grande marionnette ; *nervis alienis mobile lignum;* seulement il habitait l'intérieur de cette marionnette au lieu d'en tirer extérieurement les fils. Sa dignité n'avait rien à souffrir de ce jeu.

Blazius, qui aimait fort Sigognac, modela lui-même le masque de façon à lui composer une physionomie de théâtre tout à fait différente de sa physionomie de ville. Un nez rehaussé, constellé de verrues et rouge du bout comme une guigne, des sourcils circonflexes et dont le poil se rebroussait en virgule, une moustache aux pointes effilées et se recourbant comme les cornes de la lune, rendaient méconnaissables les traits réguliers du jeune baron ; cet appareil disposé comme un chanfrein ne couvrait que le front et la protubérance nasale, mais tout le reste du visage en était changé.

On se rendit à la répétition, qui devait être en costume pour qu'on pût bien se rendre compte de l'effet général. Pour ne pas traverser la ville en carême prenant, les comédiens avaient fait porter leurs habits au jeu de paume et les actrices s'accommodaient dans la salle que nous avons décrite. Les gens de condition, les galantins, les beaux esprits de l'endroit avaient fait rage pour pénétrer dans ce temple ou plutôt sacristie de Thalia où les prêtresses de la Muse se revêtaient de leurs ornements pour célébrer les mystères. Tous faisaient les empressés auprès des comédiennes. Les uns leur présentaient le miroir, les autres approchaient les bougies afin qu'elles se vissent mieux. Celui-ci donnait son opinion sur la place d'un nœud de ruban, celui-là tendait la boîte à poudre ; un autre plus timide restait assis sur un coffre, branlant les jambes, sans dire mot et filant sa moustache par manière de contenance.

Chaque comédienne avait son cercle de courtisans dont les yeux goulus cherchaient fortune dans les trahisons et les hasards de la toilette. Tantôt le peignoir glissant à propos découvrait un dos lustré comme un marbre; tantôt c'était un demi-globe de neige ou d'ivoire qui s'impatientait des rigueurs du corset et qu'il fallait mieux coucher dans son nid de dentelles, ou bien encore un beau bras qui, se relevant pour ajuster quelque chose à la coiffure, se montrait nu jusqu'à l'épaule. Nous vous laisserons à penser que de madrigaux, de compliments et de fadeurs mythologiques arrachèrent à ces provinciaux la vue de pareils trésors; Zerbine riait comme une folle d'entendre ces sottises; Sérafine, plus vaniteuse que spirituelle, s'en délectait; Isabelle ne les écoutait point et sous les yeux de tous ces hommes s'arrangeait avec modestie, refusant d'un ton poli mais froid les offres de service de ces messieurs.

Vallombreuse, suivi de son ami Vidalinc, n'avait eu garde de manquer cette occasion de voir Isabelle. Il la trouva plus jolie encore de près que de loin, et sa passion s'en accrut d'autant. Ce jeune duc s'était adonisé pour la circonstance, et de fait il était admirablement beau. Il portait un magnifique costume de satin blanc, bouillonné et relevé d'agréments et de nœuds cerise attachés par des ferrets de diamants. Des flots de linge fin et de dentelles débordaient des manches du pourpoint; une riche écharpe en toile d'argent soutenait l'épée ; un feutre blanc à plume incarnadine se balançait à la main emprisonnée dans un gant à la frangipane.

Ses cheveux noirs et longs, frisés en minces boucles, se contournaient le long de ses joues d'un ovale parfait et en faisaient valoir la chaude pâleur. Sous sa fine moustache ses lèvres brillaient rouges comme des grenades et ses yeux étincelaient entre deux épaisses franges de cils. Son col blanc et rond comme une colonne de marbre supportait fièrement sa tête et sortait dégagé d'un rabat en point de Venise du plus grand prix.

Cependant il y avait quelque chose de déplaisant dans toute cette perfection. Ces traits si fins, si purs, si nobles, étaient déparés par une expression antihumaine, si l'on peut employer ce terme. Évidemment les douleurs et les plaisirs des hommes ne touchaient que fort peu le porteur de ce visage impitoyablement beau. Il devait se croire et se croyait en effet d'une espèce particulière.

Vallombreuse s'était placé silencieusement près de la toilette d'Isabelle, son bras appuyé sur le cadre du miroir de manière à ce que les yeux de la comédienne, obligée de consulter la glace à chaque minute, dussent souvent le rencontrer. C'était une manœuvre savante et de bonne tactique amoureuse qui eût réussi, sans doute, avec toute autre que notre ingénue. Il voulait, avant de parler, frapper un coup par sa beauté, sa mine altière et sa magnificence.

Isabelle, qui avait reconnu le jeune audacieux de la ruelle et que ce regard d'une ardeur impérieuse gênait, gardait la plus extrême réserve et ne détournait pas sa vue du miroir. Elle ne semblait pas s'être aperçue qu'il y avait devant elle planté un des plus beaux seigneurs de la France, mais c'était une singulière fille qu'Isabelle.

Ennuyé de cette pose, Vallombreuse prit son parti brusquement et dit à la comédienne :

« N'est-ce pas vous, mademoiselle, qui jouez Silvie dans la pièce de *Lygdamon et Lydias* de M. de Scudéry?

— Oui, monsieur, répondit Isabelle qui ne pouvait se soustraire à cette question habilement banale.

— Jamais rôle n'aura été mieux rempli, continua Vallombreuse. S'il est mauvais, vous le rendrez bon ; s'il est bon, vous le ferez excellent. Heureux les poëtes qui confient leurs vers à ces belles lèvres! »

Ces vagues compliments ne sortaient pas des galanteries que les gens qui ont de la politesse adressent d'habitude aux comédiennes, et Isabelle dut les accepter, en remerciant le duc d'une faible inclination de tête.

Sigognac ayant, avec l'aide de Blazius, achevé de s'habiller en la logette du jeu de paume réservée aux comédiens, rentra dans la chambre des actrices pour attendre que la répétition commençât. Il était masqué et avait déjà bouclé le ceinturon de la grande rapière à lourde coquille, terminée par une toile d'araignée, héritage du pauvre Matamore. Sa cape écarlate déchiquetée en barbe d'écrevisse flottait bizarrement sur ses épaules et le bout de l'épée en relevait le bord.

Pour se conformer à l'esprit de son rôle, il marchait la hanche en avant et fendu comme un compas, d'un air outrageux et provoquant comme il sied à un capitaine Fracasse.

« Vous êtes vraiment très-bien, lui dit Isabelle qu'il vint saluer, et jamais capitan espagnol n'eut mine plus superbement arrogante. »

Le duc de Vallombreuse toisa avec la plus dédaigneuse hauteur ce nouveau venu à qui la jeune comédienne parlait d'un ton si doux : Voilà apparemment le faquin dont on la prétend amoureuse, se dit-il à lui-même, tout enfiellé de dépit, car il ne concevait point qu'une femme pût hésiter un instant entre le jeune et splendide duc de Vallombreuse et ce ridicule histrion.

Au reste, il fit semblant de ne pas s'apercevoir que Sigognac fût là. Il ne comptait pas plus sa présence que celle d'un meuble. Pour lui ce n'était pas un homme, mais une chose, et il agissait devant le Baron avec la même liberté que s'il eût été seul, couvant Isabelle de ses regards enflammés qui s'arrêtaient sur une naissance de gorge laissée à découvert par l'échancrure de la chemisette.

Isabelle, confuse, se sentait rougir, malgré elle, sous ce regard insolemment fixe, chaud comme un jet de plomb fondu, et elle se hâtait de terminer sa toilette pour s'y dérober, d'autant plus qu'elle voyait la main de Sigognac, furieux, se crisper convulsivement sur le pommeau de sa rapière.

Elle se posa une mouche au coin de la lèvre et fit

mine de se lever pour passer sur le théâtre, car le Tyran, avec sa voix de taureau, avait déjà crié plusieurs : Mesdemoiselles, êtes-vous prêtes ?

« Permettez, mademoiselle, dit le duc; vous oubliez de mettre une assassine. »

Et Vallombreuse, plongeant un doigt dans la boîte à mouches posée sur la toilette, en retira une petite étoile de taffetas noir.

« Souffrez, continua-t-il, que je vous la pose; ici, tout près du sein ; elle en relèvera la blancheur et paraîtra comme un grain de beauté naturel. »

L'action accompagna le discours si vite, qu'Isabelle, effarouchée de cette outrecuidance, eut à peine le temps de se renverser le dos sur sa chaise pour éviter l'insolent contact; mais le duc n'était pas de ceux qui s'intimidaient aisément, et son doigt moucheté allait effleurer la gorge de la jeune comédienne lorsqu'une main de fer s'abattit sur son bras et le maintint comme dans un étau.

Le duc de Vallombreuse, transporté de rage, retourna la tête et vit le capitaine Fracasse campé dans une pose qui ne sentait point son poltron de comédie.

« Monsieur le duc, dit Fracasse en tenant toujours le poignet de Vallombreuse, mademoiselle pose ses mouches elle-même. Elle n'a besoin des services de personne. »

Cela dit, il lâcha le bras du jeune seigneur, dont le premier mouvement fut de chercher la garde de son épée. En ce moment Vallombreuse, malgré sa beauté, avait une tête plus horrible et formidable que celle de Méduse. Une pâleur affreuse couvrait son visage, ses noirs sourcils s'abaissaient sur ses yeux injectés de sang. La pourpre de ses lèvres prenait une couleur violette et blanchissait d'écume ; ses narines palpitaient comme aspirant le carnage. Il s'élança vers Sigognac, qui ne rompit pas d'une semelle, attendant l'assaut ; mais, tout à coup, il s'arrêta. Une réflexion soudaine éteignit, comme une douche d'eau glacée, sa bouillante frénésie. Ses traits se remirent en place ; les couleurs naturelles lui revinrent, il avait complétement repris possession de lui-même, et son visage exprimait le dédain le plus glacial, le mépris le plus suprême qu'une créature humaine puisse témoigner à une autre. Il venait de penser que son adversaire n'était pas né et qu'il avait failli se commettre avec un histrion. Tout son orgueil nobiliaire se révoltait à cette idée. L'insulte partie de si bas ne pouvait l'atteindre ; se bat-on avec la boue qui vous éclabousse ? Cependant il n'était pas dans sa nature de laisser une offense impunie d'où qu'elle vînt, et, se rapprochant de Sigognac, il lui dit : « Drôle, je te ferai rompre les os par mes laquais !

— Prenez garde, monseigneur, répondit Sigognac du ton le plus tranquille et de l'air le plus détaché du monde, prenez garde, j'ai les os durs et les bâtons s'y briseront comme verre. Je ne reçois de volée que dans les comédies.

— Quelque insolent que tu sois, maraud, je ne te ferai pas l'honneur de te battre moi-même. C'est une ambition qui passe tes mérites, dit Vallombreuse.

— C'est ce que nous verrons, monsieur le duc, répliqua Sigognac. Peut-être bien, ayant moins de fierté, vous battrai-je de mes propres mains.

— Je ne réponds pas à un masque, fit le duc en prenant le bras de Vidalinc qui s'était rapproché.

— Je vous montrerai mon visage, duc, en lieu et en temps opportun, reprit Sigognac, et je crois qu'il vous sera plus désagréable encore que mon faux nez. Mais brisons là. Aussi bien j'entends la sonnette qui tinte, et je courrais risque en tardant davantage de manquer mon entrée. »

Les comédiens admiraient son courage, mais, connaissant la qualité du Baron, ne s'en étonnaient pas comme les autres spectateurs de cette scène, interdits d'une telle audace. L'émotion d'Isabelle avait été si vive que le fard lui en était tombé, et que Zerbine, voyant la pâleur mortelle qui les couvrait, avait été obligée de lui mettre un pied de rouge sur les joues. A peine pouvait-elle se tenir sur ses jambes, et si la Soubrette ne lui eût soutenu le coude, elle aurait piqué du nez sur les planches en entrant en scène. Être l'occasion d'une querelle était profondément désagréable à la douce, bonne et modeste Isabelle, qui ne redoutait rien tant que le bruit et l'éclat qui se font autour d'une femme, la réputation y perdant toujours; d'ailleurs, quoique résolue à ne lui point céder, elle aimait tendrement Sigognac, et la pensée d'un guet-apens, ou tout au moins d'un duel, à quoi il était exposé, la troublait plus qu'on ne saurait dire.

Malgré cet incident, la répétition marcha son train,

les émotions réelles de la vie ne pouvant distraire les comédiens de leurs passions fictives. Isabelle même joua très-bien, quoiqu'elle eût le cœur plein de souci. Quant à Fracasse, excité par la querelle, il se montra étincelant de verve. Zerbine se surpassa. Chacun de ses mots soulevait des rires et des battements de mains prolongés. Du coin de l'orchestre partait avant tous les autres un applaudissement qui ne cessait que le dernier et dont la persistance enthousiaste finit par attirer l'attention de Zerbine.

La Soubrette feignant un jeu de scène s'avança près des chandelles, allongea le col avec un mouvement d'oiseau curieux qui passe sa tête entre deux feuilles, plongea le regard dans la salle et découvrit le marquis de Bruyères tout rouge de satisfaction et dont les yeux pétillants de désir flambaient comme des escarboucles. Il avait retrouvé la Lisette, la Marton, la Sméraldine de son rêve! Il était aux anges.

« Monsieur le marquis est arrivé, dit tout bas Zerbine à Blazius qui jouait Pandolfe, dans l'intervalle d'une demande à une réplique avec cette voix à bouche close que les acteurs savent prendre lorsqu'ils causent entre eux sur le théâtre et ne veulent point être entendus par le public; vois comme il jubile, comme il rayonne, comme il est passionné! Il ne se tient pas d'aise, et n'était la vergogne, il sauterait par-dessus la rampe pour me venir embrasser devant tout le monde! Ah! monsieur de Bruyères, les soubrettes vous plaisent. Eh bien! l'on vous en fricassera avec sel, piment et muscade. »

A partir de cet endroit de la pièce, Zerbine fit feu des quatre pieds et joua avec une verve enragée. Elle semblait lumineuse à force de gaieté, d'esprit et d'ardeur. Le marquis comprit qu'il ne pourrait plus se passer désormais de cette âcre sensation. Toutes les autres femmes dont il avait eu les bonnes grâces, et qu'il opposait en souvenir à Zerbine, lui parurent ternes, ennuyeuses et fades.

La pièce de M. de Scudéry qu'on répéta ensuite fit plaisir quoique moins amusante, et Léandre, chargé du rôle de Lygdamon, y fut charmant; mais puisque nous sommes sur le talent de nos comédiens, laissons-les à leurs affaires et suivons le duc de Vallombreuse et son ami Vidalinc.

Outré de fureur après cette scène où il n'avait pas eu l'avantage, le jeune duc était rentré à l'hôtel Vallombreuse avec son confident, méditant mille projets de vengeance; les plus doux ne tendaient à rien moins qu'à faire bâtonner l'insolent capitaine jusques à le laisser pour mort sur la place.

Vidalinc cherchait en vain à le calmer; le duc se tordait les mains de rage et courait par la chambre comme un forcené, donnant des coups de poing aux fauteuils qui tombaient comiquement les quatre fers en l'air, renversant les tables et faisant, pour passer sa fureur, toutes sortes de dégâts; puis il saisit un vase du Japon et le lança contre le parquet, où il se brisa en mille morceaux.

« Oh! s'écriait-il, je voudrais pouvoir casser ce drôle comme ce vase, et le piétiner, et en balayer les restes aux ordures ! Un misérable qui ose s'interposer entre moi et l'objet de mon désir ! S'il était seulement gentilhomme, je le combattrais à l'épée, à la dague, au pistolet, à pied, à cheval, jusqu'à ce que j'aie posé le pied sur sa poitrine et craché à la face de son cadavre !

— Peut-être l'est-il, fit Vidalinc, je le croirais assez à son assurance ; maître Bilot a parlé d'un comédien qui s'était engagé par amour et qu'Isabelle regardait d'un œil favorable. Ce doit être celui-là, si j'en juge à sa jalousie et au trouble de l'infante.

— Y penses-tu, reprit Vallombreuse, une personne de condition se mêler à ces baladins, monter sur les tréteaux, se barbouiller de rouge, recevoir des nazardes et des coups de pied au derrière ! Non, cela est par trop impossible.

— Jupiter s'est bien mué en bête et même en mari pour jouir de mortelles, répondit Vidalinc, dérogation plus forte à la majesté d'un dieu olympien que jouer la comédie à la dignité d'un noble.

— N'importe, dit le duc en appuyant le pouce sur un timbre, je vais d'abord punir l'histrion, sauf à châtier plus tard l'homme, s'il y en a un derrière ce masque ridicule.

— S'il y en a un ! n'en doutez pas, reprit l'ami de Vallombreuse ; ses yeux brillaient comme des lampes, sous le crin de ses sourcils postiches, et malgré son nez de carton barbouillé de cinabre, il avait l'air majestueux et terrible, chose difficile en cet accoutrement.

— Tant mieux, dit Vallombreuse, ma vengeance

ainsi ne donnera pas de coups d'épée dans l'eau et rencontrera une poitrine devant ses coups. »

Un domestique entra, s'inclina profondément, et dans une immobilité parfaite attendit les ordres du maître.

« Fais lever, s'ils sont couchés, Basque, Azolan, Mérindol et Labriche, dis-leur de s'armer de bons gourdins et d'aller attendre à la sortie du jeu de paume, où sont les comédiens d'Hérode, un certain capitaine Fracasse. Qu'ils l'assaillent, le gourment et le laissent sur le carreau, sans le tuer pourtant; on pourrait croire que j'en ai peur! Je me charge des suites. En le bâtonnant qu'on lui crie : De la part du duc de Vallombreuse ; afin qu'il n'en ignore. »

Cette commission, d'une nature assez farouche et truculente, ne parut pas surprendre beaucoup le laquais, qui se retira en assurant à monsieur le duc que ses ordres allaient être exécutés sur l'heure.

« Cela me contrarie, dit Vidalinc, lorsque le valet se fut retiré, que vous fassiez traiter de la sorte ce baladin, qui, après tout, a montré un cœur au-dessus de son état. Voulez-vous que sous un prétexte ou l'autre j'aille lui chercher querelle et que je le tue? Tous les sangs sont rouges quand on les verse, quoiqu'on dise que celui des nobles soit bleu. Je suis de bonne et ancienne souche, mais non d'un rang si grand que le vôtre, et ma délicatesse ne craint pas de se commettre. Dites un mot et j'y vais. Ce capitaine me semble plus digne de l'épée que du bâton.

— Je te remercie, répondit le duc, de cette offre

qui me prouve la fidélité parfaite avec laquelle tu entres dans mes intérêts, mais je ne saurais pourtant l'accepter. Ce faquin a osé me toucher. Il convient qu'il expie ignominieusement ce crime. S'il est gentilhomme, il trouvera à qui parler. Je réponds toujours quand on m'interroge avec une épée.

— Comme il vous plaira, monsieur le duc, dit Vidalinc en allongeant ses pieds sur un tabouret, comme un homme qui n'a plus qu'à laisser aller les choses. A propos, savez-vous que cette Sérafine est charmante! Je lui ai dit quelques douceurs, et j'en ai déjà obtenu un rendez-vous. Maître Bilot avait raison. »

Le duc et son ami, retombant dans le silence, attendirent le retour des estafiers.

IX

COUPS D'ÉPÉE, COUPS DE BATON

ET AUTRES AVENTURES.

La répétition était finie. Retirés dans leurs loges, les comédiens se déshabillaient et prenaient leurs habits de ville. Sigognac en fit autant, mais il garda, s'attendant à quelque assaut, son épée de Matamore. C'était une bonne vieille lame espagnole, longue comme un jour sans pain, avec une coquille de fer ouvragé qui enveloppait bien le poignet, et qui, maniée par un homme de cœur, pouvait parer des coups et en porter de solides, sinon de mortels, car elle était épointée et mousse selon l'usage des gens de théâtre, mais cela suffisait bien pour la valetaille que le duc avait chargée de sa vengeance.

Hérode, robuste compagnon aux larges épaules, avait emporté le bâton qui lui servait à frapper les levers de rideau, et avec cette espèce de massue, qu'il manœuvrait comme si c'eût été un fétu de paille, il se promettait de faire rage contre les marauds qui attaqueraient Sigognac, cela n'étant pas dans son caractère de laisser ses amis en péril.

« Capitaine, dit-il au Baron, lorsqu'ils se trouvèrent

dans la rue, laissons filer les femelles, dont les piaillements nous assourdiraient, sous la conduite de Léandre et de Blazius : l'un n'est qu'un fat, poltron comme la lune ; l'autre est par trop vieil, et la force trahirait son courage ; Scapin restera avec nous, il passe le croc-en-jambe mieux que pas un, et en moins d'une minute il vous aura étendu sur le dos, plats comme porcs, un ou deux de ces maroufles, si tant est qu'ils nous assaillent ; en tout cas, mon bâton est au service de votre rapière.

— Merci, brave Hérode, répondit Sigognac, l'offre n'est pas de refus ; mais prenons bien nos dispositions, de peur d'être attaqués à l'improviste. Marchons les uns derrière les autres à un certain intervalle, juste au milieu de la rue ; il faudra que ces coquins apostés, qui s'appliquent à la muraille dans l'ombre, s'en détachent pour arriver jusqu'à nous, et nous aurons le temps de les voir venir. Çà, dégaînons l'épée ; vous, brandissez votre massue, et que Scapin fasse un plié de jarret pour se rendre la jambe souple. »

Sigognac prit la tête de la petite colonne, et s'avança prudemment dans la ruelle qui menait du jeu de paume à l'auberge des *Armes de France*. Elle était noire, tortueuse, inégale en pavés, merveilleusement propre aux embuscades. Des auvents s'y projetaient redoublant l'épaisseur de l'ombre, et prêtant leur abri aux guet-apens. Aucune lumière ne filtrait des maisons endormies, et il n'y avait pas de lune cette nuit-là.

Basque, Azolan, Labriche et Mérindol, les estafiers

du jeune duc, attendaient déjà depuis plus d'une demi-heure le passage du capitaine Fracasse, qui ne pouvait rentrer à son auberge par un autre chemin. Azolan et Basque s'étaient tapis dans l'embrasure d'une porte, d'un côté de la rue; Mérindol et Labriche, effacés contre la muraille, avaient pris position juste en face, de manière à faire converger leurs bâtons sur Sigognac, comme les marteaux des cyclopes sur l'enclume. Le groupe des femmes conduit par Blazius et Léandre les avait avertis que Fracasse ne pouvait tarder, et ils se tenaient piétés, les doigts repliés sur le gourdin, prêts à s'acquitter de leur besogne, sans se douter qu'ils allaient avoir affaire à forte partie, car d'habitude les poëtes, histrions et bourgeois que les grands daignent faire bâtonner, prennent la chose en douceur et se contentent de courber le dos.

Sigognac, dont la vue était perçante, bien que la nuit fût fort noire, avait depuis quelques instants déjà découvert les quatre escogriffes à l'affût. Il s'arrêta, et fit mine de vouloir rebrousser chemin. Cette feinte détermina les coupe-jarrets, qui voyaient leur proie s'échapper, à quitter leur embuscade pour courir sus au capitaine. Azolan s'élança le premier, et tous crièrent : « Tue ! tue ! Au capitaine Fracasse de la part de monseigneur le duc ! » Sigognac avait enveloppé à plusieurs tours son bras gauche de son manteau, qui formait, ainsi roulé, une sorte de manchon impénétrable; de ce manchon, il para le coup de gourdin que lui assénait Azolan, et lui porta de sa rapière une botte si violente en pleine poitrine, que le misérable tomba au beau milieu du ruisseau le bréchet effondré, les semelles en l'air et le chapeau dans la boue. Si la pointe n'eût été mornée, le fer lui eût traversé le corps et fût sorti entre les deux épaules. Basque, malgré le mauvais succès de son compagnon, s'avança bravement, mais un furieux coup de plat d'épée sur la tête lui fracassa le moule du bonnet, et lui montra trente-six chandelles en cette nuit plus opaque que poix. La massue d'Hérode fit voler en éclats le bâton de Mérindol, qui, se voyant désarmé, prit la fuite, non sans avoir le dos froissé et meurtri par le formidable bois, si prompt qu'il fût à tirer ses guêtres. L'exploit de Scapin fut tel : il saisit Labriche à bras-le-corps d'un mouvement si prompt et si vif, que celui-ci, à demi étouffé, ne put faire aucun usage de son gourdin, puis, l'appuyant sur son bras gauche et le poussant de son bras droit de manière à lui faire craquer les vertèbres, il l'enleva de terre par un croc-en-jambe sec, nerveux, irrésistible comme la détente d'un ressort d'arbalète, et l'envoya rouler sur le pavé dix pas plus loin. La nuque de Labriche porta contre une pierre, et le choc fut si rude, que l'exécuteur des vengeances de Vallombreuse resta évanoui sur le champ de bataille, avec toutes les apparences d'un cadavre.

Désormais la rue était libre, et la victoire demeurait aux comédiens. Azolan et Basque, rampant sur leurs poignets, tâchaient de gagner quelque auvent pour reprendre leurs esprits. Labriche gisait comme un ivrogne en travers du ruisseau. Mérindol, moins grièvement navré, avait pris la poudre d'escampette sans doute pour que quelqu'un survécût au désastre, et le pût raconter. Cependant, en approchant de l'hôtel Vallombreuse il ralentit le pas, car il allait se trouver en face de la colère du jeune duc, non moins redoutable que le gourdin d'Hérode. A cette idée la sueur lui coulait du front, et il ne sentait plus la douleur de son épaule luxée, après laquelle pendait un bras inerte et flasque comme une manche vide.

A peine était-il rentré à l'hôtel que le duc, impatient de savoir le succès de l'algarade, le fit appeler. Mérindol parut avec une contenance embarrassée et gauche, car il souffrait beaucoup de son bras. Sous le hâle de son teint se glissaient des pâleurs verdâtres, et une fine sueur lui perlait sur le front. Immobile et silencieux, il se tenait au seuil de la chambre, attendant un mot d'encouragement ou une question de la part du duc qui se taisait.

« Eh bien, dit le chevalier de Vidalinc voyant que Vallombreuse regardait Mérindol d'un air farouche, quelles nouvelles apportez-vous? Mauvaises, sans doute, car vous n'avez pas la mine fort triomphante.

— Monsieur le duc, répondit Mérindol, ne peut douter de notre zèle à exécuter ses ordres; mais cette fois la fortune a mal servi notre valeur.

— Comment cela? fit le duc avec un mouvement de colère; à vous quatre vous n'avez pas réussi à bâtonner cet histrion?

— Cet histrion, répondit Mérindol, passe en vigueur et en courage les Hercules fabuleux. Il s'est rué si furieusement contre nous que, d'assailli devenu assaillant, il a couché en moins de rien Azolan et Basque sur le carreau. Sous ses coups ils sont tombés comme capucins de cartes, et pourtant ce sont de rudes compagnons. Labriche a été mis bas par un autre baladin au moyen d'un tour subtil de gymnastique, et sa nuque maintenant sait combien est dur le pavé de Poitiers. Moi-même j'ai eu mon bâton cassé sous la massue du sieur Hérode, et l'épaule froissée de façon à ne pas me servir de mon bras d'ici à quinze jours

— Vous n'êtes que des veaux, des gavaches et des ruffians sans adresse, sans dévouement et sans courage! s'écria le duc de Vallombreuse outré de fureur. Une vieille femme vous mettrait en fuite avec sa quenouille. J'ai eu bien tort de vous sauver de la potence et des galères! autant vaudrait avoir d'honnêtes gens à son service : ils ne seraient ni plus gauches ni plus lâches! Puisque les bâtons ne suffisaient pas, il fallait prendre les épées!

— Monseigneur, reprit Mérindol, avait commandé une bastonnade et non un assassinat. Nous n'aurions osé prendre sur nous d'outre-passer ses ordres.

— Voilà, dit en riant Vidalinc, un coquin formaliste, ponctuel et consciencieux. J'aime cette candeur dans le guet-apens; qu'en dites-vous? Cette petite aventure s'emmanche d'une façon assez romanesque et qui doit vous plaire, Vallombreuse, puisque les facilités vous rebutent et que les obstacles vous charment. Pour une comédienne, l'Isabelle me paraît de laborieuse approche; elle habite une tour sans pont-levis et gardée, comme dans les histoires de chevalerie, par des dragons soufflant feux et flamme. Mais voici notre armée en déroute qui revient. »

En effet, Azolan, Basque et Labriche, remis de son évanouissement, se montrèrent à la porte du salon tendant vers le duc des mains suppliantes. Ils étaient livides, hagards, souillés de boue et de sang, bien qu'ils n'eussent d'autres blessures que des contusions, mais la violence des coups avait déterminé des hémorrhagies nasales, et des plaques rougeâtres tigraient hideusement le cuir jaune de leurs buffles.

« Rentrez dans vos chenils, canailles! s'écria le duc qui n'était pas tendre, à la vue de cette troupe éclopée. Je ne sais à quoi tient que je ne vous fasse donner les étrivières pour votre imbécillité et couardise; mon chirurgien va vous visiter, et me dira si les horions dont vous vous prétendez navrés sont de conséquence, sinon je vous ferai écorcher vifs comme anguilles de Melun. Allez! »

L'escouade déconfite se le tint pour dit et disparut comme si elle eût été ingambe, tant le jeune duc inspirait de terreur à ces spadassins, gens de sac et de corde, qui n'étaient pourtant pas fort timides de nature.

Quand les pauvres diables se furent retirés, Vallombreuse se jeta sur une pile de carreaux, et garda un silence que Vidalinc respecta. Des pensées tempétueuses se succédaient dans sa cervelle comme les nuages noirs poussés par un vent furieux sur un ciel d'orage. Il voulait mettre le feu à l'auberge, enlever Isabelle, tuer le capitaine Fracasse, jeter à l'eau toute la troupe de comédiens. Pour la première fois de sa vie il rencontrait une résistance ! il avait ordonné une chose qui ne s'était pas faite ! Un baladin le bravait ! Des gens à lui s'étaient enfuis rossés par un capitan de théâtre ! Son orgueil se révoltait à cette idée, et il en éprouvait comme une sorte de stupeur. Cela était donc possible que quelqu'un lui tînt tête ? Puis il songeait que revêtu d'un costume magnifique, constellé de diamants, paré de toutes ses grâces, dans tout l'éclat de son rang et de sa beauté, il n'avait pu obtenir un regard favorable d'une fille de rien, d'une actrice ambulante, d'une poupée exposée chaque soir aux sifflets du premier croquant, lui que les princesses accueillaient le sourire aux lèvres, pour qui les duchesses se pâmaient d'amour, et qui n'avait jamais rencontré de cruelle. Il en grinçait des dents de rage, et sa main crispée froissait le splendide pourpoint de satin blanc qu'il n'avait pas quitté encore, comme s'il eût voulu le punir de l'avoir si mal secondé en ses projets de séduction.

Enfin il se leva brusquement, fit un signe d'adieu à son ami Vidalinc, et se retira, sans toucher au souper qu'on venait de lui servir, dans sa chambre à coucher où le Sommeil ne vint pas fermer les rideaux de damas de son lit.

Vidalinc, à qui l'idée de Sérafine tenait joyeusement compagnie, ne s'aperçut pas qu'il soupait seul et mangea de fort bon appétit. Bercé de fantaisies voluptueuses où figurait toujours la jeune comédienne, il dormit tout d'un somme jusqu'au lendemain.

Quand Sigognac, Hérode et Scapin rentrèrent à l'auberge, ils trouvèrent les autres comédiens fort alarmés. Les cris : Tue! tue! et le bruit de la rixe étaient parvenus, à travers le silence de la nuit, aux oreilles d'Isabelle et de ses camarades. La jeune fille avait manqué défaillir, et sans Blazius qui lui soutenait le coude, elle se fût affaissée sur les genoux. Pâle comme une cire et toute tremblante, elle attendait sur le seuil de sa porte pour savoir des nouvelles. A la vue de Sigognac sans blessure, elle poussa un faible cri, leva les bras au ciel et les laissa retomber autour du col du jeune homme, se cachant la figure contre son épaule avec un adorable mouvement de pudeur; mais, dominant promptement son émotion, elle se dégagea bientôt de cette étreinte, recula de quelques pas et reprit sa réserve habituelle.

« Vous n'êtes pas blessé, au moins? dit-elle avec sa voix la plus douce. Que de chagrin j'aurais, si, à cause de moi, il vous était arrivé le moindre mal! Aussi, quelle imprudence! aller braver ce duc si beau et si méchant, qui a le regard et l'orgueil de Lucifer, pour une pauvre fille comme moi! Vous n'êtes pas raisonnable, Sigognac; puisque vous êtes maintenant comédien comme nous, il faut savoir souffrir certaines insolences.

— Je ne laisserai jamais, répondit Sigognac, personne insulter en ma présence à l'adorable Isabelle, encore que j'aie sur la figure le masque d'un capitan.

— Bien parlé, capitaine, dit Hérode, bien parlé et

mieux agi ! Tudieu ! quelles rudes estocades ! Bien en a pris à ces drôles que l'épée de défunt Matamore n'eût pas le fil, car vous les eussiez fendus du crâne au talon, comme les chevaliers errants faisaient des Sarrasins et des enchanteurs.

— Votre bâton travaillait aussi bien que ma rapière, répliqua Sigognac, rendant à Hérode la monnaie de son compliment, et votre conscience doit être tranquille, car ce n'étaient point des innocents que vous massacriez cette fois.

— Oh ! non, répondit le Tyran riant d'un pied en carré dans sa large barbe noire, la fine fleur des bagnes, de vrais gibiers de potence !

— Ces besognes, il faut en convenir, ne peuvent être faites par les plus gens de bien, dit Sigognac; mais n'oublions pas de célébrer comme il convient la vaillance héroïque du glorieux Scapin, lequel a combattu et vaincu sans armes autres que celles suppéditées par la nature. »

Scapin, qui était bouffon, fit le gros dos, comme gonflé de la louange, mit la main sur son cœur, baissa les yeux, et exécuta une révérence comique confite en modestie.

« Je vous aurais bien accompagné, fit Blazius ; mais le chef me branle pour mon vieil âge, et je ne suis plus bon que le verre au poing, en des conflits de bouteilles et batailles de pots. »

Ces propos achevés, les comédiens, comme il se faisait tard, se retirèrent chacun en sa chacunière, à l'exception de Sigognac qui fit encore quelques tours en la galerie, comme méditant un projet : le comédien était vengé, mais le gentilhomme ne l'était pas. Allait-il jeter le masque qui assurait son incognito, dire son vrai nom, faire un éclat, attirer peut-être sur ses camarades la colère du jeune duc? La prudence vulgaire disait non, mais l'honneur disait oui. Le Baron ne pouvait résister à cette voix impérieuse, et il se dirigea vers la chambre de Zerbine.

Il gratta doucement à la porte, qui s'entre-bâilla et s'ouvrit toute grande lorsqu'il eut dit son nom. Une vive lumière brillait dans la chambre; de riches flambeaux chargés de bougies roses étaient placés sur une table recouverte d'une nappe damassée à plis symétriques, où fumait un délicat souper servi en vaisselle plate. Deux perdrix cuirassées d'une barde de lard doré se prélassaient au milieu d'un cercle de rouelles d'oranges; des blanc-manger et une tourte aux quenelles de poisson, chef-d'œuvre de maître Bilot, les accompagnaient. Dans un flacon de cristal moucheté de fleurettes d'or étincelait un vin couleur de rubis, auquel, dans un flacon pareil, faisait pendant un vin couleur de topaze. Il y avait deux couverts, et lorsque Sigognac entra, Zerbine faisait raison d'un rouge-bord au marquis de Bruyères, dont le regard flambait d'une double ivresse, car jamais la maligne soubrette n'avait été plus séduisante, et d'autre part le marquis professait cette doctrine que sans Cérès et sans Bacchus, Vénus se morfond.

Zerbine fit à Sigognac un gracieux signe de tête où se mélangeaient habilement la familiarité de l'actrice pour le camarade et le respect de la femme pour le gentilhomme.

« C'est bien charmant à vous, fit le marquis de Bruyères, de venir nous surprendre dans notre nid d'amoureux. J'espère que sans crainte de troubler le tête-à-tête, vous allez souper avec nous. Jacques, mettez un couvert pour monsieur.

— J'accepte votre gracieuse invitation, dit Sigognac, non que j'aie grand'faim, mais je ne veux pas vous troubler dans votre repas, et rien n'est désagréable pour l'appétit comme un témoin qui ne mange pas. »

Le Baron prit place sur le fauteuil que lui avança Jacques en face du marquis et à côté de Zerbine. M. de Bruyères lui découpa une aile de perdrix et lui remplit son verre sans lui faire aucune question, en homme de qualité qu'il était, car il se doutait bien qu'une circonstance grave amenait le Baron, d'ordinaire fort réservé et sauvage.

« Ce vin vous plait-il ou préférez-vous le blanc? dit le marquis; moi je bois des deux, pour ne pas faire de jaloux.

— Je suis fort sobre de nature et d'habitude, dit Sigognac, et je tempère Bacchus par les nymphes, comme disaient les anciens. Le vin rouge me suffit; mais ce n'est pas pour banqueter que j'ai commis l'indiscrétion de pénétrer dans la retraite de vos amours à cette heure incongrue. Marquis, je viens vous requérir d'un service qu'un gentilhomme ne refuse point à un autre. Mademoiselle Zerbine a dû sans doute vous conter qu'au foyer des actrices, M. le duc de Vallombreuse avait voulu porter la main à la gorge d'Isabelle, sous prétexte d'y poser une mouche, action indigne, lascive et brutale, que ne justifiait aucune coquetterie ou avance de la part de cette jeune personne, aussi sage que modeste, pour qui je fais profession d'une estime parfaite.

— Elle la mérite, fit Zerbine, et quoique femme et sa camarade, je ne saurais en dire du mal quand même je le voudrais.

— J'ai arrêté, continua Sigognac, le bras du duc dont la colère a débordé en menaces et invectives auxquelles j'ai répondu avec un sang-froid moqueur, abrité par mon masque de Matamore. Il m'a menacé de me faire bâtonner par ses laquais; et en effet, tout à l'heure, comme je rentrais à l'hôtel des *Armes de France* en suivant une ruelle obscure, quatre coquins se sont précipités sur moi. Avec quelques coups de plats d'épée, j'ai fait justice de deux de ces drôles; Hérode et Scapin ont accommodé les deux autres de la bonne façon. Bien que le duc s'imaginât n'avoir affaire qu'à un pauvre comédien, comme il se trouve un gentilhomme dans la peau de ce comédien, un tel outrage ne saurait demeurer impuni. Vous me connaissez, marquis; quoique jusqu'à présent vous ayez respecté mon incognito, vous savez quels furent mes ancêtres, et vous pouvez certifier que le sang des Sigognac est noble depuis mille ans, pur de toute mésalliance, et que tous ceux qui ont porté ce nom n'ont jamais souffert une tache à leurs armoiries.

— Baron de Sigognac, dit le marquis de Bruyères

en donnant pour la première fois à son hôte son véritable nom, j'attesterai sur mon honneur devant qui vous le souhaiterez l'antiquité et la noblesse de votre race. Palamède de Sigognac fit merveille à la première croisade, où il menait cent lances sur un dromon équipé à ses frais. C'était à une époque où bien des nobles qui font aujourd'hui les superbes n'étaient pas même écuyers. Il était fort ami de Hugues de Bruyères, mon aïeul, et tous deux couchaient sous la même tente comme frères d'armes. »

A ces glorieux souvenirs, Sigognac relevait la tête; il sentait palpiter en lui l'âme des aïeux, et Zerbine, qui le contemplait, fut surprise de la beauté singulière, et pour ainsi dire intérieure, qui illuminait comme une flamme la physionomie habituellement triste du Baron. « Ces nobles, se dit la Soubrette, ont l'air d'être sortis de la propre cuisse de Jupiter; au moindre mot, leur orgueil se dresse sur les ergots, et ils ne peuvent, comme les vilains, digérer l'insulte. C'est égal, si le Baron me regardait avec ces yeux-là, je ferais bien, en sa faveur, une infidélité au marquis. Ce petit Sigognac flambe d'héroïsme! »

« Donc, puisque telle est votre opinion sur ma famille, dit le Baron au marquis, vous défierez en mon nom M. le duc de Vallombreuse et lui porterez le cartel?

— Je le ferai, répondit le marquis d'un ton grave et mesuré qui contrastait avec son enjouement ordinaire, et de plus je mets comme second mon épée à votre service. Demain je me présenterai à l'hôtel Vallombreuse. Le jeune duc, s'il a le défaut d'être insolent, n'a pas celui d'être lâche, et il ne se retranchera pas derrière sa dignité dès qu'il saura votre véritable condition. Mais en voilà assez sur ce sujet. N'ennuyons pas plus longtemps Zerbine de nos querelles d'homme. Je vois ses lèvres purpurines se contracter malgré la politesse, et il faut que ce soit le rire et non le bâillement qui nous montre les perles dont sa bouche est l'écrin. Allons, Zerbine, reprenez votre gaieté et versez à boire au Baron. »

La Soubrette obéit avec autant de grâce que de dextérité. Hébé versant le nectar ne s'y fût pas mieux prise. Elle faisait bien tout ce qu'elle faisait.

Il ne fut plus question de rien pendant le reste du souper. La conversation roula sur le jeu de Zerbine, que le marquis accablait de compliments auxquels Sigognac pouvait joindre les siens sans nulle complaisance ou galanterie, car la Soubrette avait montré un esprit, une verve et un talent incomparables. On parla aussi des vers de M. de Scudéry, un des plus beaux esprits du temps, que le marquis trouvait parfaits, mais légèrement soporifiques, préférant à *Lygdamon et Lydias* les *Rodomontades du capitaine Fracasse*. C'était un homme de goût que ce marquis!

Dès qu'il put le faire, Sigognac prit congé et se retira en sa chambre dont il poussa le verrou. Puis il sortit d'un étui de serge qui l'entourait de peur de la rouille, une épée ancienne, celle de son père, qu'il avait emportée avec lui comme une amie fidèle. Il la tira lentement du fourreau et en baisa respectueusement la poignée. C'était une belle arme, riche sans ornementation superflue, une arme de combat et non de parade. Sur la lame d'acier bleuâtre, relevée de quelques minces filets d'or, se voyait imprimée la marque d'un des plus célèbres armuriers de Tolède. Sigognac prit un chiffon de laine et le passa à plusieurs reprises sur ce fer pour lui rendre tout son brillant. Il tâta du doigt le fil et la pointe, et l'appuyant contre la porte, il courba la lame presque jusqu'à son poignet afin d'en éprouver la souplesse. Le noble fer subit vaillamment ces essais, et fit voir qu'il ne trahirait pas son homme sur le pré. Animé par l'éclat poli de l'acier, sentant la garde bien à la main, Sigognac se mit à tirer au mur, et vit qu'il n'avait rien oublié des leçons que Pierre, ancien prévôt de salle, lui donnait pendant ses longs loisirs au château de la Misère.

Ces exercices auxquels il s'était livré avec son vieux domestique, faute de pouvoir suivre les académies comme il eût été convenable pour un jeune gentilhomme, avaient développé sa force, corroboré ses muscles, augmenté sa souplesse naturelle. N'ayant rien autre chose à faire, il s'était pris d'une sorte de passion à l'endroit de l'escrime et avait profondément étudié cette noble science; bien qu'il ne se crût encore qu'un écolier, il était depuis longtemps passé maître, et il lui arrivait souvent, dans les assauts qu'ils faisaient ensemble, de moucheter d'un point bleuâtre le plastron de buffle dont Pierre se couvrait la poitrine. Il est vrai qu'en sa modestie il se disait que le bon Pierre faisait exprès de se laisser toucher, pour ne pas le décourager toujours avec des parades invincibles. Il se trompait en cela : le vieux prévôt n'avait caché à son élève chéri aucun des secrets de son art. Pendant des années entières il l'avait tenu aux principes, quoique Sigognac parfois témoignât de l'ennui de ces exercices si longuement répétés, en sorte que le jeune Baron possédait une solidité égale à celle de son maître, mais la jeunesse lui donnait plus de souplesse et de rapidité; sa vue aussi était meilleure, en sorte que Pierre, quoique sachant une riposte à toute botte, ne parvenait pas aussi régulièrement qu'autrefois à écarter le fer du Baron. Ces défaites, qui eussent aigri un maître d'armes ordinaire, car ces gladiateurs de profession ne se laissent pas volontiers vaincre, même par leurs plus chers, réjouissaient et remplissaient d'orgueil le cœur du brave domestique; mais il cachait sa joie de peur que le Baron ne se négligeât, croyant avoir atteint le but et emporté la palme.

Ainsi en ce siècle de raffinés, de fendeurs de naseaux, de gens campés sur la hanche, de duellistes et de bretteurs fréquentant les salles des maîtres espagnols et napolitains pour apprendre des bottes secrètes et des coups de Jarnac, notre jeune Baron, qui n'était jamais sorti de sa tourelle que pour chasser, à la queue de Miraut, un maigre lièvre sur la bruyère, se trouvait être, sans en avoir la conscience, une des plus fines lames de l'époque, et capable de se mesurer avec les épées les plus célèbres. Peut-être n'avait-il pas l'élégance insolente, la pose délibérée, la forfanterie provocatrice de tel ou tel gentilhomme renommé pour ses prouesses sur le pré, mais bien habile eût été le fer capable de pénétrer dans le petit cercle où sa garde l'enfermait.

Content de lui et de son épée qu'il posa près de son chevet, Sigognac ne tarda pas à s'endormir dans une sécurité parfaite, comme s'il n'avait pas chargé le marquis de Bruyères de provoquer le puissant duc de Vallombreuse.

Isabelle ne put fermer l'œil : elle comprenait que Sigognac n'en resterait pas là, et elle redoutait pour son ami les suites de la querelle, mais il ne lui vint pas à l'idée de s'interposer entre les combattants. Les affaires d'honneur étaient en ce temps choses sacrées, que les femmes ne se fussent point avisées d'interrompre ou de gêner par leurs pleurnicheries.

Sur les neuf heures, le marquis, déjà tout habillé, alla trouver Sigognac dans sa chambre, pour régler avec lui les conditions du combat, et le Baron voulut qu'il prît, en cas d'incrédulité ou de refus de la part du Duc, les vieilles chartes, les antiques parchemins auxquels pendaient de larges sceaux de cire sur queue de soie, les diplômes cassés à tous les plis et paraphés de signatures royales dont l'encre avait jauni, l'arbre généalogique aux rameaux touffus chargés de cartels, toutes les pièces enfin qui attestaient la noblesse des Sigognac. Ces illustres paperasses, dont l'écriture gothiquement indéchiffrable eût demandé des lunettes et la science d'un bénédictin, étaient enveloppées pieusement d'un morceau de taffetas cramoisi dont la couleur passée avait pris une teinte pisseuse. On eût dit un morceau de la bannière qui conduisait jadis les cent lances du baron Palamède de Sigognac contre l'ost des Sarrasins.

« Je ne crois pas, dit le marquis, qu'il soit besoin, en cette occurrence, de faire vos preuves comme devant un héraut d'armes ; il suffira de ma parole, dont personne n'a jamais douté. Cependant comme il se peut que le duc de Vallombreuse, par extravagant dédain et folle outrecuidance, feigne de ne voir en vous que le capitaine Fracasse, comédien aux gages du sieur Hérode, je vais toujours prendre ces pièces que mon valet portera au cas qu'il les faille produire.

— Vous ferez ce que vous jugerez à propos, répondit Sigognac ; je m'en fie à votre sagesse et je remets mon honneur entre vos mains.

— Il n'y périclitera pas, répondit M. de Bruyères, soyez-en sûr, et nous aurons raison de ce duc outrageux dont les façons altières me choquent plus qu'assez. Le tortil du baron, les feuilles d'aches et les perles du marquis valent bien les pointes de la couronne ducale, quand la race est ancienne et la filiation pure de tout mélange. Mais c'est assez parler, il faut agir. Les paroles sont femelles, les actions mâles, et la lessive de l'honneur ne se coule qu'avec du sang, comme disent les Espagnols. »

Là-dessus le marquis appela son valet, lui remit la liasse de papiers, et sortit de l'auberge pour aller à l'hôtel Vallombreuse s'acquitter de sa mission.

Il ne faisait pas encore jour chez le Duc, qui, agité et coléré par les événements de la veille, ne s'était assoupi que fort tard. Aussi quand le marquis de Bruyères dit au valet de chambre de Vallombreuse de l'annoncer à son maître, les yeux du maraud s'écarquillèrent-ils à cette demande énorme. Réveiller le Duc ! entrer chez lui avant qu'il n'eût sonné ! Autant eût valu pénétrer dans la cage d'un lion de Barca ou d'un tigre de l'Inde. Le Duc, même quand il s'était couché de bonne humeur, n'avait pas le réveil gracieux.

« Monsieur ferait mieux d'attendre, dit le laquais tremblant à l'idée d'une telle audace, ou de revenir plus tard. Monseigneur n'a pas encore appelé, et je n'ose prendre sur moi...

— Annonce le marquis de Bruyères, cria le protecteur de Zerbine d'une voix où la colère commençait à vibrer, ou j'enfonce la porte et je m'introduis moi-même ; il faut que je parle à ton maître sur-le-champ pour des choses qui sont d'importance et intéressent l'honneur.

— Ah ! monsieur vient pour un duel ? dit le valet de chambre subitement radouci. Que ne le disiez-vous tout de suite. Je vais aller porter votre nom à monseigneur ; il s'est couché hier de si féroce humeur qu'il sera enchanté d'être réveillé par une querelle, et d'avoir un prétexte de se battre. »

Et le laquais, d'un air résolu, pénétra dans l'appartement après avoir prié le marquis de vouloir bien patienter quelques minutes.

Au bruit que fit la porte en s'ouvrant et en se refermant, Vallombreuse, qui ne dormait que d'un œil, s'éveilla tout à fait, et d'un saut si brusque, que le bois du lit en craqua, se mit sur son séant, cherchant quelque objet à jeter à la tête du valet de chambre.

« Que le diable embroche de sa corne le triple oison qui interrompt mon sommeil! cria-t-il d'une voix irritée. Ne t'avais-je point ordonné de ne point entrer qu'on ne t'appelât? Je te ferai donner cent coups d'étrivières par mon majordome pour m'avoir désobéi. Comment vais-je me rendormir maintenant? J'ai eu peur un instant que ce ne fût la trop tendre Corisande!

— Monseigneur, répondit le laquais avec un respect prosterné, peut me faire périr sous le bâton si cela lui convient, mais si j'ai osé transgresser la consigne, ce n'est pas sans de bonnes raisons. Monsieur le marquis de Bruyères est là qui voudrait parler à monsieur le duc pour affaire d'honneur, à ce que j'ai compris. Monsieur le duc ne se cèle point en ces occasions, et reçoit toujours ces sortes de visites.

— Le marquis de Bruyères! fit le duc, est-ce que j'ai eu quelque querelle avec lui? je ne m'en souviens point; et d'ailleurs il y a fort longtemps que je ne lui ai parlé. Peut-être s'imagine-t-il que je veux lui souffler Zerbine, car les amoureux se figurent toujours qu'on en veut à leur objet. Allons, Picard, donne-moi ma robe de chambre et rabats les rideaux du lit, qu'on ne voie point le désordre de la couchette. Il ne faut point faire attendre ce brave marquis. »

Picard présenta au duc une magnifique simarre à la vénitienne qu'il alla prendre dans une garde-robe, et dont le fond d'or se ramageait de grandes fleurs noires veloutées ; Vallombreuse en serra les cordons sur ses hanches, de manière à faire voir sa taille fine, s'assit dans un fauteuil, prit un air d'insouciance et dit au laquais : « Maintenant fais entrer.

— Monsieur le marquis de Bruyères, fit Picard en ouvrant la porte à deux battants.

— Bonjour, marquis, dit le jeune duc de Vallombreuse en se soulevant à demi de son fauteuil, et soyez le bienvenu, quel que soit le sujet qui vous amène. Picard, avance un siége à monsieur. Excusez-moi si je vous reçois dans cette chambre en désordre et sous ce déshabillé matinal ; n'y voyez pas un manque de civilité, mais une marque d'empressement.

— Pardonnez, répliqua le marquis, l'insistance sauvage que j'ai mise à troubler votre sommeil, occupé peut-être de quelque rêve délicieux, mais je suis chargé près de vous d'une mission qui ne souffre pas de retard entre gentilshommes.

— Vous me piquez la curiosité au vif, répondit Vallombreuse : je ne devine point quelle peut être cette affaire urgente.

— Sans doute, monsieur le duc, dit le marquis de Bruyères, vous avez oublié certaines circonstances de la soirée d'hier. De si minces détails ne sont point faits pour se graver en votre souvenir. Aussi vais-je aider votre mémoire, si vous le permettez. Au foyer des comédiennes, vous avez daigné honorer d'une attention particulière une jeune personne qui joue les ingénues : Isabelle, je crois. Et par une badinerie que, pour ma part, je ne trouve pas blâmable, vous lui voulûtes poser une assassine sur le sein. Ce procédé, que je ne qualifie pas, choqua fort un comédien, le capitaine Fracasse, qui eut la hardiesse de vous arrêter la main.

— Marquis, vous êtes le plus fidèle et le plus consciencieux des historiographes, interrompit Vallombreuse. Tout cela est vrai de point en point, et, pour finir l'anecdote, je promis à ce drôle, insolent comme un noble, une volée de bois vert, châtiment approprié à un maroufle de sa sorte.

— Il n'y a pas grand mal à faire bâtonner un histrion ou un grimaud de lettres dont on n'est pas content, dit le marquis d'un air de parfaite insouciance ; ces espèces ne valent pas les cannes qu'on leur rompt sur le dos ; mais ici le cas est différent. Sous le capitaine Fracasse, qui, du reste, a rossé vos estafiers de la belle manière, il y a le baron de Sigognac, un gentilhomme de vieille roche et de la meilleure noblesse qui soit en Gascogne. Personne n'a rien à dire sur son compte.

— Que diable allait-il faire parmi cette troupe de baladins ? répondit le jeune duc de Vallombreuse en jouant avec les cordons de sa robe de chambre ; pouvais-je soupçonner un Sigognac sous cet accoutrement grotesque et derrière ce faux nez barbouillé de carmin ?

— Quant à votre première question, dit le marquis, j'y répondrai par un mot. Entre nous, je crois le Baron fort épris de l'Isabelle ; ne la pouvant retenir en son château, il s'est engagé dans la troupe pour suivre ses amours. Ce n'est pas vous qui trouverez ce pourchas galant de mauvais goût, puisque la dame de ses pensées excite votre fantaisie.

— Non; j'admets tout ceci. Mais vous conviendrez que je ne pouvais deviner ce roman, et que l'action du capitaine Fracasse fut impertinente.

— Impertinente venant d'un comédien, reprit M. de Bruyères, naturelle venant d'un gentilhomme jaloux de sa maîtresse. Aussi le capitaine Fracasse jette-t-il son masque et vient-il, comme baron de Sigognac, vous proposer le cartel par mon entremise et vous demander raison de l'insulte que vous lui avez faite.

— Mais qui me dit, fit Vallombreuse, que ce prétendu Sigognac, qui joue les Matamores dans une compagnie de bouffons, ne soit pas un intrigant de bas étage usurpant un nom honorable pour avoir l'honneur de faire toucher sa batte d'histrion par mon épée?

— Duc, répliqua le marquis de Bruyères d'un ton plein de dignité, je ne servirais pas de témoin et de second à quelqu'un qui ne serait point né. Je connais personnellement le baron de Sigognac, dont le castel n'est qu'à quelques lieues de mes terres. Je me porte son garant. D'ailleurs, si vous doutez encore de sa qualité, j'ai là toutes les pièces qu'il faut pour rassurer vos scrupules. Voulez-vous me permettre d'appeler mon laquais qui attend dans l'antichambre et vous remettra les parchemins?

— Il n'en est nul besoin, répondit Vallombreuse; votre parole me suffit, j'accepte le duel; M. le chevalier de Vidalinc, mon ami, sera mon second. Veuillez vous entendre avec lui. Toutes armes et toutes conditions me sont bonnes. Aussi bien ne serais-je pas fâché de voir si le baron de Sigognac sait aussi bien parer les coups d'épée que le capitaine Fracasse les coups de bâton. La charmante Isabelle couronnera le vainqueur du tournoi, comme aux beaux temps de la chevalerie. Mais souffrez que je me retire. M. de Vidalinc, qui occupe un appartement dans l'hôtel, va descendre, et vous vous entendrez avec lui du lieu, de l'arme et de l'heure. Sur ce, *beso a vuestra merced la mano, caballero.* »

En disant ces mots, le duc de Vallombreuse salua avec une courtoisie étudiée le marquis de Bruyères, souleva une lourde portière de tapisserie et disparut.

Quelques instants après, le chevalier de Vidalinc vint rejoindre le marquis; les conditions furent bientôt réglées. On choisit l'épée, arme naturelle des gentilshommes, et la rencontre fut fixée au lendemain, Sigognac ne voulant pas, s'il était blessé ou tué, faire manquer la représentation annoncée par toute la ville. Le rendez-vous fut pris à un certain endroit hors des murs, dans un pré fort apprécié des duellistes de Poitiers pour sa solitude, fermeté de terrain et commodité naturelle.

Le marquis de Bruyères retourna à l'auberge des *Armes de France* et rendit compte de sa mission à Sigognac, qui le remercia chaleureusement d'avoir si bien arrangé les choses, car il avait sur le cœur les regards insolents et libertins du jeune duc à l'endroit d'Isabelle.

La représentation devait commencer à trois heures, et depuis le matin, le crieur de la ville se promenait par les rues battant la caisse et annonçant le spectacle, dès qu'il s'était formé autour de lui un cercle de curieux. Le drôle avait les poumons de Stentor, et sa voix, habituée à promulguer les édits, donnait aux titres des pièces et aux noms des acteurs une redondance emphatique la plus majestueuse du monde. Les vitres en tremblaient aux fenêtres et les verres vibraient à l'unisson sur les tables dans l'intérieur des logis. Il possédait, en outre, une manière automatique de remuer le menton en prononçant ses phrases qui le faisait ressembler à un casse-noisette de Nuremberg et mettait en joie tous les polissons. Les yeux n'étaient pas moins sollicités que les oreilles, et ceux qui n'avaient pas entendu l'annonce pouvaient voir aux carrefours les plus fréquentés, sur les murailles du jeu de paume et contre la porte des *Armes de France* de grandes affiches placardées où, en majuscules rouges et noires savamment alternées, figuraient *Lygdamon et Lydias* et les *Rodomontades du capitaine Fracasse*, tracés au pinceau par Scapin, le calligraphe de la troupe. Ces affiches étaient disposées en style lapidaire, à la façon romaine, et les délicats n'eussent rien trouvé à y reprendre.

Un valet de l'auberge, qu'on avait affublé en portier de comédie, avec une souquenille mi-partie vert et jaune, un large baudrier supportant une épée en verrouil, un feutre à grands bords enfoncé jusqu'aux yeux et surmonté d'une plume longue à balayer les toiles d'araignée au plafond, contenait la foule à la porte qu'il barrait d'une sorte de pertuisane, ne laissant passer quiconque qu'il n'eût craché au bassinet dans un plateau d'argent posé sur une table, c'est-à-dire payé le prix de sa place ou à tout le moins montré un billet d'entrée en la forme convenue. Vainement quelques petits clercs, écoliers, pages ou laquais essayèrent de pénétrer en fraude et de se glisser sous la redoutable pertuisane, le vigilant cerbère les renvoyait d'une bourrade au milieu de la rue, où d'aucuns tombèrent dans le ruisseau à jambes rebindaines, grand sujet d'hilarité pour les autres, qui s'esclaffaient de rire et se tenaient les côtés à les voir se relever tout punais et contaminés de fange.

Les dames arrivaient en chaises à porteurs dont les brancards étaient tenus par de vigoureux manants courant sous cette charge légère. Quelques hommes venus à cheval ou à mule jetaient les brides de leurs montures à des laquais apostés pour cet office. Deux ou trois carrosses à dorures rougies et à peintures fanées, tirés de la remise en cette occasion solennelle, s'approchèrent de la porte au pas de lourds chevaux, et il en sortit, comme de l'arche de Noé, toutes sortes de bêtes provinciales d'aspect hétéroclite et caparaçonnées d'habits à la mode sous le défunt roi. Cependant ces carrosses, tout délabrés qu'ils fussent, ne laissaient pas que de faire impression sur la foule accourue pour voir entrer le monde à la comédie, et rangés les uns à côté des autres sur la place, ils produisaient un effet assez respectable.

Bientôt la salle fut pleine à n'y pouvoir introduire un cure-dent. De chaque côté de la scène on avait disposé des fauteuils pour les personnes de marque; chose, certes, nuisible à l'illusion théâtrale et au jeu des acteurs, mais dont l'habitude empêchait de sentir le ridicule. Le jeune duc de Vallombreuse, en velours noir tout passementé de jais, tout inondé de dentelles, y figurait près de son ami le chevalier de Vidalinc, vêtu d'un charmant costume en satin couleur de scabieuse relevé d'agréments d'or. Quant au marquis de Bruyères, pour être plus libre d'applaudir Zerbine sans trop se compromettre, il avait pris un siége à l'orchestre derrière les violons.

Des espèces de loges en planches de sapin, recouvertes de serge ou de vieilles verdures de Flandre, avaient été pratiquées sur les côtés de la salle, dont le milieu formait le parterre, où se tenaient debout les petits bourgeois, courtauds de boutique, clercs de procureur, apprentis, écoliers, laquais et autres canailles.

Dans les loges s'établissaient, en faisant bouffer leurs jupes et en passant le doigt par l'échancrure de leur corsage pour mieux faire valoir les trésors de leur blanche poitrine, les femmes aussi superbement parées que le permettait leur garde-robe de province, un peu arriérée sur les modes de la cour. Mais croyez bien que chez plusieurs la richesse remplaçait avantageusement l'élégance, du moins aux yeux peu connaisseurs du public poitevin. Il y avait là de bons gros diamants de famille qui, pour être sertis dans de vieilles montures encrassées, n'en avaient pas moins leur prix ; d'antiques dentelles, un peu jaunes, il est vrai, mais de grande valeur; de longues chaînes d'or à vingt-quatre carats, fort lourdes et précieuses, quoique de travail ancien; des brocarts et des soieries légués par les aïeules, comme on n'en tisse plus à Venise ni à Lyon. Il y avait même de charmants visages frais, roses, reposés, qu'on eût fort prisés à Saint-Germain et à Paris, malgré leur physionomie un peu trop innocente et naïve.

Quelques-unes de ces dames, ne voulant pas sans doute être connues, avaient gardé leur touret de nez, ce qui n'empêchait pas les plaisantins du parterre de les nommer et de raconter leurs aventures plus ou moins scandaleuses. Pourtant, toute seule dans une loge avec une femme qui paraissait sa suivante, une dame masquée plus soigneusement que les autres et se tenant un peu en arrière pour que la lumière ne tombât point sur elle, déjouait la sagacité des curieux. Un voile de dentelles noires, noué sous le menton, lui couvrait la tête et ne permettait pas qu'on discernât la nuance de sa chevelure. Le reste de son vêtement, de riche étoffe mais de couleur foncée, se confondait avec l'ombre où elle s'enfonçait, à l'encontre des autres femmes, qui cherchaient les feux des bougies pour se mettre en évidence. Parfois même elle élevait à la hauteur de ses yeux, comme pour les garantir des clartés trop vives, un éventail en plumes noires au centre duquel était enchâssée une petite glace qu'elle ne consultait point.

Les violons, en jouant une ritournelle, ramenèrent l'attention générale vers le théâtre; et personne ne prit plus garde à cette beauté mystérieuse qu'on eût pu prendre pour *la dama tapada* de Calderon.

On commença par *Lygdamon et Lydias*. La décoration, représentant un paysage bocager tout verdoyant d'arbres, tapissé de mousse, arrosé de claires fontaines, et se terminant au loin par une fuite de montagnes azurées, disposa favorablement le public par son agréable aspect. Léandre, qui jouait Lygdamon, était vêtu d'un habit zinzolin rehaussé de quelques broderies vertes à la mode pastorale. Ses cheveux calamistrés se tordaient en boucles sur sa nuque, où un ruban les rattachait de la façon la plus galante. Une collerette légèrement godronnée dégageait son col aussi blanc que celui d'une femme. Sa barbe, rasée au plus près, colorait sa joue et son menton d'une imperceptible teinte bleuâtre et les veloutait comme d'une fleur de pêche, comparaison que rendait plus exacte encore la fraîcheur vermeille du fard étendu discrètement sur les pommettes. Ses dents, avivées par le carmin des lèvres et brossées à outrance, étincelaient comme des perles qu'on tire du son. Un trait d'encre de Chine avait régularisé les pointes de ses sourcils, et une autre ligne d'une ténuité extrême, lui bordant les paupières, prêtait au blanc de ses yeux un éclat extraordinaire.

Un murmure de satisfaction parcourut l'assemblée:

les femmes se penchèrent l'une vers l'autre en chuchotant, et une jeune personne, récemment sortie du couvent, ne put s'empêcher de dire avec une naïveté qui lui valut une semonce de sa mère : « Il est charmant ! »

Cette petite fille en sa candeur exprimait l'idée secrète des femmes plus usagées, et peut-être de sa propre mère. Elle devint toute rouge à la remontrance, ne sonna plus mot, et tint les yeux fixés sur la pointe de son busc, non cependant sans les relever d'une façon furtive quand on ne la surveillait point.

Mais certes, la plus émue parmi toutes, c'était la dame masquée. La palpitation précipitée de sa gorge, qui soulevait ses dentelles, le léger tremblement de l'éventail dans sa main, la pose penchée qu'elle avait prise sur le rebord de sa loge pour ne rien perdre du spectacle eussent trahi l'intérêt qu'elle portait au Léandre, si quelqu'un eût pris le loisir de l'observer. Heureusement, tous les yeux étaient tournés vers la scène, ce qui lui donna le temps de se remettre.

Lygdamon, comme chacun sait, car il n'est personne qui ignore les productions de l'illustre Georges de Scudéry, ouvre la scène par un monologue fort touchant et pathétique, où l'amant rebuté de Sylvie agite cette question importante de savoir comment il mettra fin à une existence que les rigueurs de sa belle lui rendent insupportable. Choisira-t-il, pour terminer ses tristes jours, le licol ou l'épée ? Se précipitera-t-il du haut d'une roche ? Fera-t-il un plongeon dans la rivière, afin de noyer sa flamme sous l'onde ?

Il hésite au bord du suicide et no sait à quoi se résoudre. Ce vague espoir, qui n'abandonne les amoureux qu'à la dernière extrémité, le retient à la vie. Peut-être l'inhumaine s'adoucira-t-elle et se laissera-t-elle fléchir par une adoration si obstinée? Il faut l'avouer, Léandre débita cette tirade en comédien consommé, avec des alternatives de langueur et de désespoir les plus attendrissantes du monde. Il faisait trembler sa voix comme quelqu'un que la douleur étouffe, et qui, en parlant, contient à grand'peine ses sanglots et ses larmes. Quand il poussait un soupir, il semblait le tirer du fond de son âme, et il se plaignait des cruautés de son amante d'un ton si doux, si tendre, si soumis, si pénétré, que toutes les femmes dans la salle se dépitaient contre cette méchante et barbare Sylvie, prétendant qu'à sa place elles n'auraient point été si sauvagement farouches que de réduire au désespoir, et peut-être au trépas, un berger d'un tel mérite.

A la fin de cette tirade, pendant qu'on l'applaudissait à rompre les banquettes, Léandre promena son regard sur les femmes de la salle, s'arrêtant à celles qui lui paraissaient titrées; car, malgré de nombreuses déceptions, il n'abandonnait pas son rêve d'être aimé d'une grande dame pour sa beauté et son talent de comédien. Il vit plus d'un bel œil brillanté d'une larme, plus d'une gorge blanche qui palpitait d'émotion. Sa vanité en fut satisfaite, mais ne s'en étonna point. Le succès ne surprend jamais un acteur; mais sa curiosité fut vivement excitée par la *Dama tapada* qui se tonait rencognée dans sa loge. Ce mystère sentait l'aventure. Léandre devina tout de suite sous ce masque une passion que les bienséances forçaient de se contraindre, et il détacha vers l'inconnue une brûlante œillade, pour lui marquer qu'elle avait été comprise.

Le trait décoché porta, et la dame fit à Léandre un signe de tête imperceptible, comme pour le remercier de sa pénétration. Le rapport était établi, et désormais, quand l'action de la pièce le permettait, des regards s'échangeaient entre la loge et le théâtre. Léandre excellait en ces sortes de manéges, et il savait diriger sa voix et lancer une tirade amoureuse de façon qu'une personne de la salle pouvait croire qu'il la disait pour elle seule.

A l'entrée de Sylvie, représentée par Sérafine, le chevalier de Vidalinc ne se fit pas faute d'applaudir, et le duc de Vallombreuse, voulant favoriser les amours de son ami, ne dédaigna pas de rapprocher trois ou quatre fois les paumes de ses mains blanches, dont les doigts étaient chargés de bagues aux pierres étincelantes. Sérafina salua d'une demi-révérence le chevalier et le duc, et se prépara à commencer avec Lygdamon ce joli dialogue que les connaisseurs jugent un des endroits les mieux touchés de la pièce.

Comme l'exige le rôle de Sylvie, elle fit quelques pas sur le théâtre d'un air préoccupé et songeur, pour motiver la demande de Lygdamon :

A ce coup je vous prends dedans la rêverie.

Elle avait fort bonne grâce en cette attitude nonchalante, la tête un peu penchée, un bras pendant et l'autre ramené sur sa ceinture. Sa cotte était d'un vert d'eau glacé d'argent et retroussée par des nœuds de velours noir. Elle avait en les cheveux piquées quelques fleurettes des champs, comme si sa main distraite les eût cueillies et placées là sans y penser. Cette coiffure, au reste, lui seyait à merveille et mieux que diamants, bien que ce ne fût pas son avis, mais l'indigence de son écrin l'avait forcée d'être de bon goût et de ne point orner une bergère comme une princesse. Elle dit d'une manière charmante toutes ces phrases poétiques et fleuries sur les roses, sur les zéphyrs, sur la hauteur des bois, sur le chant des oiseaux, par lesquels Sylvie empêche malicieusement Lygdamon de lui parler de sa flamme, quoique cet amant trouve dans chaque image qu'emploie la belle un symbole d'amour et une transition pour revenir à l'idée qui l'obsède.

A travers cette scène, Léandre, pendant que Sylvie parlait, eut l'art de diriger quelques soupirs du côté de la loge mystérieuse, et il en fit de même jusqu'à la fin de la pièce, qui s'acheva au bruit des applaudissements. Il est inutile d'en dire plus long sur un ouvrage qui est maintenant entre toutes les mains. Le succès de Léandre fut complet, et chacun s'étonna qu'un comédien de ce mérite n'eût point encore paru devant la cour. Sérafine avait aussi ses partisans, et sa vanité blessée se consola par la conquête du chevalier de Vidaline, qui, s'il ne valait pas comme fortune le marquis de Bruyères, était jeune, à la mode, et en passe de parvenir.

Après *Lygdamon et Lydias* on joua les *Rodomontades du capitaine Fracasse*, qui eurent leur effet accoutumé et soulevèrent d'immenses éclats de rire. Sigognac, bien stylé par Blazius et servi par une intelligence naturelle, fut de la plus réjouissante extravagance dans le rôle du capitan. Zerbine semblait frottée de lumière, tant elle étincelait, et le marquis, hors de sens, l'applaudissait comme un furieux. Le vacarme qu'il faisait attira même l'attention de la dame masquée. Elle haussa légèrement les épaules, et sous le velours de son touret de nez, un sourire ironique releva le coin de ses lèvres. Quant à l'Isabelle, la présence du duc de Vallombreuse, assis à droite de la scène, lui causait un certain malaise qui eût été visible pour le public si elle eût été une comédienne moins exercée. Elle redoutait de sa part quelque incartade insolente, quelque marque de désapprobation outrageuse. Mais sa crainte ne fut pas réalisée. Le duc ne chercha pas à la déconcerter par un regard trop fixe ou trop libre; même il l'applaudit avec décence et réserve quand elle le méritait. Seulement, lorsque les situations de la pièce amenaient pour le capitaine Fracasse nasardes, chiquenaudes et coups de bâton, une singulière expression de dédain contenu se peignait sur les traits du jeune duc. Sa lèvre se rebroussait orgueilleusement, comme s'il eût dit tout bas: Fi donc! Mais il ne témoigna rien des sentiments qui pouvaient l'agiter intérieurement, et il conserva tout le temps du spectacle sa pose indolente et superbe. Quoique violent de sa nature, le duc de Vallombreuse, sa fureur passée, était trop gentilhomme pour se rien permettre contre les lois de la courtoisie à l'endroit d'un adversaire avec lequel il devait se battre le lendemain : jusque-là les hostilités étaient suspendues, et c'était comme une trêve de Dieu.

La dame masquée s'était retirée un peu avant la fin de la seconde pièce, pour éviter de se trouver parmi la foule, et pouvoir regagner sans être vue la chaise à porteurs qui l'attendait à quelques pas du jeu de paume. Sa disparition intrigua beaucoup Léandre, qui de l'angle d'une coulisse surveillait la salle et suivait les mouvements de la femme mystérieuse.

Jetant à la hâte un manteau sur son costume de berger du Lignon, Léandre se précipita vers la porte des acteurs pour suivre l'inconnue. Le fil léger qui les liait l'un à l'autre allait se rompre s'il ne faisait diligence. La dame, sortie de l'ombre un instant, y rentrait pour toujours, et l'intrigue, à peine formée, avortait. Bien qu'il se fût hâté jusqu'à perdre le souffle, Léandre, lorsqu'il arriva dehors, n'aperçut autour de lui que les maisons noires et les ruelles profondes où tremblotaient quelques lanternes portées par des valets escortant leurs maîtres, et dont le reflet miroitait dans les flaques de pluie. La chaise, enlevée par de vigoureux porteurs, avait déjà tourné l'angle d'une rue qui la dérobait aux regards du passionné Léandre.

« Je suis stupide, se dit-il à lui-même avec cette franchise dont on use quelquefois envers soi-même dans les moments désespérés. J'aurais dû sortir après la première pièce, revêtir un costume de ville et attendre mon inconnue à la porte du théâtre, qu'elle restât ou non pour voir *les Rodomontades du capitaine Fracasse*. Ah! animal, ah! faquin! une grande dame, car c'en était une à coup sûr, te fait les yeux doux et se pâme sous son masque à te voir jouer, et tu n'as pas l'esprit de courir après elle? Tu mérites d'avoir toute ta vie pour maîtresses des caillettes, des gaupes, des Gothon, des Maritornes aux mains rendues calleuses par le balai. »

Léandre en était là de sa harangue intérieure, quand une espèce de petit page, vêtu d'une livrée brune et sans galons, coiffé d'un chapeau rabattu sur les yeux, se dressa subitement devant lui comme une apparition, et lui dit d'une voix au timbre enfantin qu'il cherchait à grossir pour la déguiser :

« Est-ce vous qui êtes monsieur Léandre, celui qui, tout à l'heure, faisait le berger Lygdamon dans la pièce de M. de Scudéry?

— C'est moi-même, répondit Léandre. Que voulez-vous de moi et que puis-je faire pour vous servir?

— Oh! merci, dit le page, je ne désire rien de vous; je suis seulement chargé de vous répéter une phrase, si toutefois vous êtes disposé à l'entendre, une phrase de la part d'une dame masquée.

— De la part d'une dame masquée? s'écria Léandre, oh! dites-la tout de suite! je meurs d'impatience!

— La voici mot pour mot, dit le page : « Si Lygdamon est aussi courageux qu'il est galant, il n'a qu'à se trouver près de l'église à minuit : un carrosse l'attendra; qu'il y monte et se laisse conduire. »

Avant que Léandre étonné eût eu le temps de répondre, le page s'était éclipsé, le laissant fort perplexe sur ce qu'il devait faire. Si le cœur lui bondissait de joie à l'idée d'une bonne fortune, les épaules lui frissonnaient au souvenir de la bastonnade reçue dans certain parc, au pied de la statue de l'Amour discret. Était-ce encore un piége tendu à sa vanité par quelque bourru jaloux de ses charmes? Allait-il trouver au rendez-vous quelque mari forcené, l'épée à la main, prêt à le meurtrir et à lui couper la gorge? Ces réflexions glaçaient prodigieusement son enthousiasme, car, nous l'avons dit, Léandre ne craignait rien, sinon les coups et la mort, comme Panurge. Cependant, s'il ne profitait pas de l'occasion qui se présentait si favorable et si romanesque, elle ne reviendrait peut-être jamais, et avec elle s'évanouirait le rêve de sa vie, ce rêve qui lui avait tant coûté en pommades, cosmétiques, linge et braveries. Puis la belle inconnue, s'il ne venait pas, le soupçonnerait de lâcheté, chose par trop horrible à penser, et qui donnerait du cœur au ventre des plus couards. Cette idée insupportable détermina Léandre. « Mais, se dit-il, si cette belle pour qui je vais m'exposer à me faire rompre les os et jeter en quelque oubliette, allait être une douairière plâtrée de fard et de céruse, avec des cheveux et des dents postiches? Il ne manque pas de ces chaudes vieilles, de ces goules d'amour qui, différentes des goules de cimetière, aiment à se repaître de chair fraîche. Ho ! non ; elle est jeune et pleine d'appas, j'en suis sûr. Ce que j'apercevais de son col et de sa gorge était blanc, rond, appétissant, et promettait merveille pour le reste ! Oui, j'irai, certes ! je monterai dans le carrosse. Un carrosse ! rien n'est plus noble et de meilleur air ! »

Cette résolution prise, Léandre retourna aux *Armes de France*, ne toucha que du bout des dents au souper des comédiens, et se retira dans sa chambre où il s'adonisa de son mieux, n'épargnant ni le linge fin à broderies fenestrées, ni la poudre d'iris, ni le musc. Il prit aussi une dague et une épée, bien qu'il ne fût guère capable de s'en servir à l'occasion, mais un amant armé impose toujours plus de respect aux fâcheux jaloux. Puis il rabattit son chapeau sur ses yeux, s'embossa à l'espagnole dans un manteau de couleur sombre, et sortit de l'hôtel à pas de loup, ayant eu ce bonheur de ne point être aperçu du malicieux Scapin, qui ronflait à poings tendus dans sa logette à l'autre bout de la galerie.

Les rues étaient désertes depuis longtemps, car Poitiers se couchait de bonne heure. Léandre ne rencontra âme qui vive, sauf quelques chats efflanqués qui rôdaient mélancoliquement et au bruit de ses pas disparaissaient comme des ombres sous une porte mal jointe ou par un soupirail de cellier. Notre galant débouchait sur la place de l'église comme le dernier coup de minuit sonnait, faisant à son tintement lugubre envoler les hiboux de la vieille tour. La vibration sinistre de la cloche au milieu du silence de la nuit causait en l'âme peu rassurée de Léandre une horreur religieuse et secrète. Il lui semblait entendre son propre glas. Un instant il fut sur le point de rebrousser chemin et d'aller prudemment s'allonger seul entre ses deux draps au lieu de courir les aventures nocturnes; mais il vit le carrosse attendant à la place désignée, et le petit page, messager de la dame masquée, qui, debout sur le marche-pied, tenait la portière ouverte. Il n'y avait plus moyen de reculer, car peu de gens ont le courage d'être lâches devant témoins. Léandre avait été aperçu par l'enfant et le cocher; il s'avança donc d'un air délibéré que démentait intérieurement un fort battement de cœur, et il monta dans la voiture avec l'intrépidité apparente d'un Galaor.

A peine Léandre fut-il assis, que le cocher toucha ses chevaux qui prirent un trot soutenu. Une obscurité profonde régnait dans le carrosse; outre qu'il faisait nuit, des mantelets de cuir étaient rabattus le long des glaces, et ne permettaient pas de rien distinguer au dehors. Le page était resté debout sur le marchepied, et l'on ne pouvait engager de conversation avec lui ni en tirer le moindre éclaircissement. Il paraissait, du reste, fort laconique et peu disposé à dire ce qu'il savait, s'il savait quelque chose. Notre comédien tâtait les coussins, qui étaient de velours piqué de bouffettes; il sentait sous ses pieds un tapis épais, et il aspirait un faible parfum d'ambre dégagé par l'étoffe de la garniture intérieure, témoignage d'élégance et de recherche. C'était bien chez une personne de qualité que ce carrosse le voiturait si mystérieusement ! Il essaya de s'orienter, mais il connaissait peu Poitiers ; cependant il lui sembla, au bout de quelque temps, que le bruit des roues n'était plus répercuté par des murailles et que l'équipage ne coupait plus de ruisseaux. On roulait hors la ville, dans la campagne, vers quelque retraite propice aux amours et aux assassinats, pensa Léandre avec un léger frisson et en portant la main à sa dague, comme si quelque mari sanguinaire ou quelque frère féroce fût assis devant lui dans l'ombre.

Enfin la voiture s'arrêta. Le petit page ouvrit la portière ; Léandre descendit, et se trouva en face d'une haute muraille noirâtre qui lui parut être la clôture de quelque parc ou jardin. Bientôt il y distingua une porte que son bois fendillé, bruni et couvert de mousse faisait d'abord confondre avec les pierres du mur. Le page pressa fortement un des clous rouillés qui fixaient les planches, et la porte s'entr'ouvrit.

« Donnez-moi la main, dit le page à Léandre, que je vous guide ; il fait trop sombre pour que vous me puissiez suivre à travers ces labyrinthes d'arbres. »

Léandre obéit, et tous deux marchèrent pendant quelques minutes dans un bois encore assez touffu, quoique fort dépouillé par l'hiver, et dont les feuilles sèches craquaient sous leurs pieds. Au bois succéda un parterre dessiné par des buis, et ornés d'ifs taillés en pyramide qui prenaient, dans l'obscurité, de vagues apparences de spectres ou d'hommes en sentinelle, chose plus effrayante encore pour le peureux comédien. Le parterre traversé, Léandre et son guide montèrent la rampe d'une terrasse sur laquelle s'élevait un pavillon d'ordre rustique coiffé d'un dôme et orné de pots-à-feu à ses angles. Ces détails furent observés par notre galant à cette lueur obscure que répand toujours le ciel de la nuit dans un endroit découvert. Ce pavillon eût paru inhabité, si une faible rougeur tamisée par un épais rideau de damas n'eût empourpré l'une des fenêtres découpant son embrasure sur le fond sombre de la masse.

C'était sans doute derrière ce rideau qu'attendait la dame masquée, émue, elle aussi, car, en ces équipées amoureuses, les femmes risquent leur bonne réputation, et parfois leur vie, tout de même que les galants, pour peu que leurs maris apprennent la chose et se trouvent d'humeur brutale. Mais en ce moment Léandre n'avait plus peur; l'orgueil satisfait lui cachait le danger. Le carrosse, le page, le jardin, le pavillon, tout cela sentait la grande dame, et l'intrigue se nouait d'une façon qui n'avait rien de bourgeois. Il était aux anges, et ses pieds ne touchaient pas la terre. Il aurait voulu que ce méchant raillard de Scapin le vît en cette gloire et ce triomphe.

Le page poussa une grande porte vitrée et se retira, laissant Léandre seul dans le pavillon qui était meublé avec beaucoup de goût et de magnificence. La voûte formée par le dôme représentait un ciel bleu turquin léger, où flottaient de petits nuages roses et voletaient des Amours en diverses attitudes pleines de grâce. Une tapisserie historiée de scènes empruntées à *l'Astrée*, roman de M. Honoré d'Urfé, revêtait molleusement les parois des murailles. Des cabinets incrustés en pierres dures de Florence, des fauteuils de velours rouge à crépines, une table couverte d'un tapis de Turquie, des vases de la Chine pleins de fleurs, malgré la saison, montraient assez que la maîtresse du lieu était riche et de haut lignage. Des bras de nègre en marbre noir, jaillissant d'une manche dorée, formaient candélabres, et jetaient la clarté de leurs bougies sur ces magnificences. Ébloui de ces splendeurs, Léandre ne remarqua pas d'abord qu'il n'y avait personne dans ce salon ; il se débarrassa de son manteau, qu'il posa avec son feutre sur un pliant, redonna, devant une glace de Venise, un meilleur tour à une de ses boucles, dont l'économie était compromise, prit la pose la plus gracieuse de son répertoire, et se dit en promenant ses yeux autour de lui :

« Eh mais ! où donc est la divinité de ces lieux ? je vois bien le temple, mais non l'idole. Quand va-t-elle sortir de son nuage et se révéler, vraie déesse par sa démarche, selon l'expression de Virgile ? »

Léandre en était là de sa phraséologie galante intérieure, quand le pli d'une portière en damas des Indes incarnadin se dérangea, ouvrant passage à la dame masquée admiratrice de Lygdamon. Elle avait encore son loup de velours noir, ce qui inquiéta notre comédien.

« Serait-elle laide, pensa-t-il, cet amour du masque m'alarme. » Sa crainte dura peu, car la dame s'avançant au milieu du salon où se tenait respectueusement Léandre, défit son touret de nez et le jeta sur la table, découvrant aux lueurs des bougies une figure assez régulière et agréable où brillaient deux beaux yeux couleur de tabac d'Espagne, enflammés de passion et où souriait une bouche bien meublée, rouge comme une cerise et coupée d'une petite raie à la lèvre inférieure. Autour de ce visage frisaient d'opulentes grappes de cheveux bruns qui s'allongeaient jusque sur des épaules blanches et grasses et se hasardaient même à baiser le contour de certains demi-globes dont le frémissement des dentelles qui les voilaient trahissait les palpitations.

« Madame la marquise de Bruyères! s'écria Léandre surpris au dernier point et quelque peu inquiet, le souvenir de la bastonnade lui revenant, est-ce possible? suis-je le jouet d'un rêve? oserai-je croire à ce bonheur inespéré?

— Vous ne vous trompez pas, mon ami, dit la marquise, je suis bien madame de Bruyères et j'espère que votre cœur me reconnaît comme le font vos yeux.

— Oh! votre image est là gravée en traits de flamme, répondit Léandre avec un ton pénétré, je n'ai qu'à regarder en moi pour l'y voir parée de toutes les grâces et de toutes les perfections.

— Je vous remercie, dit la marquise, d'avoir gardé ce bon souvenir de moi. Cela prouve une âme bien faite et généreuse. Vous avez dû me croire cruelle, ingrate et fausse. Hélas! mon faible cœur n'est que trop tendre, et j'étais loin d'être insensible à la passion que vous me marquiez. Votre lettre, remise à une suivante infidèle, est tombée aux mains du marquis. Il y fit la réponse que vous reçûtes et qui vous abusa. Plus tard M. de Bruyères, riant de ce qu'il appelait un bon tour, me fit lire cette missive où éclatait l'amour le plus vif et le plus pur, comme une pièce d'un parfait ridicule. Mais il ne produisit pas l'effet qu'il attendait. Le sentiment que j'avais pour vous ne fit que s'accroître, et je résolus de vous récompenser des peines que vous aviez endurées pour moi. Sachant mon mari occupé à sa nouvelle conquête, je suis venue à Poitiers ; cachée sous ce masque, je vous entendis exprimer si bien l'amour fictif que je voulus voir si vous seriez aussi éloquent en parlant pour vous-même.

— Madame, dit Léandre en s'agenouillant sur un carreau aux pieds de la marquise, qui s'était laissée tomber entre les bras d'un fauteuil, comme épuisée par l'effort que l'aveu qu'elle venait de faire avait coûté à sa pudeur, madame, ou plutôt reine et déité, que peuvent être des paroles fardées, des flammes contrefaites, des concetti imaginés à froid par des poëtes qui se rongent les ongles, de vains soupirs poussés aux genoux d'une comédienne barbouillée de rouge et dont les yeux distraits errent parmi le public, à côté de mots jaillis de l'âme, de feux qui brûlent les moelles, des hyperboles d'une passion à laquelle tout l'univers ne saurait fournir d'assez brillantes images pour parer son idole, et des élans d'un cœur qui voudrait s'élancer de la poitrine où il est contenu pour servir de coussin aux pieds de l'objet adoré? Vous daignez trouver, céleste marquise, que j'exprime avec chaleur l'amour dans les pièces de théâtre, c'est que je n'ai jamais regardé une actrice, et que mon idée va toujours au delà, vers un idéal parfait, quelque dame belle, noble, spirituelle comme vous, et c'est elle seule que j'aime sous les noms de Silvie, de Doralice et d'Isabelle, qui lui servent de fantômes. »

En disant cela, Léandre, trop bon acteur pour oublier que la pantomime doit accompagner le débit, se penchait sur une main que la marquise lui abandonnait et la couvrait de baisers ardents. La marquise laissait errer ses doigts blancs, longs et chargés de bagues dans la chevelure soyeuse et parfumée du comédien, et regardait sans les voir, à demi renversée dans son fauteuil, les petits Amours ailés au plafond bleu turquin.

Tout à coup la marquise repoussa Léandre et se leva en chancelant.

« Oh! finissez, dit-elle d'une voix brève et haletante, finissez, Léandre, vos baisers me brûlent et me rendent folle! »

Et, s'appuyant de la main à la muraille, elle gagna la porte par où elle était entrée et souleva la portière, dont le pli retomba sur elle et sur Léandre qui s'était approché pour la soutenir.

Une aurore d'hiver soufflait dans ses doigts rouges, quand Léandre, bien enveloppé de sa cape et dormant à demi dans le coin du carrosse, fut ramené à la porte de Poitiers. Ayant soulevé le coin du mantelet pour reconnaître sa route, il aperçut de loin le marquis de Bruyères qui marchait à côté de Sigognac et se dirigeait vers l'endroit fixé pour le duel. Léandre rabattit le rideau de cuir pour n'être pas vu par le marquis que le carrosse effleura presque. Un sourire de vengeance satisfaite erra sur ses lèvres. Les coups de bâton étaient payés !

L'endroit choisi était abrité du vent par une longue muraille qui avait aussi l'avantage de cacher les combattants aux voyageurs passant sur la route. Le terrain était ferme, bien battu, sans pierres, ni mottes, ni touffes d'herbe qui pussent embarrasser les pieds, et offrait toutes les facilités pour se couper correctement la gorge entre gens d'honneur.

Le duc de Vallombreuse et le chevalier Vidalinc, suivis d'un barbier-chirurgien, ne tardèrent pas à arriver. Les quatre gentilshommes se saluèrent avec une courtoisie hautaine et une politesse froide, comme il sied à des gens bien élevés qui vont se battre à mort. Une complète insouciance se lisait sur la figure du jeune duc, parfaitement brave, et d'ailleurs sûr de son adresse. Sigognac ne faisait pas moins bonne contenance, quoique ce fût son premier duel. Le marquis de Bruyères fut très-satisfait de ce sang-froid et en augura bien.

Vallombreuse jeta son manteau et son feutre, et défit son pourpoint, manœuvres qui furent imitées de point en point par Sigognac. Le marquis et le chevalier mesurèrent les épées des combattants. Elles étaient de longueur égale.

Chacun se mit sur son terrain, prit son épée et tomba en garde.

« Allez, messieurs, et faites en gens de cœur, dit le marquis.

— La recommandation est inutile, fit le chevalier de Vidalinc; ils vont se battre comme des lions. Ce sera un duel superbe. »

Vallombreuse, qui, au fond, ne pouvait s'empêcher de mépriser un peu Sigognac et s'imaginait de ne rencontrer qu'un faible adversaire, fut surpris, lorsqu'il eut négligemment tâté le fer du Baron, de trouver une lame souple et ferme qui déjouait la sienne avec une admirable aisance. Il devint plus attentif, puis essaya quelques feintes aussitôt devinées. Au moindre jour qu'il laissait, la pointe de Sigognac s'avançait, nécessitant une prompte parade. Il risqua une attaque; son épée, écartée par une riposte savante, le laissa découvert et, s'il ne se fût brusquement penché en arrière, il eût été atteint en pleine poitrine. Pour le duc, la face du combat changeait. Il avait cru pouvoir le diriger à son gré, et après quelques passes, blesser Sigognac où il voudrait au moyen d'une botte qui jusque-là lui avait toujours réussi. Non-seulement il n'était plus maître d'attaquer à son gré, mais il avait besoin de toute son habileté pour se défendre. Quoi qu'il fît pour rester de sang-froid, la colère le gagnait; il se sentait devenir nerveux et fébrile, tandis que Sigognac, impassible, semblait, par sa garde irréprochable, prendre plaisir à l'irriter.

« Ne ferons-nous rien pendant que nos amis s'escriment, dit le chevalier de Vidalinc au marquis de Bruyères; il fait bien froid ce matin, battons-nous un peu, ne fût-ce que pour nous réchauffer.

— Bien volontiers, dit le marquis, cela nous dégourdira. »

Vidalinc était supérieur au marquis de Bruyères en science d'escrime, et au bout de quelques bottes, il lui fit sauter l'épée de la main par un lié sec et rapide. Comme aucune rancune n'existait entre eux, ils s'arrêtèrent de commun accord, et leur attention se reporta sur Sigognac et Vallombreuse.

Le duc, pressé par le jeu serré du Baron, avait déjà rompu de plusieurs semelles. Il se fatiguait, et sa respiration devenait haletante. De temps en temps des fers froissés rapidement jaillissait une étincelle bleuâtre, mais la riposte faiblissait devant l'attaque et cédait. Sigognac qui, après avoir lassé son adversaire, portait des bottes et se fendait, faisait toujours reculer le duc.

Le chevalier de Vidalinc était fort pâle et commençait à craindre pour son ami. Il était évident, aux yeux de connaisseurs en escrime, que tout l'avantage appartenait à Sigognac.

« Pourquoi diable, murmura Vidalinc, Vallombreuse n'essaye-t-il pas la botte que lui a enseignée Girolamo de Naples et que ce Gascon ne doit pas connaître? »

Comme s'il lisait dans la pensée de son ami, le jeune duc tâcha d'exécuter la fameuse botte, mais au moment où il allait la détacher par un coup fouetté, Sigognac le prévint et lui porta un coup droit si bien à fond qu'il traversa l'avant-bras de part en part. La douleur de cette blessure fit ouvrir les doigts au duc, dont l'épée roula sur terre.

Sigognac, avec une courtoisie parfaite, s'arrêta aussitôt, quoiqu'il pût doubler le coup sans manquer aux conventions du duel, qui ne devait pas s'arrêter au premier sang. Il appuya la pointe de sa lame en terre, mit la main gauche sur la hanche et parut attendre les volontés de son adversaire. Mais Vallombreuse, à qui, sur un geste d'acquiescement de Sigognac, Vidalinc remit l'épée en main, ne put la tenir et fit signe qu'il en avait assez.

Sur quoi Sigognac et le marquis de Bruyères saluèrent le plus poliment du monde le duc de Vallombreuse et le chevalier de Vidalinc, et reprirent le chemin de la ville.

FIN DU PREMIER VOLUME.

TABLE DES MATIÈRES

CHAPITRE I.	— Le château de la misère................	1
II.	— Le chariot de Thespis................	31
III.	— L'auberge du Soleil Bleu.............	80
IV.	— Brigands pour les oiseaux.............	104
V.	— Chez Monsieur le Marquis............	128
VI.	— Effet de neige......................	200
VII.	— Où le roman justifie son titre..........	235
VIII.	— Les choses se compliquent............	274
IX.	— Coups d'épée, coups de bâton, etc......	324

www.ingramcontent.com/pod-product-compliance
Lightning Source LLC
Chambersburg PA
CBHW070446170426
43201CB00010B/1227